Avventure in città

Avventure in città

Mario Costantino, MA
Assistant Principal
Foreign Languages and Bilingual Education
Samuel J. Tilden High School
New York City

Heywood Wald, PhD
Assistant Principal
Foreign Language Department
Martin Van Buren High School
New York City

When ordering this book,
please specify *either* R 422 P *or*
AVVENTURE IN CITTÀ

AMSCO SCHOOL PUBLICATIONS, INC.
315 Hudson Street / New York, N.Y. 10013

Based on a text, *Aventuras en la ciudad,* by
Heywood Wald and Manuel Deren, first published
by Houghton Mifflin Company, Boston, Massachusetts,
copyright © 1973 by Houghton Mifflin Company.

Illustrated by Bill Negron

ISBN 0-87720-589-2

Printed in the United States of America

To my wife, Mary, and our children, Jimmy and Danny.
A papà Oreste e mamma Lidia.

M.C.

Preface

AVVENTURE IN CITTÀ is not just another intermediate reader. It offers a program aimed at meeting the challenge of every teacher of Italian—how to get students to communicate in the language they are learning. In order to speak, students must have something to talk about. AVVENTURE IN CITTÀ provides the basis for effective communication.

The book presents a series of twenty-eight story-picture situations dealing with everyday urban life. The stories are original, fast-paced, and amusing vignettes that relate directly to the life experiences of today's student generation.

The stories are designed to stimulate the imagination of students. Each story, written in the rich and lively language of modern spoken Italian, is built on a specific vocabulary grouping (parts of the body, foods, appliances, and so on). Each situation is illustrated by a chapter-opening drawing that serves several learning purposes:

1. It adds a visual dimension to the story theme.
2. It introduces the key vocabulary used in the story without the intervention of English.
3. It provides an excellent point of departure for the development of meaningful conversation. Lead-in questions ("Osservi e risponda") serve as start-ups for this process.

Unusual expressions are glossed in the text margins in order to allow students to read for comprehension with a minimum of interruption. Comprehensive end vocabularies provide listings for all but the most elementary words occurring in the reading texts and exercises.

Each story is followed by a large variety of useful exercises (some with visual cues) designed to intensify the students' control of the vocabulary and sharpen their communicative skills: questions on the text; personalized questions; vocabulary, idiom, and structural exercises; listening-comprehension, speaking, and reading-comprehension practice; and composition. Almost all chapters feature a crossword puzzle or word game.

Also included are four "Ripasso e giochi" units. Each review unit features a new illustration with its related vocabulary and practice, in addition to a full range of skill exercises for listening comprehension, dialog completion, situational cue-response sequences, reading comprehension, writing, and games or puzzles.

In sum, AVVENTURE IN CITTÀ gives students of Italian an effective tool for personal enjoyment, linguistic growth, and cultural understanding.

The Authors

ACKNOWLEDGMENTS

I want to express my deep appreciation to my friends Biagio Colucci, MD, Gian Domenico Spota, Attorney at Law, Helena Kenny, pilot, Louis Aidala, Attorney at Law, Maryann Aidala, MA, and to Mr. Rocco Romeo, Assistant Principal, Foreign Languages, Nazareth Regional High School, New York City, for their continuous encouragements and generous assistance in preparing the manuscript.

I also want to express my gratitude to Mr. Everett Kerner, principal, the computer-whiz "Dr." Saul Reine, Assistant Principal, Anthony Castelli, Teacher of English, Iris Greenberg, MA, Allan Larkin, MA, Mark Kubit, MS, and Loyd Abrams, MS, all of Samuel J. Tilden High School, for sharing their expertise with me.

M.C.

Contents

Avventure in città

1

Osservi e risponda:

1. Che cosa si vede nel disegno?
2. Perchè il dottore visita il ragazzo?

Il corpo umano:

la testa
il naso
l'occhio
l'orecchio
la gola
il petto
la spalla
il braccio
la mano
le dita
il sangue
l'infermiera
far male (mi fa male la spalla)
andare dal medico
esaminare
sentirsi bene (male)

Oh, dottore, che dolore!

Povero Paolo! Sono due settimane che ha un dolore alla spalla. Gli fa così male che non può nè sedersi, nè alzarsi e nè dormire. Sempre lo stesso dolore continuo. Finalmente decide di andare dal medico.

5 *Nell'ambulatorio del dottore.*

INFERMIERA: Buona sera. Desidera?

PAOLO: Buona sera, signorina. Generalmente godo di una salute perfetta. Ma, come vede, oggi sono piegato in due.

10 INFERMIERA: Molto bene. Come prima cosa abbiamo bisogno di alcune informazioni su di lei. Mi faccia la cortesia . . . Compili questa cartella clinica . . .

Dr. Antonio Cicogna
15 *Medico-chirurgo*
Vicolo dei Macellai 17

Cognome Scarpa Nome Paolo
Indirizzo Corso Meucci 21 Staten Island NY
Via Numero Città Stato
20 Numero di telefono 718-686-7000
Età 17 Data di nascita 18 giugno 1970
Giorno Mese Anno
Statura 5 piedi 10 pollici Peso: 120 libbre
Di quali delle seguenti malattie ha sofferto?
25 Morbillo ☑ Vaiolo ☑ Orecchioni ☑
Soffre di pressione alta? sì ☐ no ☑
Soffre di mal di cuore? sì ☐ no ☑
Difetti fisici Piedi piatti
Gruppo sanguigno A

sono due settimane che *for two weeks*
avere un dolore alla spalla *to have a backache*
far male *to hurt*
l'ambulatorio *office*
desidera? *what can I do for you?*
mi faccia la cortesia *kindly, please*
il chirurgo *surgeon*
vicolo = via stretta
il macellaio *butcher*
pollici *inches*
il morbillo *measles*
il vaiolo *smallpox*
gli orecchioni *mumps*

30 Dopo aver compilato la cartella clinica, Paolo la dà all'infermiera.

la cartella clinica *medical form*
la dà *hands it over*

INFERMIERA: Molto bene, venga qua. Si prepari per la visita medica.

si prepari per *get ready for*

Paolo attende nervosamente per un'oretta in una
35 sala d'aspetto. Non si sente bene. Desidera tornare a casa, ma ormai è tardi. Appare il medico, un uomo dalla faccia magra e dal naso lungo ed affilato. Ha gli occhiali sulla fronte. Ha un aspetto insicuro ed è vestito con un camice lungo e sporco di sangue.

sentirsi *to feel*
magra *thin, skinny*
affilato *sharp*
sporco *dirty*

40 IL DOTTORE: Avanti la prossima vittima, voglio dire, paziente.

PAOLO: Già mi sento meglio . . . Me ne vado.

INFERMIERA: Non si preoccupi, signor Scarpa! È uno dei suoi scherzi. Il dottore è un tipo spiritoso.

lo scherzo *joke*
spiritoso *witty, humorous*

45 IL DOTTORE: Mi faccia vedere . . . Apra la bocca e tiri fuori la lingua.

PAOLO: Ma dottore, mi fa male . . .

IL DOTTORE: Non vedo niente nella gola.

la gola *throat*

Il medico guarda attentamente un orecchio.

50 IL DOTTORE: Con orecchi così grandi deve sentire tutto.

PAOLO: Come?

IL DOTTORE: Niente! Mi faccia vedere gli occhi.

PAOLO: Ma dottore, la vista non mi dà fastidio.
55 Quello che mi fa male è . . .

non mi dà fastidio *does not bother me*

IL DOTTORE: Gli occhi stanno bene. Si tolga le scarpe.

togliersi *to take off*

PAOLO: Mi ascolti! Non sono qui a causa dei piedi, nè delle gambe, nè dello stomaco. Mi fa male la
60 spalla, non posso tenere la schiena diritta.

IL DOTTORE: Ma perchè non me l'ha detto prima? Si tolga la camicia.

tenere la schiena diritta *to straighten up*

Il medico gli dà alcuni colpetti sulla spalla con il palmo della mano.

dare colpetti *to pat*

65 IL DOTTORE: Le fa male quando muove le braccia?

PAOLO: Certamente.

IL DOTTORE: Allora non le muova. Le fa male quando sale le scale?

PAOLO: Sicuro . . . moltissimo! — sicuro *you bet*

70 IL DOTTORE: Allora usi l'ascensore. Le fa male quando cammina?

PAOLO: Ma, sissignore, indubbiamente. — sissignore *certainly*

IL DOTTORE: Allora prenda un taxi.

PAOLO: (rimettendosi le scarpe) Ma dottore . . .
75 Questi rimedi non valgono niente! Lei non sa assolutamente niente della medicina. È un ciarlatano. Non voglio perdere più tempo. — ciarlatano *quack*; perdere tempo *to waste time*

IL DOTTORE: Molto bene. Però prima paghi l'onorario. Sono 75 dollari. — l'onorario *fee*

80 Appena Paolo sente tali parole drizza la schiena infuriato e dice: —Settantacinque dollari! Per che cosa?— — drizzare *to straighten*

IL DOTTORE: Per averla guarito! Non vede come sta dritto ora?

ESERCIZI

A. ***Rispondere secondo le situazioni della lettura*** *(Answer according to the reading text):*

1. Di che soffre Paolo?
2. Secondo Paolo, quali sono i suoi difetti fisici?
3. Perchè deve compilare la cartella clinica?
4. Che aspetto ha il medico?
5. Quanto denaro deve pagare al medico?

B. ***Rispondere secondo le situazioni personali:***

1. Qual è la sua data di nascita?
2. Le fa male quando le danno un pugno in faccia?
3. Che cosa porta una persona che non ci vede bene?
4. Che cosa si usa per salire le scale?

C. ***Scegliere il sinonimo delle parole indicate*** *(Choose the synonym for each indicated word):*

1. **Il medico** esamina il malato.
2. Il paziente entra **nell'ufficio medico.**
3. Paolo non vuole **dare** i suoi abiti all'infermiera.
4. Mi piace **andare** attraverso il parco.
5. La mia **altezza** è cinque piedi e sei pollici.

a. camminare
b. nella sala d'attesa
c. salutare
d. il dottore
e. statura
f. consegnare

D. ***Scegliere il contrario di ognuna della parole indicate*** *(Choose the antonym for each indicated word):*

1. Il medico **si alza** quando entra un paziente.
2. Quei due fratelli sono **diversi.**
3. Una persona **ricca** può avere problemi.
4. Porta una camicia **pulita.**
5. Il paziente è **guarito.**

a. sporca
b. ammalato
c. uguali
d. si siede
e. povera
f. esaminare

E. ***Angolo grammaticale. Esprimere le seguenti frasi usando l'imperativo*** *(Express the following sentences using command forms):*

1. Fill out this medical form.
2. Come here.
3. Get ready for the medical examination.
4. Let me see.
5. Listen to me.

F. ***Scegliere la migliore descrizione per ogni vignetta:***

1. Il dottore dà alcuni colpetti sulla spalla di Paolo con il palmo della mano.
2. Il dottore è molto spiritoso.
3. Paolo compila la cartella clinica.
4. Buona sera, giovanotto.—Buona sera, signorina.
5. Settanta dollari!
6. Non vedo niente nella gola.

A

B

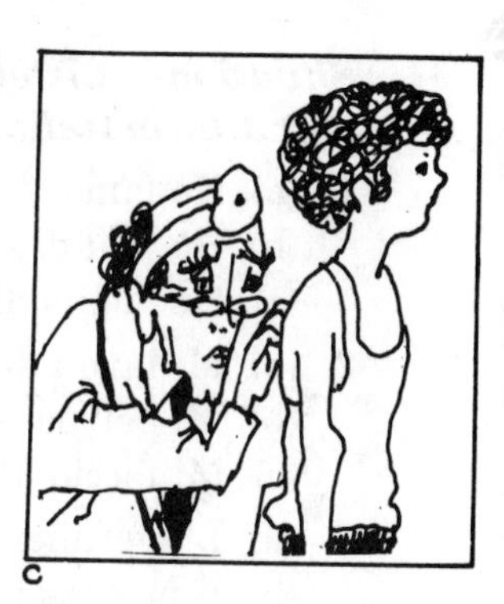
C

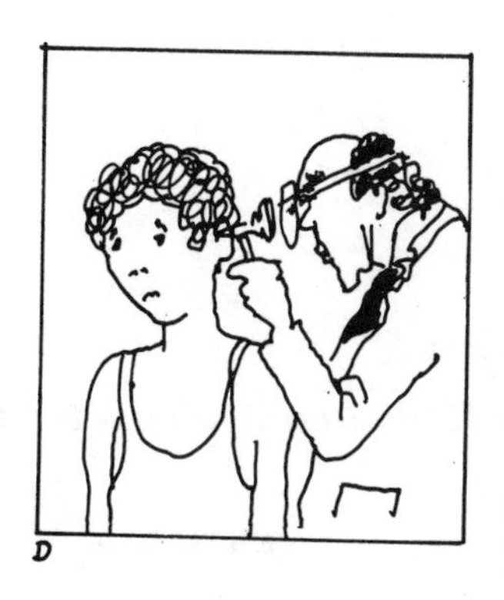
D

E

7. Il medico esamina l'orecchio.
8. Paolo decide di andarsene a casa.

G. ***Dialogo incompleto. Completare il seguente dialogo facendo la parte del paziente:***

IL MEDICO: Buon giorno, signore. Che cosa desidera?

IL PAZIENTE: (Tell your problem.)

IL MEDICO: Da quanto tempo è in queste condizioni?

IL PAZIENTE: (Tell how long.)

IL MEDICO: Le fa male quando cammina?

IL PAZIENTE: (Agree and tell why.)

IL MEDICO: Che cosa si è preso?

IL PAZIENTE: (Tell what.)

IL MEDICO: Bene. Si prenda una di queste pillole tre volte al giorno e faccia un appuntamento con l'infermiera per lunedì prossimo.

IL PAZIENTE: (Thank the doctor.)

H. ***Situations. Listen to your teacher read twice in succession a situation in Italian. Then choose the best response to the situation:***

1. (a) Ho fame.
   (b) Ho mal di stomaco.
   (c) Ho voglia di studiare.
2. (a) Mi lavo i denti dopo i pasti.
   (b) Mi pettino spesso.
   (c) Mi faccio la doccia.
3. (a) L'infermiera.
   (b) Il professore.
   (c) Il medico.
4. (a) Sono due giorni.
   (b) È un'ora solamente.
   (c) È una settimana.
5. (a) Chiuda porte e finestre.
   (b) Ha un bicchiere di vino.
   (c) Posso andare dall'infermiera.

I. ***Parole incrociate. Insert the Italian equivalents for the English expressions:***

ORIZZONTALE

1. backache
4. doctor's office
6. mumps
9. nose
10. pain
15. quack
16. alley
17. foot
18. back
19. blood
20. stomach

VERTICALE

2. witty
3. sharp
5. type
6. ear
7. medical form
8. nurse
11. shoulder
12. to hurt
13. leg
14. to suffer

[La soluzione è a pagina 297.]

1 MALDI 2 SCHIENA 3 A
4
5
6 7 8
9
10
11 12
13 14
15
16
17
18 19
20

2

Osservi e risponda:

1. Dove sono il ragazzo e la ragazza?
2. Che cosa stanno facendo?

Il cinema:

i biglietti
il botteghino
l'orario
i pop-corn
la maschera
la lampadina tascabile
andare al cinema
comprare i biglietti
esaminare l'orario
la maschera aiuta a trovare i posti

La vendetta dei mostri
Commedia in due atti

Atto primo

Finalmente Sandro Schiappa riesce ad avere un appuntamento con Pina Cipolla. È dall'inizio del semestre che desidera uscire con Giuseppina ed
5 infine ella accetta di andare al cinema con lui.

riuscire a *to succeed in*

infine = finalmente

SANDRO: Giuseppina, forse ti piacerebbe andare al cinema Quattro Fontane stasera? Ho sentito dire che danno due film fantastici.

ho sentito dire che *I've heard that*

PINA: Mi piacerebbe, Sandro. Che genere di film
10 sono, commedie o gialli?

SANDRO: Nè l'uno nè l'altro. È qualche cosa di meglio. Ci sono due film del terrore in prima visione: «La vendetta dei mostri» e «Il vampiro vegetariano».

prima visione *premiere*

15 PINA: Oh, no Sandro. Questi film di mostri mi fanno molta paura. Mi fanno venire sempre gli incubi.

far paura *to frighten*

incubo = brutto sogno

SANDRO: Non fare la bambina. Io sarò al tuo fianco e non avrai nulla da temere. Prometto di strin-
20 gerti la mano durante tutto lo spettacolo.

PINA: E va bene... in questo caso ...allora.

SANDRO: Magnifico. Passerò a prenderti alle 7.30.

Atto Secondo

Alle sette e mezzo, Sandro, vestito di tutto punto per fare la migliore impressione possibile, arriva a casa di Pina. Si affrettano perchè non vogliono arrivare in ritardo per il primo spettacolo. Prima di comprare i biglietti Sandro esamina l'orario che sta esposto al botteghino.

vestito di tutto punto *all dressed up*

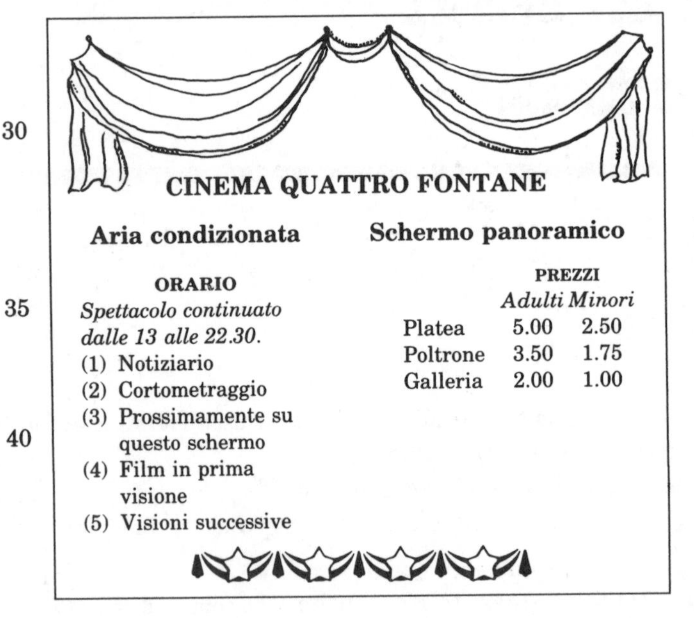

lo schermo *screen*
la platea *rear orchestra seat*
il notiziario *news*
la poltrona *front orchestra seat*
il cortometraggio *short subject*
prossimamente su questo schermo *coming attractions*

SANDRO *(alla cassiera)*: Due posti in galleria, per favore. *(Rivolgendosi a Pina)* Prima di entrare, andiamo a comprare un'aranciata e dei pop-corn così non dovremo alzarci durante lo spettacolo.

La maschera li conduce verso due posti liberi facendo luce con una lampadina tascabile. I due ragazzi rimangono seduti nell'oscurità del cinema. Sullo schermo appare un uomo, di notte, in un cimitero deserto mentre scava una tomba.

condurre verso *to lead toward*
libero *free*
la lampadina tascabile *flashlight*
scavare *to dig*

PINA *(avvicinandosi a Sandro e afferrandogli il braccio)*: Ah, Sandro, già ho la pelle d'oca. Non so se potrò resistere.

afferrare *to seize*
la pelle d'oca *goose bumps*

SANDRO: Calmati. Non dimenticarti che sono al
55 tuo fianco.

VOCE DALLO SCHERMO: Ho bisogno di bere sangue fresco.

PINA: Oh, Sandro!

VOCE: Sono ritornato dalla tomba per vendicarmi.

60 PINA *(aggrappandosi più forte a Sandro)*: Ho molta paura!

VOCE FEMMINILE *(urlando)*: Dio mio! È il cadavere di mio marito. No, non toccarmi. Tu sei morto.

urlare *to scream*

PINA *(tremante)*: Mamma mia!

65 Il film diventa sempre più pauroso. Nella scena finale si vede il lupo mannaro che lotta con Frankenstein alla luce di una luna piena mentre un gruppo di fantasmi viene attaccato dai vampiri. Pina si copre gli occhi con ambedue le mani per non
70 vedere. Quando si accendono le luci esclama:

diventare *to become*
pauroso *frightening*
il lupo mannaro *werewolf*
alla luce di *by the light of*

—Che orrore! Questo film mi ha fatto più paura di quanto pensassi. Meno male che ci sei tu accanto a me. Non so come hai fatto a sopportarlo. Sei proprio un tipo coraggioso. Però Sandro, perchè non mi
75 rispondi? Sandro! Sandro! Oh, Dio mio! . . . È svenuto.

svenire *to faint*

ESERCIZI

A. *Rispondere secondo le situazioni della lettura:*

1. Che effetto fanno i film di orrore a Pina?
2. Qual è il biglietto d'ingresso meno costoso che si può comprare per vedere uno spettacolo al cinema Quattro Fontane?
3. Nel film con chi lotta il lupo mannaro?
4. Che cosa comprano i giovani dopo di essere entrati nel cinema?
5. Vede Sandro il finale del film? Perchè o perchè no?

B. *Rispondere secondo le situazioni personali:*

1. Lei va spesso al cinematografo?
2. Dove preferisce sedersi nel cinematografo?
3. A che ora le piace uscire con i suoi amici?
4. Che genere di film preferisce?
5. Chi è il suo attore preferito? Chi è la sua attrice preferita?

C. *Scegliere l'espressione che meglio completa ciascuna frase* (*Choose the expression that best completes each sentence*):

1. Finalmente riesce ad avere . . .
2. I film di mostri . . .
3. Sandro esamina . . .
4. La maschera li aiuta a trovare . . .
5. Non so come hai potuto sopportare . . .

a. mi fanno molta paura
b. due posti liberi
c. tutto questo orrore
d. l'orario che sta al botteghino
e. un appuntamento con lei

D. *Frasi pazze. Mettere in ordine i seguenti gruppi di parole affinchè formino una frase:*

1. forse / piacerebbe / cinema / andare / ti / a / stasera?
2. mi / paura / questi / molta / film / fanno
3. non / in ritardo / spettacolo / arrivare / il primo / vogliono / per
4. due / rimangono / oscurità / nell' / i / giovani / seduti
5. gli / le mani / si / occhi / copre / con / ambedue

E. *Scegliere il sinonimo:*

1. trovare — scavare / rinvenire / entrare / contare
2. temere — comprare / dare / spettacolo / aver paura
3. strillare — morire / gridare / far freddo / resistere
4. deserto — notte / cimitero / orrore / abbandonato
5. si affrettano — si danno fretta / si danno importanza / si incontrano / si accendono

F. *Scegliere il contrario:*

1. tardi — finalmente / presto / genere / appuntamento
2. adulto — maggiorenne / vampiro / minorenne / film
3. mistero — film / orrore / ben noto / incubo
4. liberare — legare / camminare / afferrare / tremare
5. abbandonato — occupato / deserto / oscuro / assetato

G. *Scegliere la definizione migliore per ognuna delle parole indicate:*

1. la maschera
2. il cadavere
3. il film
4. il botteghino
5. l'incubo

a. persona che aiuta a trovare i posti liberi
b. schermo su cui si proiettano le immagini
c. luogo dove si comprano i biglietti
d. spettacolo cinematografico
e. corpo morto
f. brutto sogno

H. *Esprimere in italiano:*

1. Sandro wants to go out with Pina.
2. They don't want to be late.
3. The timetable is posted at the ticket window.
4. The man is digging in a cemetery.
5. A group of ghosts is attacked by the vampires.

I. *Scegliere la frase che meglio descrive ognuna delle vignette:*

1. Sandro compra i biglietti.
2. Pina si attacca al braccio di Sandro.
3. Pina accetta un appuntamento con Sandro.
4. Il lupo mannaro lotta con Frankenstein.
5. La maschera li aiuta a trovare i posti.
6. Sandro sviene.
7. Sandro compra delle bibite.

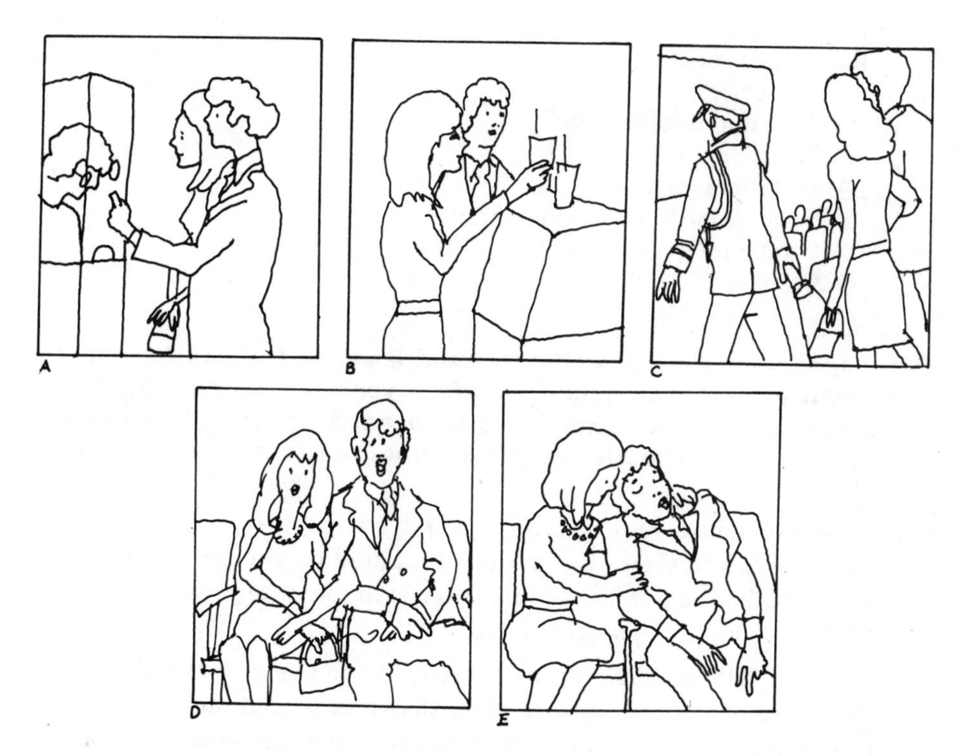

J. *Dialogo incompleto. Completare in italiano il seguente dialogo facendo la parte di Pina:*

SANDRO: Ciao Pina. Vuoi andare al cinema sabato?
PINA: (Accept the invitation.)

SANDRO: È un film del terrore. Ti piace?

PINA: (Indicate your feelings.)

SANDRO: Ma è un film di prima visione. Ancora non lo ha visto nessuno.

PINA: (Express your feelings.)

SANDRO: A che ora potrò passare a prenderti?

PINA: (Tell when.)

SANDRO: Molto bene. Ci vedremo sabato . . . e non portare la tua sorellina.

PINA: (Give your reaction.)

K. ***Situations. Listen to your teacher read twice in succession a situation in Italian. Then the teacher will pause. Choose the best response to the situation:***

1. (a) L'anno scorso.
   (b) Questo sabato.
   (c) Certamente.
2. (a) Andiamo in biblioteca?
   (b) Ti è piaciuto?
   (c) Prendiamo il tram?
3. (a) Scusi, come si va al cinema?
   (b) Perchè mi guarda così?
   (c) Chi è lei?

L. ***Composition. Write a well-organized letter in Italian of at least 10 clauses. A clause must contain a verb, a stated or implied subject, and any additional words needed to convey meaning. You may either use the suggested subtopics or put in your own ideas:***

You are spending your vacation in Italy with your relatives. Your parents have told them that modern Italian films are not suitable for young people. The purpose of this letter is to convince your parents to allow you to go to the movies there.

Subtopics: Tell your parents what you'd like to see; give them a brief background of the film; assure them that it is a good film; tell them where you are going; with whom you are going and how long you'll stay out; ask your father to send you some money.

Dateline: Il ____ ____ 19__
Salutation: Cari genitori
Closing: Con affetto

M. ***Parole incrociate. Sinonimi:***

ORIZZONTALE

1. abbandonato
3. principio
6. vicino, a fianco
7. camminare, ambulare
8. grande paura, timore
11. cosa da vedere, teatro
12. tutt'e due

VERTICALE

1. avere voglia di
2. per piacere
4. pensiero angoscioso, paura
5. ascoltare
9. notte, tenebra
10. assai

[La soluzione è a pagina 297.]

3

Osservi e risponda:

1. Quante persone ci sono nel disegno?
2. Che cosa stanno facendo?

La casa:

il padrone
il salotto
la cucina
il tetto
il piano
l'armadio
la stufa
vedere
un appartamento caro (a buon mercato, vecchio, moderno, buio, con tutte le comodità)
cercare casa

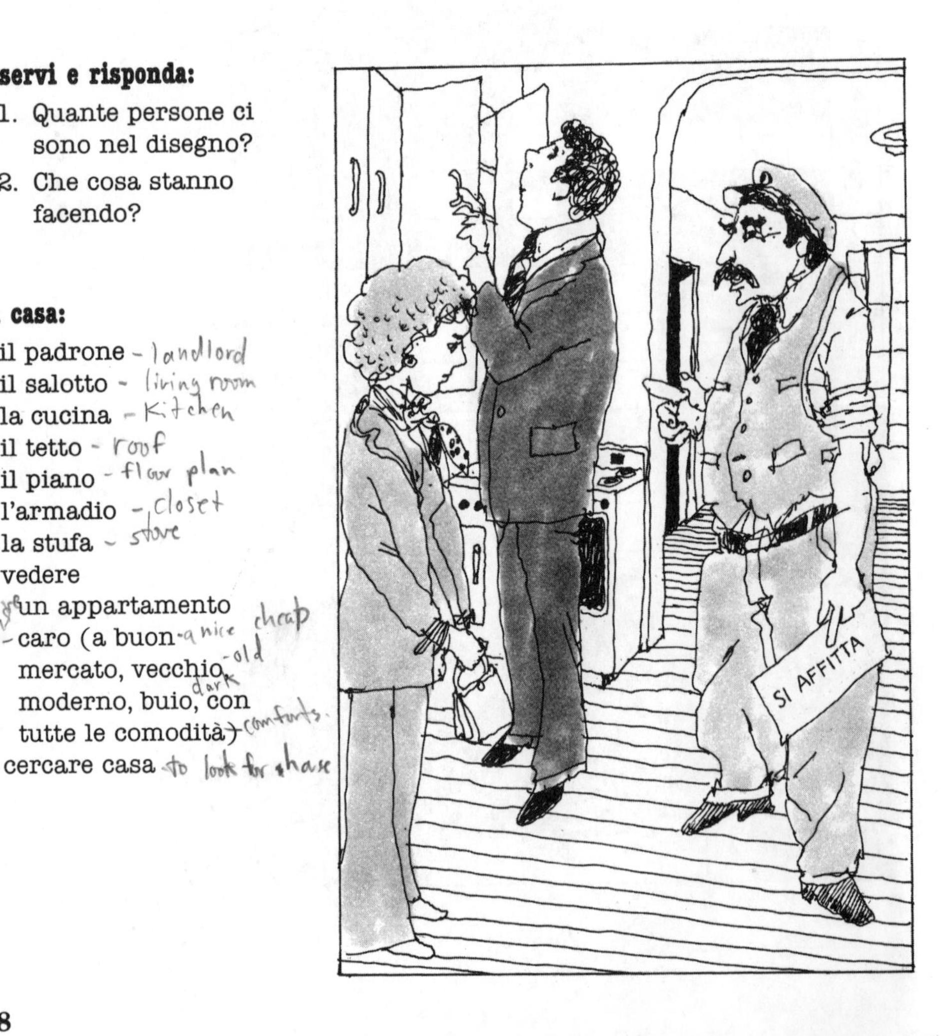

Affittasi appartamento

Che giorno felice! Giuseppina e Giorgio, due novelli sposi, sono appena tornati dalla loro luna di miele. Due settimane indimenticabili in un paese tropicale! Però la vera vita incomincia adesso. Non si può passare tutta la vita in un hotel. C'è bisogno di un appartamento! Giorgio legge con molta attenzione sul giornale nella colonna della «Piccola Pubblicità» le «OFFERTE–AFFITTI–APPARTAMENTI». Ci sono molti appartamenti, però sono troppo costosi o troppo grandi per due sposini. Giorgio mette una ics (X) a lato di ogni annuncio interessante.

affittare *to rent*
a lato di *next to*

Affittasi appartamento arredato, salotto, sala da pranzo, tre camere, cucina, bagno, garage. Telefonare 175-9230.	Appartamento comodo in buone condizioni. Una camera da letto, salotto, cucina e bagno. Corso Italia 37, fra Via Po e Via Roma. X
Magnifico appartamento libero. Salotto, bagno, cucina, una camera da letto. Affitto ragionevole. Via Verdi 19. X	Casa moderna. Sei camere di lusso. Affitto $675 gas ed elettricità inclusi. Telefono 635-5300. Telefonare dopo le ventuno.
Comoda abitazione in un quartiere residenziale. Salotto, doppi servizi, cucina e tre camere da letto. Armadi a muro. Affitto $525 al mese.	**Occasione unica!** Appartamento ultra moderno. Monocamera con tutte le comodità. Vedere per credere. Affitto modico. Edificio Florida, Via H 11. X

la camera da letto *bedroom*
il bagno *bathroom*
libero *available*
l'affitto *rent*
ragionevole *reasonable*
doppi servizi *two bathrooms*

—Giuseppina, vuoi andare a vedere questi appartamenti oggi? Questi tre sembrano buoni.

30 —Perchè no? Oggi è domenica e dobbiamo trovare un posto al più presto possibile.

al più presto possibile *as soon as possible*

Pieni di speranza, vanno a cercare la casa dei loro sogni. Arrivano al primo indirizzo. È un vicolo stretto e con case vecchie. Bussano alla porta e viene fuori 35 un uomo grosso e calvo di una cinquantina d'anni. Li saluta con un sorriso e dice:

—Che cosa desiderate?

—Vogliamo vedere l'appartamento che si affitta. Chi è lei?

40 —Sono il padrone di casa. Entrate pure.

Entrano nella casa. Attraversano un corridoio buio ed arrivano davanti ad una porta chiusa. Il padrone di casa l'apre e dice:

il corridoio *hallway*
buio *dark*

—Venite, venite. Seguitemi!

45 —Però. . .perchè scendiamo le scale?

—Bene. . .per vedere l'appartamento. Ecco. . .ci siamo. Che ve ne pare?

ci siamo *here we are*
Che ve ne pare? *What do you think of it?*

—È piuttosto buio. Siamo nello scantinato, vero?

lo scantinato *basement*

—Beh. . .veramente. . .sì. . . Però con la luce elet-50 trica non c'è nessun problema.

—Grazie tanto, però preferiamo la luce del sole. Le faremo sapere.

Il secondo appartamento non è molto lontano. Percorrono il breve tratto fino ad arrivare davanti 55 ad un vecchio palazzo. Bussano alla porta e chiedono ad un signore:

il breve tratto *the short distance*

—Potrebbe mostrarci l'appartamento d'affittare?

—Sì, signori, con molto piacere. Vengano con me, per favore.

con molto piacere *with great pleasure*

60 Lo seguono e invece di scendere, salgono. . . e. . .salgono. . .e. . .salgono.

invece di *instead of*

—Ma signore, quanti piani dobbiamo ancora salire?

—Abbiate pazienza! Lo sapete che in questi vecchi 65 palazzi non ci sono ascensori. L'appartamento sta al sesto piano. Ci manca poco. (*ansimando*) Poco per lei! Per noi è molto.

—Mille grazie. Glielo faremo sapere.

ci manca poco *we're almost there*
ansimare *to pant*

Disillusi, Giorgio e Giuseppina escono dal palazzo.

70 —Oh, Giorgetto! Non riusciremo mai a trovare casa!

—Non preoccuparti, tesoro. Prima o poi dovremo pur trovare qualcosa.

prima o poi *sooner or later*

—Bene, amore mio, andiamo a vedere l'ultima 75 palazzina.

Giungono presso un palazzo grande e moderno.

—Giorgio. . .sei sicuro che questo è il palazzo? Un appartamento in questo quartiere costerà un occhio.

—Non abbiamo niente da perdere. Andiamo a 80 vederlo.

Li riceve il portiere e mostra loro l'appartamento.

—Oh, che bel salotto!

—E. . .osserva questa cucina. . .tanto moderna e così ben attrezzata! Tutti gli accessori sono elettrici.

accessori *appliances*

85 —Il bagno è un sogno. Ha la doccia e la vasca.

la doccia *shower*
la vasca *bathtub*

—Inoltre, pensate che c'è una camera da letto che dà sul parco. È grande, piena di luce e molto ben arieggiata.

dare sul *to face*

—E l'affitto? Dovrà essere molto alto!

90 —No, signore. . .al contrario!. . .Chiedono solamente settanta dollari al mese.

—Settanta dollari al mese!

—È un affare! Lo prendiamo.

l'affare *bargain*

In questo momento si sente un urlo proveniente 95 dal piano di sopra. Il letto e le pareti cominciano a tremare e improvvisamente i bicchieri sul tavolo cominciano a tintinnare.

proveniente dal *coming from*

tintinnare *to tinkle*

—Ma. . .mamma mia. . .che cos'è quest'urlo?

—È l'inquilino di sopra.

100 —L'inquilino del piano di sopra! Ma che diavolo sta facendo?

—Oh, niente! È un cantante d'opera che sta facendo le scale musicali. Però non si preoccupino perchè dal lunedì al venerdì lo fa solo di giorno. Il sabato e la 105 domenica canta di notte.

fare scale musicali *to practice the musical scales*

ESERCIZI

A. ***Rispondere secondo le situazioni della lettura:***

1. Che cosa devono fare Giorgio e Giuseppina?
2. Perchè non prendono il primo appartamento?
3. Qual è la reazione di Giorgio nella seconda casa? Perchè?
4. Che cosa ne pensano dell'ultima abitazione i due sposini?
5. Perchè è così basso l'ultimo affitto?

B. ***Rispondere secondo le situazioni personali:***

1. Come sono le vie e la borgata dove vive lei?
2. Se lei cerca un appartamento, che cosa deve fare?
3. Descriva la sua casa.
4. Le piace la sua casa? Perchè?
5. Dove preferisce vivere, in una casa privata o in un condominio? Perchè?

C. ***Scegliere la parola o l'espressione che meglio completa ciascuna frase:***

1. Giorgio e Giuseppina sono (due persone calve / marito e moglie / i proprietari di un hotel tropicale / due portabagagli).
2. Gli annunci di appartamenti liberi appaiono (al cinema / in una strada stretta / in un rione scuro / sul giornale).
3. Giorgio e Giuseppina cercano una casa per (trascorrere la luna di miele / distruggerla / viverci / morire là).
4. Molte volte uno fa la colazione (nel bagno / in cucina / nella vasca da bagno / nello scantinato).
5. A loro non piace il primo appartamento perchè (è buio / è caro / è lontano dal centrocittà / non c'è la luce elettrica).

D. ***Sostituire ogni espressione indicata con una espressione equivalente:***

1. **Dobbiamo** fare tutto il lavoro.
2. È **necessario** mangiare per vivere.
3. Adesso **parliamo** con il padrone.
4. Le pareti **incominciano** a tremare.
5. Salgono **invece di** scendere.

a. abbiamo l'obbligo di
b. con attenzione
c. cominciano
d. chiacchieriamo
e. essenziale
f. anzichè

E. ***Completare le seguenti frasi con la parola o l'espressione più appropriata:***

1. Si usa l'ascensore per. . .
2. Un alto edificio ha molti. . .
3. Possiamo farci la doccia nel. . .
4. Un. . .presta servizio all'ingresso di un palazzo.
5. Bisogna pagare un. . .molto alto per un appartamento lussuoso.

F. ***Angolo grammaticale. Go back to the reading text and look for forms of the present tense of either* essere *or* avere *to complete each sentence:***

1. . . .appena tornati dalla luna di miele.
2. . . .bisogno di un appartamento.
3. . . .molti appartamenti.
4. . . .troppo costosi.
5. . . .in un vicolo stretto e con case vecchie.
6. Il secondo appartamento non. . .molto lontano.

G. ***Dialogo incompleto. Completare il seguente dialogo facendo la parte del futuro inquilino:***

PORTIERE: Che cosa desidera?

FUTURO INQUILINO: (Explain why you are there.)

PORTIERE: Sì, perchè no? Abbiamo due appartamenti vuoti.

FUTURO INQUILINO: (Express interest.)

PORTIERE: Uno ha due camere da letto e l'altro ne ha solamente una. Quale desidera vedere?

FUTURO INQUILINO: (Indicate your preference.)

PORTIERE: Mi segua. Quell'appartamento si trova al quarto piano.

FUTURO INQUILINO: (Indicate that you would like to take the elevator.)

PORTIERE: Mi dispiace, però non abbiamo l'ascensore. Desidera vedere l'altro appartamento?

FUTURO INQUILINO: (Agree and explain why.)

PORTIERE: Quello si trova nello scantinato, così non si deve preoccupare.

H. ***Situations. Listen to your teacher read twice in succession a situation in Italian. Then the teacher will pause. Choose the best response to the situation:***

1. (a) Andiamo in Italia.
   (b) Andiamo sulla luna.
   (c) Devo andare dal barbiere.
   (d) Perchè dormi?
2. (a) Vuoi andare da tua madre?
   (b) Non piangere.
   (c) Vuoi andare a vedere quest'appartamento?
   (d) È il tuo compleanno?
3. (a) Voglio una birra.
   (b) Voglio uscire.
   (c) Voglio sedermi.
   (d) Vorrei vedere le camere.
4. (a) È magnifica!
   (b) Restiamo qua.
   (c) Andiamo via!
   (d) Ho la febbre.
5. (a) È caro.
   (b) Lei non sa chi sono io.
   (c) Non è niente.
   (d) Ecco i soldi.

I. ***Parole incrociate. Scriva in italiano:***

ORIZZONTALE

1. landlord
3. to go up the stairs
4. shower
7. suddenly
9. airy
14. bathroom
15. to look for
16. hallway
17. shriek

VERTICALE

1. building
2. floor
5. kitchen
6. dark
8. basement
9. apartment
10. tenant
11. stairs
12. light
13. to go down the stairs

[La soluzione è a pagina 297.]

1
2
3
4
5
6
7
8
9
10
ARIEGGIATA
11
12
13
14
15
16
17

4

Osservi e risponda:

1. Perchè l'uomo ha il naso in aria?
2. Dove si trovano questi signori? In città o in campagna?

La città:

la via
la metropolitana
la traversa
la cassetta postale
il palazzo
il semaforo
l'angolo
l'isolato
l'autobus
l'edicola
camminare
attraversare la strada
girare a destra (a sinistra)
scendere dall'autobus
perdersi

Ci siamo perduti

Il primo giorno di Giancarlo e Rosetta negli Stati Uniti. Sono arrivati solo un'ora fa all'aeroporto e già si trovano nella loro stanza in albergo. Mentre Rosetta disfa le valigie e mette via gli abiti, suo 5 marito fa una telefonata.

un'ora fa *an hour ago*

disfare *to unpack*

mettere via *to put away*

—Pronto! Pasquale?. . . Sono Giancarlo. . . Sì . . . sì, Giancarlo Bevilacqua. . . No. . . . Siamo venuti in aereo. . . Siamo atterrati solo un'ora fa. Siamo all'Hotel Excelsior. . . Come? No, non siamo stanchi. Viag-10 giare in uno di questi aerei 747 è qualche cosa di fantastico! Sì. . .ci farebbe molto piacere cenare con voi stasera. *(Rivolgendosi alla moglie)* —D'accordo, tesoro?—

atterrare *to land*

d'accordo? *agreed?*

—Ma sicuro, caro! Non è forse questa la maniera 15 migliore di passare la nostra prima notte in questa città?—

—Bene, Pasquale. Ci sembra un'ottima idea. Come si viene a casa tua?. . . Taxi?. . . Ma va!. . . Non siamo bambini. Vogliamo vedere questa città da vicino e 20 desideriamo viaggiare come la gente di qui. Dammi solo l'indirizzo e dimmi come venire. *(Rivolgendosi a sua moglie)* —Ascolta bene pure tu. Ti ripeto le istruzioni. . . Così se mi dimentico qualche cosa posso chiederlo a te.—

da vicino *close up*

25 —Sono pronto. . . Pasquale, dimmi. . . Prendiamo la metropolitana all'angolo. . . Scendiamo alla terza

all'angolo *at the corner*

fermata. . . All'uscita, sull'altro lato della strada, c'è una fermata di autobus davanti ad un negozio di ferramenta. . . Prendiamo il 59. . . In una diecina di minuti si arriva al Banco Centrale. . . Al primo semaforo giriamo a destra. La casa sta accanto alla Pasticceria Roma. È il numero 222. Non preoccuparti, Pasquale. Ci vedremo fra un'oretta. Ciao.—

Due ore dopo Giancarlo e Rosetta sono seduti su una panchina in un giardino pubblico.

—Te l'ho detto, Giancarlo, che dovevamo continuare diritto dopo essere scesi dall'autobus, però tu hai insistito nel girare a destra. Perciò ci siamo perduti. Tu non mi ascolti mai perchè pensi che noi donne abbiamo sempre la testa fra le nuvole.—

—Lo so, lo so. Non devi ripeterlo tante volte!—

—In ogni modo, non arriveremo mai. Chiediamo a quel poliziotto come ritornare all'albergo. . . Non ce la faccio più a camminare!—

Poliziotto:—L'Hotel Excelsior? Non è molto lontano, però è meglio non andare a piedi. Vedono quell'edicola dei giornali? Girino a sinistra a quell'angolo. Alla quinta traversa c'è un ufficio postale. Proseguano diritto e si troveranno di fronte ad una caserma dei pompieri. Attraversino la strada e prendano l'autobus numero 58 fino all'hotel.—

—Mille grazie, signore.—

—Non c'è di che. È dovere mio!—

Molto riconoscenti, marito e moglie incominciano a ritornare verso l'albergo. Non hanno ancora attraversato la strada quando sentono la voce di un uomo.

—Giancarlo! Rosetta! Sono qui.—

Sorpresi, alzano gli occhi e vedono Pasquale affacciato alla finestra di casa sua.

—Che cosa vi è successo? Sono tre ore che vi aspetto. Vi siete perduti?—

—Perderci noi? Macchè! Non siamo mica bambini! Il tempo è così bello che abbiamo deciso di fare una passeggiata e visitare alcuni posti interessanti.—

- sull'altro lato *on the other side*
- davanti a *in front of*
- negozio di ferramenta *hardware store*
- a destra *to the right*
- non preoccuparti *don't worry*
- fra un'oretta *within the hour*
- la panchina *park bench*
- scendere dall'autobus *to get off the bus*
- perdersi *to be lost*
- avere la testa fra le nuvole *to have one's head in the clouds*
- in ogni modo *anyway*
- non ce la faccio più a camminare *I can't take another step*
- andare a piedi = camminare
- proseguire diritto *to continue walking straight ahead*
- la caserma dei pompieri *fire station*
- È dovere mio! *It's my duty!*
- incominciare a *to start to*
- affacciato alla finestra *leaning out of the window*

ESERCIZI

A. ***Rispondere secondo le situazioni della lettura:***

1. Marito e moglie dove passano il loro primo giorno negli Stati Uniti?
2. Perchè si sono perduti?
3. Chi li ha aiutati a trovare l'indirizzo che cercavano?
4. Dove sta il loro amico Pasquale?
5. Che cosa hanno detto a Pasquale per non ammettere di essersi perduti?

B. ***Rispondere secondo le situazioni personali:***

1. Come preferisce viaggiare lei?
2. Quali luoghi preferisce visitare all'estero?
3. Qual è il mezzo di trasporto più comune nella sua città?
4. Perchè si va ai giardini pubblici?
5. Che cosa fa lei quando il tempo è piacevole?

C. ***Modi di dire. Formare delle frasi complete unendo A e B:***

A	B
1. Sono appena	a. perchè pensi che io abbia la testa fra le nuvole.
2. Fanno una passeggiata	b. ho paura.
3. Non mi ascolti	c. per le strade della città.
4. Fa una chiamata	d. telefonica.
	e. arrivati all'aeroporto.

D. ***Scegliere il sinonimo di ogni parola indicata:***

1. l'abitazione — l'abitante / l'uomo / la casa / la cassa
2. la valigia — la malattia / la borsa / gli abiti / l'hotel
3. il marito — la moglie / il marinaio / lo sposo / il semaforo
4. tesoro mio — amore mio / morte mia / corpo mio / panetteria mia

E. ***Scegliere il contrario di ognuna delle parole indicate:***

1. primo — numero / ultimo / stanco / polizia
2. scendere — perdere / andare / salire / passeggiare
3. a destra — accanto / in mezzo / a sinistra / vicino a
4. lontano — a tempo / vicino / tardi / presto

F. ***In ognuna delle seguenti frasi c'è una parola che secondo la storia non è quella corretta. Trovare la parola incorretta e sustituirla con la parola corretta.*** *(Each sentence contains a word that is incorrect according to the story. Find this word and replace it with the correct expression.):*

1. Rosetta fa le valigie.
2. Rosetta e Giancarlo sono arrivati stanotte.
3. Pasquale abita davanti alla Pasticceria Roma.
4. Per riposarsi si siedono nella Banca Centrale.

G. ***Scrivere una frase completa in italiano per ognuna delle vignette*** *(Write a complete sentence in Italian for each sketch. Each sentence must contain a verb, a stated or implied subject, and additional words necessary to convey meaning):*

H. ***Angolo grammaticale. Complete the following sentences with the correct forms of the present indicative of*** **essere *or* avere:**

1. Sì, io ____ Giancarlo.
2. Maria ed io ____ venuti in aereo.
3. Voi non ____ bambini.
4. Qui c'____ una fermata d'autobus.
5. Io te l'____ detto.
6. Però tu ____ insistito nel girare a destra.
7. Forse ____ meglio non andare a piedi.
8. Le signorine ____ deciso di fare una passeggiata.

I. ***Qual è il mezzo di trasporto più veloce? Porre i seguenti mezzi di trasporto in ordine di velocità*** *(Put the means of transportation in the order of their speed):*

1. ____ a. l'aereo
2. ____ b. la metropolitana
3. ____ c. l'autobus
4. ____ d. andare a piedi
5. ____ e. la bicicletta
6. ____ f. il taxi
7. ____ g. la motocicletta

J. ***Situations. Listen to your teacher read twice in succession a situation in Italian. Then the teacher will pause. Choose the best response to the situation:***

1. (a) Vado sulla luna.
   (b) Vado a scuola.
   (c) Vado in aereo.
   (d) Vado in elicottero.

2. (a) Torni indietro e vada a scuola.
   (b) Non sono un poliziotto io.
   (c) Si fermi e guardi il semaforo.
   (d) Segua diritto. È lì, all'angolo della strada.

3. (a) Mi manca il mio libro d'arte.
   (b) Non capisco la domanda.
   (c) Sono affascinanti.
   (d) Ma chi è lei?

PIANTINA DEL CENTRO

NOTA:

VIALE = STREET WITH TREES
CORSO = MAIN STREET; AVENUE
STRADA, VIA = STREET

K. ***Dove vuole andare lei? Usi la piantina:***

1. Lei esce dall'Hotel Ritz e vuole andare all'Ufficio Postale a spedire una lettera. Cammina per la Diciottesima Strada, passa vicino alla stazione di servizio e dopo due traverse arriva al ____ per vedere gli animali.
2. Lei ha appena finito di mangiare al ristorante «La Buona Tavola». Prende la metropolitana all'angolo fra Viale Dante e Via Venti Settembre; scende alla prossima fermata sul Viale Michelangelo e cambia treno. Prende il treno di Viale Michelangelo fino alla terza fermata. All'uscita della metropolitana si trova dietro la ____.
3. Lei è appena arrivato con l'autobus. Prende il taxi alla Stazione Termini; si ferma un momento dal fioraio a comprare una dozzina di rose. Prosegue con il taxi fino al Viale delle Americhe dove gira a destra. Dopo altre quattro traverse arriva a tempo per la cerimonia nuziale in ____.
4. Lei esce dall'Hotel Excelsior e si trova sul Viale delle Americhe. Va fino alla Pasticceria Ferrara dove compra una scatola di cioccolatini. Cammina per Via Colombo fino all'angolo dove si trova la cabina telefonica più vicina. Fa una telefonata e dopo due traverse vede ____, dove vuole andare a visitare un amico ammalato.
5. Lei s'incontra con il suo amico vicino alla cassetta postale davanti al Banco di Napoli. Prendete l'autobus fino alla fermata di Via Garibaldi. Scendete e girate a destra. Prendete il tram fino al Viale delle Americhe. Vi dovrete trovare davanti al ____ dove volete andare a vedere un film.

L. ***Dialogo incompleto. Completare il seguente dialogo facendo la parte di Pasquale:***

GIANCARLO: Pronto, Pasquale?

PASQUALE: (Ask who is calling.)

GIANCARLO: Sono Giancarlo. Starai a casa stasera?

PASQUALE: (Say yes and tell until when.)

GIANCARLO: Allora ci vedremo alle nove.

PASQUALE: (Agree and invite him for dinner.)

GIANCARLO: Tante grazie, però ho già fatto una prenotazione all'Osteria Romana.

PASQUALE: (Indicate disappointment.)

GIANCARLO: Come potrò venire da te?

PASQUALE: (Explain how.)

M. ***Composition. Write a well-organized letter in Italian of at least 10 clauses. A clause must contain a verb, a stated or implied subject and any other additional words needed to convey meaning. You may either use the suggested subtopics or put in your own ideas:***

You want to visit a city in Italy. Write a letter to your pen pal who lives there and inquire about life in that city.

Subtopics: Your reasons for going there; interesting customs; people; food; sports; evening activities; weekend activities; what you are going to see; how you are going to visit the city; date of departure; your expectations.

Dateline: Il ____ ____ 19__
Salutation: Caro(a)
Closing: Con affetto

N. ***Parole incrociate. Insert the imperfect:***

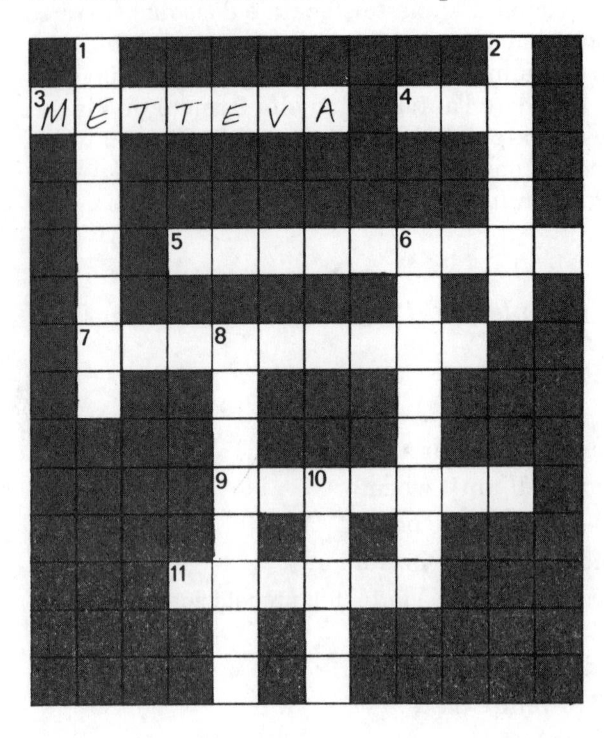

ORIZZONTALE

3. Si **mette** l'abito.
4. Io **sono** in classe.
5. Lei **disfa** le valigie.
7. Loro **si trovano.**
9. Noi **siamo** qui.
11. Io non **faccio** niente.

VERTICALE

1. Voi **venite** a casa.
2. Che cosa **vuoi** tu?
6. Tu ed io **ceniamo.**
8. Ci **vediamo.**
10. Io **ho** te.

[La soluzione è a pagina 297.]

5

Osservi e risponda:

1. Quante persone ci sono nel disegno?
2. Che cosa stanno facendo i tre uomini?

Gli elettrodomestici:

la televisione
la radio a transistor
l'aspirapolvere
la cabina telefonica
il furgoncino
la cassa
il ladro
svuotare il negozio
portare una televisione
chiamare la polizia
rubare

La vetrina vuota

IL PROGRESSO

ONDATA DI FURTI IN TUTTA LA CITTÀ

Il Commissariato di Polizia ha reso notó che il numero di furti è aumentato più del cento per cento negli ultimi otto mesi. Le vittime principali sono
5 state i piccoli commercianti. I danni vengono valutati in circa due milioni di dollari. Secondo le informazioni ricevute, molti di questi furti sono stati commessi di notte da una coppia di ladri con un furgoncino di ultimo modello. . .

l'ondata *wave*
il furto *theft*
aumentare *to increase*
secondo le *according to*
la coppia *pair*
il ladro *thief*
il furgoncino *small van*

Ignazio Pertica non ebbe il tempo di finire di
10 leggere l'articolo sul giornale che riferiva l'ondata di furti perchè il treno era già arrivato in stazione ed egli doveva scendere, però le parole gli rimasero in mente. Era già notte quando uscì dalla stazione e non passava anima viva. Mentre camminava per
15 le strade solitarie e deserte, non potette fare a meno di pensare ai pericoli che lo aspettavano nell'oscurità della notte. Aveva una grande fifa.

—È sicuro che non ci sarà qualche altro crimine adesso? Non si vede neppure un poliziotto in giro.
20 Sono quasi le undici di notte e mi fa paura camminare per queste vie. Sono sicuro che ci sarebbero meno delinquenti se tutti i cittadini cooperassero di più con la polizia. È così facile distinguere un ladro da un assassino. Tutti hanno i segni caratteristici dei
25 criminali. Il problema è che la maggior parte della gente è apatica e volta le spalle davanti ai problemi di questo genere.—

era già arrivato *had already arrived*
non passava anima viva *there wasn't a single soul in the street*
non potette fare a meno di *he couldn't help but*
il pericolo *danger*
aveva una grande fifa *he was scared to death*
in giro *in sight*
i segni *features*

Quando girò all'angolo, Ignazio passò davanti ad un negozio di elettrodomestici dove generalmente si
30 intratteneva un po' ad osservare le meraviglie elettroniche del nostro secolo: televisori e radio a transistor, rasoi elettrici, aspirapolvere ecc. Quella notte non pensava di fermarsi. Però, nel dare un'occhiata alla vetrina, notò che questa era quasi vuota.
35 —Che strano!—disse fra sè.—Mi chiedo se tutto sta in ordine.—

Si avvicinò alla porta e guardò dentro. Notò che in fondo al negozio c'erano due uomini i quali stavano portando via una cassa alla luce di una debole
40 lampadina.

—Qui gatta ci cova—, disse fra sè. E invece di girare alla larga si nascose dietro una cabina telefonica. Improvvisamente un uomo vecchio e malvestito venne fuori portando sulle spalle una cassa che
45 caricò in un furgoncino. Nel vedere la faccia dell'uomo, Ignazio disse fra sè:

—Se questa non è la faccia di un ladro, io non mi chiamo Ignazio Pertica. Quegli occhi torvi, quel sigaro che gli penzola dalle labbra e quella cicatrice
50 sulla guancia! Sono segni sicuri. Devo fare il mio dovere di buon cittadino e devo chiamare la polizia al più presto possibile.—

Entrò nella cabina telefonica, alzò la cornetta del telefono e fece il numero della polizia.
55 —Saremo lì fra un quarto d'ora—, gli risposero. Ignazio si rese conto che la polizia non sarebbe arrivata in tempo. I due uomini avevano svaligiato tutto il negozio ed erano sul punto di svignarsela. Senza perdere un minuto, Ignazio si scagliò contro
60 il vecchio prima che questi potesse chiudere la portiera della macchina. Lo afferrò per il collo e gli mollò un ceffone. In quel preciso momento si sentì una sirena ed apparve la polizia.

Pieno di orgoglio Ignazio gridò agli agenti:—
65 Eccoli! Hanno cercato di fuggire, però sfortunatamente per loro, ci sono cittadini come me a cui questi criminali non fanno paura.—

girare all'angolo *to turn the corner*
intrattenersi *to stop*
un po' = un poco
il secolo = cento anni
il rasoio *shaver*
dare un'occhiata *to glance at*
la vetrina *display window*
mi chiedo *I wonder*
avvicinarsi *to approach*
in fondo *in the back*
debole *weak*
la lampadina *lightbulb*
gatta ci cova *there is something funny going on here*
girare alla larga *to walk away*
torvo *grim*
penzolare *to dangle*
la cicatrice *scar*
la guancia *cheek*
fare il mio dovere *to do my duty*
alzare la cornetta *to pick up the receiver*
in tempo *on time*
svaligiare *to ransack*
essere sul punto di svignarsela *to be about to sneak away*
si scagliò *he hurled himself*
un ceffone = uno schiaffone
orgoglio *pride*

—Fuggire? Ma come si permette?—rispose il vecchio toccandosi la guancia dolorante. —Stiamo traslocando e questo è l'ultimo viaggio... e questo delinquente mi è saltato addosso e mi ha preso a schiaffi. Arrestatelo!—

I due agenti afferrarono il nostro povero Ignazio e gli misero le manette dicendogli:—Così imparerai ad assalire un povero vecchio. Mascalzone!—

E lo portarono via.

come si permette? *How dare you?*
traslocare *to move (out)*
saltare addosso *to jump on (somebody)*
le manette *handcuffs*
mascalzone *rogue, rascal*

ESERCIZI

A. ***Rispondere secondo le situazioni della lettura:***

1. Secondo la polizia, quando si commettono molti furti?
2. A che ora Ignazio esce dalla stazione?
3. Generalmente che articoli c'erano nel negozio di elettrodomestici?
4. Perchè Ignazio crede che l'uomo ha una faccia da ladro?
5. Come si comportano con Ignazio i due poliziotti?

B. ***Rispondere secondo le situazioni personali:***

1. Che cosa causa il crimine?
2. Perchè è utile una radio a transistor?
3. Che cosa farebbe lei se vedesse una persona commettere un furto?
4. Che cosa si deve fare con i criminali?
5. Di che cosa abbiamo bisogno per eliminare il crimine? È possibile eliminarlo?

C. ***Disporre gli elettrodomestici secondo il loro uso*** *(Match each appliance with the description of its use):*

ELETTRODOMESTICI	USO
1. il televisore	a. taglia la barba
2. la radio	b. conserva bevande e vivande
3. l'aspirapolvere	c. trasmette musica e notiziari
4. il rasoio elettrico	d. trasmette film e programmi vari
5. il frigorifero	e. pulisce il tappeto
	f. riscalda il cibo

D. *Parole analoghe. Trovare le parole inglesi affini* (*related*) *a quelle italiane:*

1. la maggioranza
2. pensare
3. il giornale
4. terminare
5. criminale
6. solitario
7. miracolo
8. periodico

a. criminal
b. terminate
c. journal
d. solitary
e. pensive
f. majority
g. periodical
h. miracle

E. *Modi di dire. Sostituire i sinonimi alle espressioni indicate:*

1. **Secondo le** informazioni ricevute.
2. **Improvvisamente** venne fuori un uomo vecchio e malvestito.
3. Chiama la polizia **al più presto possibile.**
4. **Sono sul punto di** svignarsela.
5. Gli mollò **un ceffone.**
6. **Generalmente** s'intratteneva ad osservare le meraviglie elettroniche.

a. generalità
b. uno schiaffone
c. subito
d. stando alle
e. di solito
f. stanno per
g. quanto prima

F. *Angolo grammaticale. Express the verb forms in Italian:*

1. È sicuro che non (*there will be*) qualche altro crimine?
2. (*We will be*) lì fra un quarto d'ora.
3. Così (*you will learn*) ad assalire un vecchio.
4. Sono sicuro che ci (*will be*) meno delinquenti.
5. La polizia (*will arrive*) fra quindici minuti.

G. *Frasi idiomatiche. Match the following idiomatic expressions:*

1. Non si vede un poliziotto in giro.
2. Non potette fare a meno di pensare
3. Gatta ci cova.
4. Dare un'occhiata alla vetrina.
5. Invece di girar alla larga
6. Non passava anima viva.
7. Aveva una gran fifa.

a. Not a single soul was around.
b. He couldn't help thinking about
c. He was scared to death.
d. There's not a policeman in sight.
e. To glance at the display window.
f. Instead of walking away
g. There is something funny going on here.

H. ***Trovare le frasi che meglio descrivono il contenuto di ognuna della vignette:***

1. Ignazio telefona.
2. L'uomo porta una cassa.
3. Ignazio legge il giornale.
4. Ignazio s'intrattiene davanti alla vetrina.
5. Ignazio si scaglia contro il ladro.
6. Il poliziotto gli mette le manette.

I. ***Dialogo incompleto. Completare il seguente dialogo facendo la parte di Mario:***

POLIZIOTTO: Che cosa è successo qui?

MARIO: (Indicate what happened.)

POLIZIOTTO: Dove stava lei?

MARIO: (Indicate when and where.)

POLIZIOTTO: Quanti erano i ladri?

MARIO: (Indicate number.)

POLIZIOTTO: Me li descriva, per favore.

MARIO: (Give a description.)

POLIZIOTTO: Mille grazie per la sua cooperazione. Lei è un buon cittadino.

MARIO: (Tell them they're welcome and say good-bye.)

J. *Composition. Write a letter in Italian to the mayor of your city in which you try to persuade him/her to hire more police officers.*

Subtopics: who you are; reason for your letter; what is needed; reasons to justify new hiring; benefits from the hiring; whom it will affect; what the mayor can do to make the city safer; your expectations.

Dateline: Il _____ _____ 19__
Salutation: Egregio Signor Sindaco:
Closing: Rispettosamente

K. *Parole incrociate. Oggetti utili:*

ORIZZONTALE

1. electric appliances
3. dishwasher
7. vacuum cleaner
9. silverware
10. toaster
12. dishes
13. lamp
14. broom

VERTICALE

2. television
4. glasses
5. coffee pot
6. refrigerator
8. record player
11. radio

[La soluzione è a pagina 298.]

6

Osservi e risponda:

1. Perchè c'è tanta gente in mezzo alla via?
2. Che cosa sarà mai successo?

L'incidente:

il ferito
la folla
il pedone
l'ambulanza
l'infermiere
attraversare col rosso
investire
riportare delle lesioni
avere uno shock
vedere come sta
non m'è successo niente

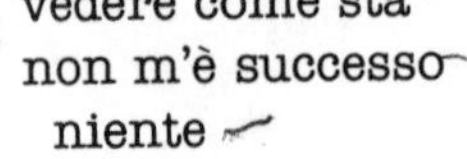

Subito . . . chiamate un'ambulanza!

—Attento al camion!. . . Vai sotto!. . . Adesso lo investi!. . . Attentooo!—

In quell'istante si udì uno stridore di freni.

Quando Fernando Fiero, che distrattamente at-
5 traversava la strada, sentì queste parole, non potè vedere il veicolo che si avvicinava ad alta velocità e finì a gambe all'aria. Come capita ogni volta che c'è un incidente stradale, subito si formò un gruppo di passanti.

10 —Ch'è successo?—

—Quest'uomo stava attraversando la strada col rosso ed è stato investito.—

—Sarà ferito?—

Fernando, che in realtà non si era fatto neppure
15 un graffio, ma ancora era in preda allo shock, stava per alzarsi quando sentì una mano sulla spalla.

—Non si muova. Io ho visto tutto. Questo è il mio biglietto da visita:

vai sotto *you are going to be run over*
si udì *you could hear*
lo stridore *screeching*
finì a gambe all'aria *fell on his back*
come capita *as it happens*
è stato investito *was run over*
non si era fatto *had not suffered*
il graffio *scratch*
in preda allo shock *all shaken up*

OTTAVIO PEPERONE

20 *Avvocato e Procuratore*

Studio Legale:
Viale Dante 55

Tel. 678-9384

—Ma non m'è successo niente. Non ho bisogno dell'avvocato. Mi lasci in pace—, disse Fernando.
25 —Un momento—, rispose l'avvocato Peperone a bassa voce. —Non dica neppure una parola e mi lasci parlare. Denunceremo l'accaduto alla compagnia d'assicurazione e tutt'e due diventeremo ricchi.— Poi, rivolgendosi alla folla, cominciò a gridare: —Su-
30 bito, chiamate un'ambulanza. Quest'uomo è stato ferito gravemente. Bisogna trasportarlo d'emergenza al pronto soccorso.—
Mentre aspettavano l'arrivo dell'ambulanza, l'autista del camion si avvicinò a Fernando per vedere
35 come stava.
—Ma non lo sa che si attraversa sulle strisce zebrate a non al centro della strada? Per poco non è finito sotto.—
—Ma basta! Non vede che il mio cliente sta
40 soffrendo terribilmente? Non gli dia più fastidio!—, disse l'avvocato.
—Ma. . . Mi è apparso davanti all'improvviso.—
—La pianti con tutte queste chiacchiere! Voi camionisti pensate di essere i padroni della strada.
45 Non pensate mai ai poveri pedoni. Ci vedremo in tribunale davanti al giudice e alla giuria.—
L'arrivo dell'ambulanza interruppe la conversazione. Due infermieri uscirono dall'ambulanza con una barella.
50 —Sbrigatevi—, gridava Peperone. —Non c'è tempo da perdere. Quest'uomo sta male. Portatelo in ospedale ed ingessategli la gamba. Fategli subito un'iniezione per calmargli i nervi perchè per poco non gli è venuto un colpo!—
55 Subito essi fecero un'iniezione di tranquillante a Fernando. Mentre l'ambulanza attraversava la città a sirene spiegate, l'autista si rivolse al collega e, scuotendo il capo e storcendo il muso, disse: —Questa non mi sembra proprio un'emergenza, nonostante
60 tutte le chiacchiere di quell'avvocatucolo. Non credo che questo paziente sia grave. Questa mattina invece

mi lasci in pace *leave me alone*
a bassa voce *in a low voice*
denunciare l'accaduto *to sue*
diventare ricco *to become rich*
per vedere *to inquire, to find out*
le strisce zebrate *crosswalk*
non gli dia più fastidio *don't bother him anymore*
la pianti *that's enough, no more*
il pedone *pedestrian*
la giuria *jury*
la barella *stretcher*
ingessare *to put in a cast*
venire un colpo *to suffer a heart attack*
a sirene spiegate *with sirens blasting*
nonostante *in spite of*
avvocatucolo = avvocato poco importante

ho visto un vero incidente grave: un tamponamento a catena sull'autostrada alla periferia della città. E ad uno dei passeggeri il chirurgo ha dovuto amputare
65 la gamba.—

il tamponamento a catena *pileup*
la periferia *outskirts*

Fernando, che si stava riprendendo dagli effetti del tranquillante e si stava svegliando, udì solamente le ultime tre parole. Con uno scatto scese dalla barella, aprì la porta dell'ambulanza e saltò giù nella
70 strada gridando:

lo scatto *jerk*

—Amputarmi la gamba! Neppure per un milione di dollari!—

ESERCIZI

A. ***Rispondere secondo le situazioni della lettura:***

1. Perchè Fernando non potè vedere il veicolo?
2. Che cosa si formò dopo l'incidente?
3. Fu ferito gravemente Fernando?
4. Che cosa portarono i due infermieri venendo fuori dall'ambulanza?
5. Che cosa pensava Fernando che gli avrebbero fatto i medici?

B. ***Rispondere secondo le situazioni personali:***

1. Dove si deve attraversare la strada?
2. Chi decide il caso in tribunale?
3. Che cosa si applica su una ferita?
4. A che cosa serve un'ambulanza?
5. Di che cosa ha bisogno una persona che soffre di tensione nervosa?

C. ***Vocabolario. Individuare la parola che non appartiene nel gruppo*** *(Choose the word that does not belong to the group):*

1. il freno / la ruota / il camion / la mano / il veicolo
2. la querela / l'avvocato / il giudice / il tribunale / il pedone
3. la strada / la velocità / il semaforo / l'avvocato / l'autista
4. l'ambulanza / il pronto soccorso / l'ospedale / la ferita / il biglietto
5. la barella / l'infermiere / l' iniezione / la strada / il sedativo

D. ***Modi di dire. Choose the correct Italian equivalents for the expressions in parentheses:***

1. (*Watch out for the*) camion.
2. (*At once*) si formò un gruppo di . . .
3. —(*Leave me alone*)—, protesta.
4. Incomincia a (*shout*).
5. (*You almost*) non è finito sotto il camion.
6. L'ambulanza attraversava la città (*with the siren blasting away*).
7. Ho visto un vero incidente, (*a pileup*).
8. Per poco (*he had a heart attack*).
9. Finì (*on his back*).

a. mi lasci in pace
b. gridare
c. per poco lei
d. non si sa mai
e. subito
f. con le sirene spiegate
g. peggiore
h. un tamponamento a catena
i. non gli è venuto un colpo
j. a gambe all'aria
k. attento al

E. ***Riassunto. Fare il riassunto dell'accaduto usando i seguenti gruppi di parole*** *(Summarize what happened using the following word groups):*

1. camion / investire / pedone
2. avvocato / vedere / incidente / dare / biglietto da visita
3. stare zitto / diventare / ricco
4. chiamare / ambulanza / portare / ospedale
5. udire / medici / saltare / ambulanza

F. ***Sinonimi. Scegliere il sinonimo di ognuna delle parole indicate:***

1. Subito dopo l'incidente si formò **un gran numero di passanti.**
2. Ogni volta **capita** sempre così.
3. L'infermiere vuole arrivare **subito.**
4. I due amici **parlano** sempre a bassa voce.
5. La **strada maestra** porta fuori città.

a. immediatamente
b. conversano
c. via principale
d. una moltitudine
e. accade

G. ***Contrari. Scegliere il contrario di ognuna delle parole indicate:***

1. Il veicolo **si avvicina** ad alta velocità.
2. Mario **si addormenta** presto.
3. L'infermiere fece una iniezione di **eccitante.**
4. I camionisti pensano di essere i padroni della strada **pubblica.**
5. Con uno scatto **scese dalla** barella.

a. si allontana dal
b. si sveglia
c. privata
d. a bassa
e. salì sulla
f. tranquillante

H. ***Angolo grammaticale. Express the following command forms in Italian:***

1. Call the ambulance.
2. Don't move.
3. Leave me alone.
4. Wait a moment.
5. Don't even say a word.
6. Let me speak.
7. Don't bother him.
8. Take him to the hospital.
9. Hurry up.
10. Put his leg in a cast.
11. Give him an injection.

I. ***Dialogo incompleto. Lei è uno dei testimoni oculari dell'incidente. Completi il seguente dialogo:***

AVVOCATO: Com'è accaduto l'incidente?
TESTIMONE: (Explain how.)
AVVOCATO: Da dove veniva il camion?
TESTIMONE: (Indicate direction.)
AVVOCATO: Dove stava lei?
TESTIMONE: (Indicate where.)
AVVOCATO: Che cosa ha fatto dopo aver telefonato all'ospedale?
TESTIMONE: (Indicate what you did.)
AVVOCATO: Grazie dell'aiuto.
TESTIMONE: (Indicate where you will be, if needed.)

J. ***Situations. Dare una risposta appropriata in italiano:***

1. Il traffico è completamente bloccato. C'è molta folla nella strada e c'è un'ambulanza. Lei si avvicina e chiede:
2. Un suo amico non segue le regole della strada ed attraversa sempre al centro della via. Lei lo vede e gli dice:

3. Lei fa parte della squadra di baseball della sua scuola. Durante la partita lei non può più correre. Un suo compagno le chiede se si è fatto male. Lei risponde:

K. *Parole incrociate:*

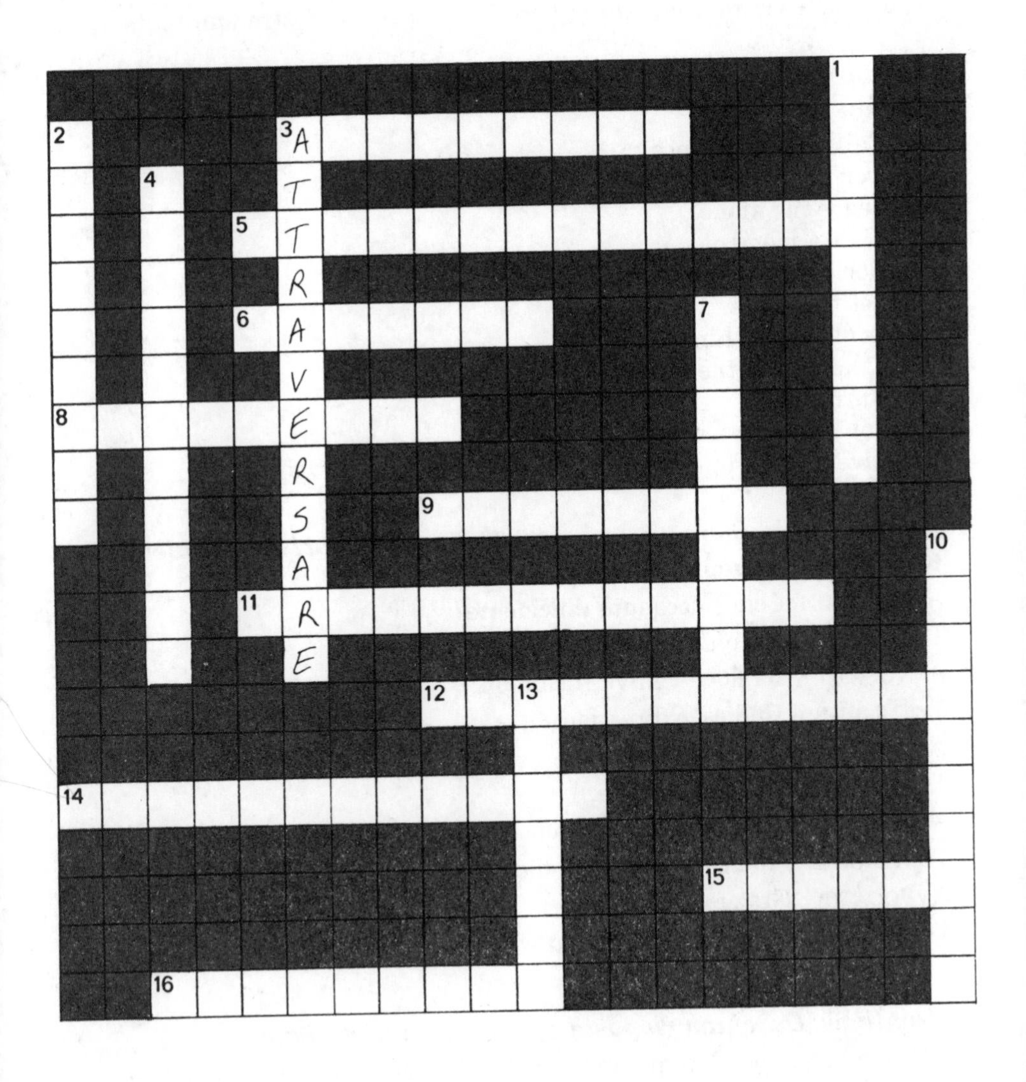

ORIZZONTALE

3. ambulance
5. crosswalk
6. to jump
8. accident
9. surgeon
11. tranquillizer
12. pileup
14. (unscrupulous) lawyer
15. siren
16. to wake up

VERTICALE

1. injection
2. to run over
3. to cross (the street)
4. chatter
7. emergency
10. highway
13. million

[La soluzione è a pagina 298.]

7

Osservi e risponda:

1. Che cosa si vede in questa vignetta?
2. Che cosa sta facendo il cliente?

La barberia:

il barbiere
la poltrona
i capelli
i riccioli
il pettine
le forbici
lo shampoo
la frizione
avere bisogno di un taglio di capelli
fare lo shampoo (la frizione)
pettinare
spazzolare

Nè molto corti, nè molto lunghi e non mi tocchi le basette

Sono già le undici di mattina quando Ciccio Caposecca si rende conto che è tardi e che bisogna affrettarsi. Sul giornale del giorno prima ha trovato una buona offerta di lavoro. Occasioni del genere non si presentano tutti i giorni: un posto come guardia giurata nei grandi magazzini del Corso. L'impiego offre un ottimo salario, ottime condizioni di lavoro e un futuro sicuro. Però prima di presentarsi all'intervista col Dr. Peloso, capo del personale, Ciccio decide di passare dal barbiere. Nessuno assume mai una persona dall'aspetto trascurato. Sono più di due mesi che Ciccio non è andato dal barbiere. Entra nel salone, si siede sulla poltrona e guarda la tabella delle tariffe.

si rende conto *realizes*
il posto *job*
la guardia giurata *house detective*

BARBERIA «I QUATTRO ASSI»

Taglio di capelli	$ 8.00
Taglio di capelli «speciale»	$ 9.50
Barba	$ 3.25
Frizione	$ 5.00
Massaggio	$10.00
Shampoo	$ 4.00
Manicure	$ 6.00
Tintura	$ 7.00
Lampada solare	$15.00
Lozioni o brillantina	gratis
Trattamento contro la forfora	gratis

la barba *shave*
la forfora *dandruff*

—A mezzogiorno ho un colloquio per un lavoro. Ho bisogno di un buon taglio. Non li voglio nè molto corti, nè molto lunghi e non mi tocchi le basette.—

30 —Come no, giovanotto! Aspetti un po'. Tra un momento avrò finito di fare la barba a questo signore. Come vede sono solo. Il mio socio sta mangiando e dovrebbe tornare tra un istante.—

Il clic clic delle forbici, il rumore della macchinetta
35 e la morbidezza della poltrona fanno rilassare Ciccio che ben presto cade in un sonno profondo.

Nel frattempo entra il secondo barbiere, vede il giovanotto nella poltrona e dice:—Peppino, vai pure a mangiare. A questo bello addormentato ci penso
40 io.—

Peppino se ne va a pranzo e lascia il secondo barbiere con Ciccio. Dice fra sè: —Porca miseria! Peppino non mi ha detto che taglio gli debbo fare. Mi dispiace svegliarlo. . . Ma non importa. . . Tutti
45 i capelloni come questo chiedono sempre il nostro taglio speciale: capelli belli lunghi sul collo come piacciono alle ragazze. All'opera!—

Senza perdere tempo, il barbiere comincia a lavorare di pettine e di forbici e gli spruzza una bella
50 lacca profumata sui capelli così delicatamente che Ciccio non si sveglia nemmeno. Dopo una mezz'oretta Ciccio apre gli occhi. Il barbiere gli dice in tono trionfante: —Perfetto, signore!. . . Tutto fatto!!!. . . Deve ammettere che è un capolavoro!. . . Un'opera
55 d'arte!. . . Lei è proprio un figurino!—

Ciccio si guarda allo specchio. —Oh, no!. . . Ma che mi ha combinato!. . . Mi sembra di essere appena uscito da un istituto di bellezza!. . . Non verrò mai assunto come poliziotto con questi capelli così lunghi.
60 Ma che ora è ?— dice dando un'occhiata all'orologio. —Già è mezzogiorno meno dieci! Devo sbrigarmi!—

Paga il barbiere ed esce di corsa. Arriva ai grandi magazzini del Corso tutto trafelato. Sale le scale, chiede del capo del personale e bussa alla porta del
65 Dr. Peloso.

come no = certamente

la morbidezza *softness*
fanno rilassare *made (Ciccio) relax*
nel frattempo = in questo momento
bello addormentato *sleeping beauty (masc.)*
ci penso io *I'll take care of it*
porca miseria! *darn it!*
mi dispiace *I'm sorry*
non importa *it doesn't matter*
all'opera! *let's get to work!*
il pettine *comb*
le forbici *scissors*
spruzzare *to spray*
il figurino *(male) fashion model*
Ma che mi ha combinato! *What did you do to me!*
sbrigarsi = affrettarsi = fare presto
di corsa *running*
tutto trafelato *breathless*

—Permesso?. . . Sono venuto per quel posto di. . .—
—L'annuncio sul giornale. Vediamo un po'. (*Squadrandolo, nel frattempo, da capo a piedi.*) Perfetto! Un tipo elegante come lei sarà l'indossatore
70 ideale che presenterà i nostri nuovi modelli per una nuova stagione. Il posto è suo!—

squadrare da capo a piedi *to look up and down*
l'indossatore *(male) model*

ESERCIZI

A. *Rispondere secondo le situazioni della lettura:*

1. Che posto cerca Ciccio?
2. Da quando non si taglia i capelli?
3. Quanti barbieri lavorano nella barberia?
4. Che cosa fa Ciccio dopo essersi seduto sulla poltrona?
5. Che posto prende Ciccio?

B. *Rispondere secondo le situazioni personali:*

1. È consigliabile andare dal barbiere il sabato? Perché (no)?
2. Che cosa fa il barbiere quando lei chiede uno shampoo?
3. Usa lei la brillantina o altre cose prima di pettinarsi?
4. Che cosa fa un indossatore?
5. Quante volte al mese si fa i capelli lei?

C. ***Sinonimi. Scegliere il sinonimo:***

1. il futuro
2. contemplare
3. affrettarsi
4. bussare alla porta
5. il posto

a. guardare con attenzione
b. sbrigarsi
c. l'impiego
d. l'avvenire
e. battere

D. ***Contrari. Scegliere il contrario:***

1. pieno
2. solo
3. mai
4. ultimo
5. lungo

a. sempre
b. primo
c. vuoto
d. in compagnia
e. corto

E. ***Vero o falso? Dopo aver letto le seguenti frasi, indicare se sono vere o false. Se falsa, dare la risposta esatta:***

1. Ciccio va dal barbiere perchè ha i capelli corti.
2. Nella barberia «I QUATTRO ASSI» si paga lo stesso prezzo per shampoo e massaggio.
3. Il barbiere serve Ciccio immediatamente.
4. Ciccio riceve un trattamento speciale per i capelli lunghi.
5. Il signor Peloso offre a Ciccio il posto di poliziotto.

F. ***Correggere gli errori che ci sono in ogni frase:***

1. Ciccio ha molto tempo a disposizione per fare tutto.
2. Il signor Peloso è il padrone della barberia.
3. Il colloquio per il lavoro è alle 10 di notte.
4. Ciccio ammira il taglio di capelli perchè gli piace.
5. Il signor Peloso offre il posto di guardia a Ciccio.

G. ***Angolo grammaticale. Refer back to the reading selection and find the reflexive verb forms:***

1. Ciccio Caposecca _____ che è tardi e che bisogna _____.
2. Occasioni del genere non _____ tutti i giorni.
3. Prima di _____ all'intervista col Dr. Peloso, decide di passare dal barbiere.
4. Entra nel salone, _____ sulla poltrona e guarda la tabella delle tariffe.
5. Peppino _____ a pranzo e lascia il secondo barbiere con Ciccio.
6. Ciccio _____ allo specchio.

H. ***Trovare le frasi che meglio descrivono il contenuto di ognuna delle vignette:***

1. Il barbiere pettina i capelli.
2. Ciccio bussa alla pòrta.
3. Esamina la tabella delle tariffe.
4. —Ma che ora è?—dice dando uno sguardo all'orologio.
5. Cade in un sonno profondo.
6. Ciccio si guarda allo specchio.

I. ***Dialogo incompleto. Lei è nella barberia «I QUATTRO ASSI». Completi il seguente dialogo:***

IL BARBIERE: Che cosa desidera, giovanotto?

IL CLIENTE: (Tell what you want.)

IL BARBIERE: Vuole anche shampoo e frizione?

IL CLIENTE: (Agree and ask how much.)

IL BARBIERE: Non si preoccupi, non è tanto caro.

IL CLIENTE: (Show surprise and ask why.)

IL BARBIERE: Perchè lo shampoo è già incluso nel prezzo.

IL CLIENTE: (React positively.)

IL BARBIERE: Si riposi e rimarrà contento. Le dispiace aspettare un momento?

IL CLIENTE: (Indicate that you have to leave right away.)

J. *Situations*

1. You are new on the job and need help from a co-worker:
   Lui: Qual è il problema?
   Lei: (Explain.)
2. You are not happy with your present job and want to quit:
   Manager: Perchè vuole andare via?
   Lei: (Tell why.)

K. *Parole mascherate: Find 12 words that might be used in a barbershop. The words may be read across, up, down, diagonally, forward, or backward:*

B R I L L A N T I N A H U F I G A R O

P C P I O A A I E E O A I H C C E P I

E B P O U L C L I L R T O A R O L C G

T I A Q L I L H O U I O N A I O O M G

T R C R B T G E T Z P S S E Z R U E A

I A I R B N R N N M Z O C I T F P C S

N A O G U A I O A N I F O R F O R A S

E F I L A T E H N O E N P R E A N S A

R I C C I A S O R A I E R U C I N A M

T A G L I O D I C A P E L L I N G H P

[La soluzione è a pagina 298.]

Nè molto corti, nè molto lunghi e non m

L. ***Composition. A part-time job advertisement for has been placed in the local newspaper during October and November. Write a letter in Italian r information to the Personnel Office of the compa***

Subtopics: Identify yourself; refer to the advertisement in the newspaper; show interest in the job; tell your age and your previous work experience; ask about the work schedule; inquire about the working conditions and salary. Tell why you qualify for the job.

Dateline: Il ____ ____ 19__
Salutation: Rispettabile Ditta
Closing: Distinti saluti

Il fuoco:

il poliziotto
il vigile del fuoco
il ferito
il palazzo
il piano
la finestra
la parte bassa (alta)
il cinema
il film
l'orologio
la parete
il telefono
l'angolo della strada
il semaforo
l'aereo
dare (fuoco)
aver luogo
apparire sulla scena
affacciarsi
incontrarsi
telefonare

Ripasso e giochi I

A. *Descrivere quello che succede nel disegno.*

B. *È lei un buon testimone? Si studi il disegno e, senza rivederlo, potrebbe rispondere alle seguenti domande?* *(Are you a good witness? Study the picture and, without going back to it, can you answer the following questions?)*

1. A che piano divampò l'incendio?
2. Che cosa facevano i poliziotti?
3. Quanti vigili del fuoco c'erano?
4. A che ora del giorno divampò l'incendio?
5. Che cosa stavano facendo con il ferito?
6. Chi si affacciava alla finestra?
7. Quale film davano al cinema?
8. Che cosa s'era fermato all'incrocio?
9. Quanti semafori c'erano?
10. Quali animali comparivano sulla scena?
11. Dov'era la persona che stava parlando al telefono?
12. Che cosa passava per l'aria?

C. *Listening comprehension. Listen to your teacher read aloud twice in succession a question and passage in Italian. Then the teacher will pause while you choose the best suggested answer to the question. Base your answer on the content of the passage:*

1. Che cosa sta facendo il dottore?
   a. Sta esaminando il paziente.
   b. Sta facendo la puntura al ragazzo.
   c. Sta parlando con l'infermiera.
   d. Sta recitando nell'ambulatorio.
2. Che cosa si annuncia?
   a. Un programma televisivo.
   b. Un film eccezionale.
   c. Un incontro di pugilato.
   d. Una vendita promozionale.
3. Perchè Gianni invita l'amico a fare un giro in macchina?
   a. Ha una vecchia automobile.
   b. Ha una nuova automobile.
   c. Non ha la patente.
   d. Ha paura di guidare.
4. Perchè è contento il barbiere?
   a. Finalmente può lavorare.
   b. Può giocare a pallavolo.
   c. Finalmente può cantare.
   d. Non c'è nessuno nella barberia.

5. Che cosa bisogna fare per avere i capelli sani, morbidi e lucenti?
   a. Bisogna tagliarli spesso.
   b. Bisogna farsi la permanente.
   c. Bisogna andare tutti i giorni dal barbiere.
   d. Bisogna lavarli ed usare lozioni appropriate.

D. ***Dialoghi incompleti. Completare i seguenti dialoghi:***

1. Lei va dal farmacista con la ricetta medica.

IL FARMACISTA: Buon giorno, giovanotto. Come sta?

LEI: (Give your reaction.)

IL FARMACISTA: Ha la ricetta da spedire? Ha una faccia così pallida!

LEI: (Agree and tell why.)

IL FARMACISTA: Per quando vuole le medicine?

LEI: (Tell when.)

IL FARMACISTA: Non so se saranno pronte.

LEI: (Explain your disappointment.)

IL FARMACISTA: Va bene. Passi fra una ventina di minuti. Cercherò di fare l'impossibile.

LEI: (Express your appreciation.)

2. Lei si trova vicino all'incrocio ed è testimone oculare di un incidente stradale. Un poliziotto le fa alcune domande.

IL POLIZIOTTO: Dove stava lei al momento dello scontro?

LEI: (Tell where.)

IL POLIZIOTTO: Com'è successo?

LEI: (Tell what happened.)

IL POLIZIOTTO: C'erano passeggeri nelle macchine?

LEI: (You don't know. Tell why.)

IL POLIZIOTTO: Quale delle due auto è passata col rosso?

LEI: (Indicate which one.)

IL POLIZIOTTO: Ho bisogno delle sue generalità.

LEI: (Identify yourself.)

E. ***Situations. Dare una risposta appropriata in italiano:***

1. Lei non si sente bene e va dal medico. Il dottore le chiede: Che cosa ha? Lei risponde:
2. Lei vuole portare la sua ragazza a vedere un film dell'orrore. La ragazza le dice:
3. Lei ed un suo amico vedono dei ladri svaligiare un negozio. L'amico dice:

4. Lei va dal barbiere. Si siede sulla poltrona ed aspetta. Il barbiere le chiede:
5. Lei cerca un appartamento. Un suo amico sta leggendo il giornale alla pagina «La Piccola Pubblicità». Lei si avvicina e chiede:
6. Un ragazzo invita una ragazza ad andare a cinema con lui. Il ragazzo: Che genere di film ti piacerebbe vedere? La ragazza:
7. Il paziente entra nell'ambulatorio del dottore e parla con l'infermiera. Il paziente: Non ho l'appuntamento, ma sto malissimo. L'infermiera:
8. Marito e moglie vanno in cerca di un appartamento. La moglie: Che bell'appartamento! È magnifico! Il marito:
9. Due amici non conoscono la città. Non sanno dove andare quando escono dalla metropolitana. L'amico: Adesso che cosa faremo? L'altro amico:
10. La signorina sta osservando una vetrina. L'amica le dice di camminare. Lei risponde:

F. ***Reading comprehension. Below each of the following passages, there is a question. For each question, choose the expression that best answers the question according to the content of the passage:***

1. Che cosa bisogna fare per non perdere i capelli?

Generalmente ai parrucchieri non piacciono i capelli lunghi e mal curati. Essi credono che per mantenere i capelli ed evitarne la caduta prematura occorra tagliarli corti e massaggiare il cuoio capelluto. I massaggi e le lozioni a base di vitamine favoriscono la crescita e la nutrizione del capello e ne prolungano la vita.

a. Andare spesso dal parrucchiere.
b. Lavare i capelli con acqua e sapone.
c. Curare i capelli ed il cuoio capelluto.
d. Portare la parrucca.

2. Che cosa si vende?

«PICCOLA PUBBLICITÀ». Oggi alla periferia della città si possono vedere condomini di lusso con camere grandi e arieggiate. Ogni appartamento consta di una sala da pranzo, tre camere da letto, cucina, salotto, sala giochi, studio e terrazzo. Ci sono tre ascensori.

a. Appartamenti.
b. Uffici.
c. Villini.
d. Sale da gioco.

G. ***Slot Completion. In the following passage, there are five blank spaces numbered 1 through 5. Each blank space represents a missing word or expression. For each blank space, five possible completions are provided. Only one of them makes sense in the context of the passage. First read the entire passage to determine its general meaning. Then read it a second time and choose the completion that makes the best sense:***

Il problema della casa si fa sempre più acuto. Non è facile trovare un'abitazione, anzi è molto ___(1)___. I vecchi palazzi vengono trasformati in condomini con ___(2)___ lussuosi, oppure in uffici grandi e ___(3)___. Se uno ha la fortuna di trovare un posto per la famiglia, deve pagare molti soldi perchè ___(4)___ mensile è altissimo. Tutto sembra un ___(5)___ che invece di essere «La Caccia al Tesoro» potrebbe chiamarsi «La Caccia all'Appartamento».

1. (a) semplice
   (b) difficile
   (c) triste
   (d) incerto
   (e) divertente

2. (a) giardini
   (b) sale da giochi
   (c) appartamenti
   (d) terrazze
   (e) cameriere

3. (a) stellare
   (b) studiosi
   (c) nuvolosi
   (d) spaziosi
   (e) radiosi

4. (a) lo stipendio
   (b) il salario
   (c) la spesa
   (d) le provviste
   (e) l'affitto

5. (a) gioco
   (b) partita
   (c) squadra
   (d) incontro
   (e) corsa

H. ***Writing. Write a well-organized letter or story in Italian of at least 10 clauses. A clause must contain a verb, a stated or implied subject, and additional words needed to convey meaning. You may either use the suggested subtopics or put in your own ideas:***

1. Write a story describing the events suggested by the picture of the doctor's office in Chapter 1.

   Subtopics: the doctor's height and looks; what he is doing to the patient; why the young man came to his office; what will happen after the examination; what is the nurse doing; how you like/ dislike the picture.
2. You have moved into a new apartment. Write a letter to your best friend and describe your new home and its surroundings.

   Subtopics: description of your new home (mention your room); your new neighborhood and some differences between your new environment and your old one; the new faces on your block; the location of your house (address); why you had to move and how much you miss your old friends.

Dateline: Il ____ ____ 19__
Salutation: Caro/Cara
Closing: Con affetto

3. You are working in a Real Estate Agency. You interview a client who expressed an interest in purchasing a home. Write a letter to the client in Italian to convince him/her to buy the home.

   Subtopics: who you are; why you are writing this letter; location of the house; type of house; number of rooms; condition of the house; cost of the house; payment procedures; why it is a good buy; how the customer can profit from this investment; your expectations.

   Dateline: Il ____ ____ 19__
   Salutation: Egregio/a Signor/Signora
   Closing: Cordialmente

4. Write a letter to a friend's father asking him about your friend's illness. The purpose of this letter is to obtain information about your friend's health.

   Subtopics: who you are; why you are writing; when you heard about the sickness; how long he/she is going to be out of school; kind of illness; length of stay in hospital; possibility of visiting; when; doctor's prognosis; expression of concern; concluding statement.

   Dateline: Il ____ ____ 19__
   Salutation: Egregio Signor
   Closing: Cordialmente

I. *Parole incrociate:*

ORIZZONTALE

3. Un medico che non sa molto è un . . .
6. Articolo femminile singolare e nota musicale.
7. Servono per vedere.
8. Attraversa la strada a piedi.
9. Molti lo preferiscono al caffè.
12. Quando hai paura ti viene la pelle d'. . .
14. Incontro con un ragazzo o con una ragazza.
15. Il contrario di sì.
16. Contrario di male.
17. Si dice incontrando gli amici.
18. Dopo la ferita rimane la . . .
19. Contrario di brutto.
20. In + il = . . .

VERTICALE

1. Io sto, tu stai, lei . . .
2. Ci fa male quando non possiamo parlare.
3. Ci andiamo per vedere un film.
4. L'ufficio del medico.
5. La compagnia di navigazione aerea italiana si chiama . . . talia.
6. Contrario di vicino.
10. Io . . . , tu dai, lei dà.
11. Possono essere teatrali o cinematografici.
13. Ci abitiamo con la famiglia.
16. Sinonimo di oscuro.
17. Contrario di senza.
19. Se hai sete, devi . . .

[La soluzione è a pagina 298.]

8

Osservi e risponda:

1. Dove ha luogo questa scena?
2. Che cosa stanno facendo gli alunni?

Il liceo-ginnasio:

il preside
il grembiule
la stufa
l'orario delle lezioni
l'economia domestica
mettersi il grembiule
preparare il pasto
un tiro mancino

Non ho più fame

Gli studenti della classe della signorina Lunatica erano impazienti. Era il primo giorno di scuola del nuovo anno scolastico e tutti erano ansiosi di ricevere il programma delle varie materie.

5 —Silenzio, ragazzi! Ora vi darò l'orario delle lezioni. Come voi sapete, la nostra segreteria ha comprato quest'anno un nuovo computer per metter a punto i vari programmi. Questo vuol dire che da oggi in poi la possibilità di errori è di uno su un

10 milione perchè gli orari vengono organizzati elettronicamente. Ad ogni modo, tanto per essere sicuri, controllate il vostro programma di studio e l'orario delle lezioni.

ansiosi = impazienti

mettere a punto = organizzare

questo vuol dire = questo significa

ad ogni modo *anyhow*

LICEO-GINNASIO G. CARDUCCI

15 NOME Paolo Pagnotta SEZIONE 301A

PROFESSORESSA Signorina Lunatica

ORARIO DELLE LEZIONI

ORA	MATERIA	AULA
1	Colazione	Refettorio
2	Matematica e geometria	426
3	Storia ed educazione civica (Storia mondiale)	513
4	Lingua straniera (Spagnolo)	221
5	Scienze (Chimica)	327
6	Musica	519
7	Italiano	412
8	Educazione fisica	Palestra

liceo-ginnasio *high school*

l'orario delle lezioni *schedule*

materia *subject*

refettorio = grande sala da pranzo comune

palestra *gymnasium*

Paolo Pagnotta, visibilmente meravigliato, alzò la mano e disse: —Signorina, mi sembra che questo cervello elettronico non sappia fare bene i conti.
30 Penso che quell'errore su un milione sia capitato proprio a me!—

—Se è così, allora vada a vedere il vicepreside o il consigliere scolastico.—

Senza perdere tempo, Paolo andò subito nell'ufficio
35 del vicepreside, il signor Pappagalli, e gli mostrò il suo orario.

—E allora? Qual è il suo problema? Mi sembra che tutto sia a posto!—

—Ma come! Non vede che il pranzo me l'hanno
40 messo alle nove di mattina? Ed io mangio a casa e a quest'ora. . . non credo di avere di nuovo fame.—

—E va bene, non morirà nessuno! In fin dei conti. . . Se lei ridurrà la colazione del mattino. . . Più tardi. . . Mangerà con più appetito.—

45 —Ma come? Mangiare di nuovo alle nove? Allora verrò con mia madre.—

—Va bene. Vada pure. . . Dopodomani la signorina Lunatica le porterà un nuovo programma con l'orario corretto.—

50 Due giorni dopo Paolo ricevette un nuovo orario delle lezioni. Leggendolo non credeva ai propri occhi. Come una saetta corse verso l'ufficio del signor Pappagalli. Era molto irritato ed aveva un diavolo per capello.

55 —Pagnotta! Ancora lei! Ma cosa vuole?—

—Mi dispiace disturbarla signor vicepreside, ma. . . Dia un'occhiata un po' qui. Il computer non mi ha cambiato l'orario, anzi mi ha aggiunto altre due ore di colazione.—

60 —E va bene! Non se la prenda! Deve capire che è la prima volta che stiamo usando questo sistema. . . E poi, alla fine della giornata tornerà a casa sazio!—

—Nossignore, questa volta farò venire mia madre per fare il cambio. . . E la vedremo!—

65 —E va bene! Mi lasci qui sul mio tavolo questo benedetto programma e cercheremo di aggiustarlo.

non sappia *doesn't know*
fare i conti = computare = calcolare
capitare *to happen*
il consigliere scolastico *counselor*
a posto = in ordine
in fin dei conti = in conclusione
come una saetta *with lightning speed*
avere un diavolo per capello = essere molto irritato
dare un'occhiata = guardare o controllare rapidamente
aggiungere *to add*
non se la prenda = non si offenda

L'avviso però che questa sarà l'ultima modifica perchè da domani non potremo più usare il computer.—

70 Tre giorni dopo, il preside della scuola, il signor Campanella, decise di controllare l'andamento delle lezioni. Entrò nella classe d'economia domestica dove le ragazze gli preparavano le specialità più elaborate.

—Fa sempre piacere vedere come le ragazze della 75 nostra scuola si preparano a diventare le perfette padrone di casa di domani. Le ragazze di questa classe... Ma... Signor Pagnotta! Cosa fa lei con quel grembiule?—

—Io... Il vicepreside... Il computer... Il mio 80 orario... La colazione...—

—Ma questo è incredibile! Questa è una scusa bella e buona per stare insieme alle ragazze!... Sono stufo delle sue trovate! Domani venga a scuola accompagnato da sua madre.—

l'andamento *development*
il grembiule *apron*
una scusa bella e buona = un pretesto
stufo *fed up*
la trovata *trick*

ESCERCIZI

A. ***Completare o rispondere secondo le situazioni della lettura:***

1. Il primo giorno di scuola la professoressa (a) controlla le pagelle con i voti. (b) corregge gli errori di grammatica. (c) chiama il consigliere. (d) distribuisce il programma di studio.
2. Paolo ha un problema con il suo programma perchè (a) non c'è l'ora della colazione. (b) non gli piace la sezione della classe di matematica. (c) deve fare colazione piuttosto presto. (d) non ha voglia di mangiare nel refettorio.

3. Quale cambio ha fatto il signor Pappagalli? (a) Gli ha dato più tempo per mangiare. (b) Gli ha dato l'italiano invece dello spagnolo. (c) Non ha fatto niente. (d) Gli ha tolto la classe di lingue straniere.
4. Finalmente Paolo viene trasferito in una classe dove (a) ci sono solo ragazze. (b) insegnano ad usare il computer. (c) le ragazze lavano i piatti. (d) si studia l'economia del paese.
5. Il preside dell'istituto (a) è contento di vedere Paolo Pagnotta. (b) è in vena di scherzare. (c) è ansioso. (d) è arrabbiato con Paolo Pagnotta.

B. *Rispondere secondo le situazioni personali:*

1. Quali materie ha lei nel suo programma di studio?
2. Perchè i negozi più grandi usano i computer?
3. A che ora ha molta fame lei?
4. Di che cosa consiste una colazione leggera?
5. Perchè anche i ragazzi devono imparare a cucinare?

C. *Scegliere l'espressione che meglio completa ciascuna frase:*

1. Sono ansiosi	a. lei dovrà cambiarmi l'orario.
2. Penso che	b. delle sue trovate.
3. Non credo di	c. quell'errore sia capitato a me.
4. Verrò con mia madre e	d. aver fame a quell'ora.
5. Sono stufo	e. di ricevere il programma.

D. *Dialogo incompleto. Lei sta parlando con un(a) suo(a) amico(a) del suo programma scolastico di questo semestre. Completi il seguente dialogo:*

AMICO(A): Com'è il tuo programma questo semestre?

LEI: (Express your negative feelings about it.)

AMICO(A): Non ho nessun problema. Ho tutte le materie che volevo. . . specialmente l'italiano.

LEI: (Ask about Italian.)

AMICO(A): Sono stato fortunato(a). Il signor Pellecchia è un ottimo professore d'italiano. . . Dimmi piuttosto a che ora hai la seconda colazione.

LEI: (Tell when.)

AMICO(A): Magnifico! Mangiamo alla stessa ora. Ci incontreremo al solito posto.

LEI: (Give your reaction.)

E. *Frasi pazze. Mettere in ordine i seguenti gruppi di parole:*

1. il / giorno / è / nuovo / primo / di scuola / del / scolastico / anno
2. colazione / alle sette / data / e mezzo / me / l'hanno / la seconda / di mattina
3. una saetta / come / verso / corre / l'ufficio
4. stiamo usando / volta che / la prima / è / elettronico / il cervello
5. stufo / delle / sono / trovate / tue

F. *Modi di dire. Scegliere la migliore espressione italiana per ognuna delle seguenti locuzioni in inglese:*

1. (*They have just*) installato un cervello elettronico.
2. Questo (*means*) che la possibilità . . .
3. (*Anyway*), controllate i vostri programmi di studio.
4. (*I'm not very hungry.*)
5. (*Playing tricks*) per starsene con le ragazze.

a. ad ogni modo
b. significa
c. un'altra volta
d. fare tiri
e. hanno appena
f. non ho molta fame

G. *Situations. Dare una risposta appropriata in italiano:*

1. Due studenti parlano a bassa voce durante la lezione di matematica. Il primo chiede: A che ora finisce questa classe? Il secondo risponde:
2. Due compagni di scuola parlano del metodo d'insegnamento della nuova professoressa di fisica. Il primo dice: Mi sembra che la signorina Carretta sia molto ben preparata. Tu che ne pensi? Il secondo risponde:
3. Maria e Luisa studiano biologia ed algebra. Maria dice: Mi riesce difficile capire queste benedette materie. Puoi aiutarmi? Luisa risponde:

H. *Reading comprehension. First read the entire passage to determine its general meaning. Then read it a second time and choose the response that best answers the question according to the content of the passage:*

Non c'è problema che tu non possa risolvere con il «Personal Computer». I suoi programmi sono moltissimi. Sono tanti e possono aiutarti a fare ogni cosa più in fretta e meglio di quanto tu possa pensare. La tua professione non importa perchè tu puoi creare il programma giusto per te.

Che cosa puo aiutarti a fare il «Personal Computer»?

a. A risolvere problemi.
b. A fare niente.
c. Ad andare piano.
d. A scegliere la tua professione.

I. *Parole incrociate. L'orario:*

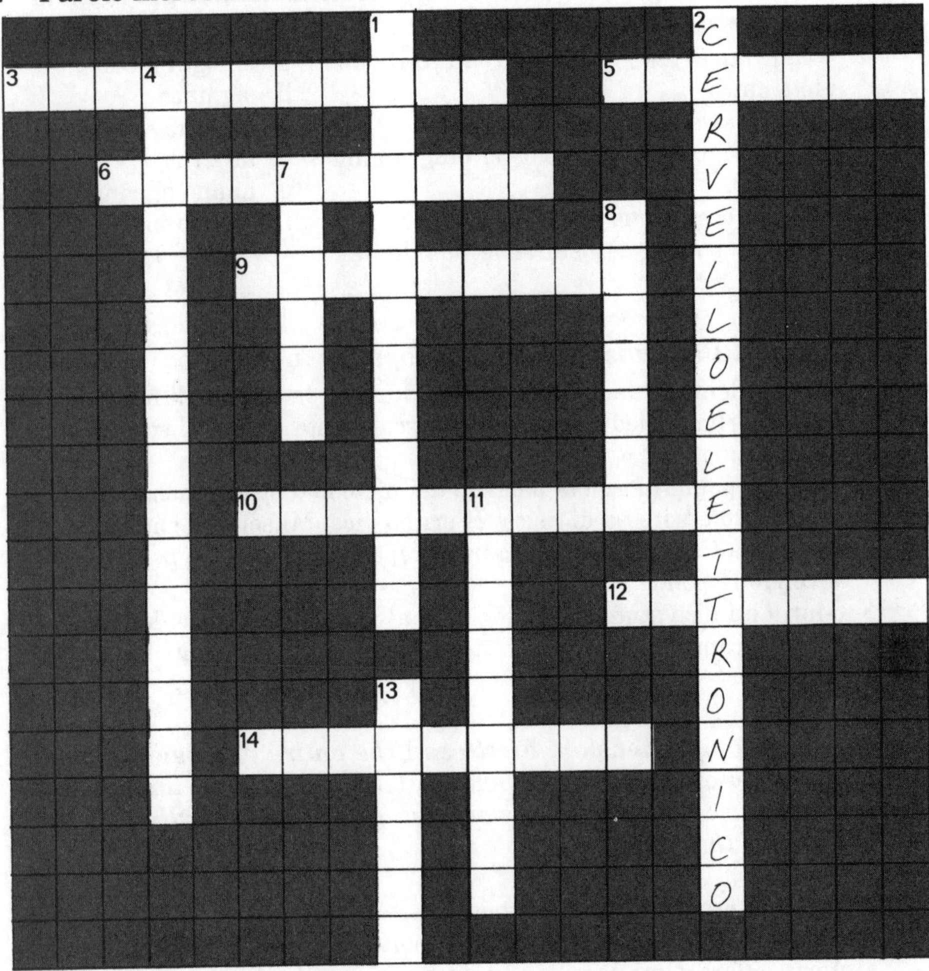

ORIZZONTALE

3. assistant principal
5. principal
6. school's main office
9. program
10. guidance counselor
12. subjects
14. breakfast

VERTICALE

1. high school
2. computer
4. electronically
7. error
8. girls
11. apron
13. change

[La soluzione è a pagina 298.]

9

Osservi e risponda:

1. Che cosa si vede in questa scena?
2. Dove si svolge questa scena?

La campagna:

il sole
la pioggia
la nuvola
l'albero
l'erba
il fiore
la farfalla
la vespa
il nido di vespe
il cestino
la coperta
le bibite
le provviste
la gita in campagna
l'aria pura
una fame da lupi
tirar fuori le provviste

Non c'è niente di meglio di un po' d'aria pura

IL TEMPO PREVISTO OGGI

Cielo sereno e sole durante la mattinata. Nuvolosità in aumento con possibilità di piogge sparse nel
5 pomeriggio. Temperatura fra i 75 e gli 80 gradi F. Venti deboli.

il tempo previsto *weather forecast*
sereno *fair*
la nuvolosità *cloudiness*
sparse *scattered*

La primavera è la stagione in cui tutti sentono nel sangue il desiderio di allontanarsi dalla confusione e dai rumori della città per godersi le bellezze
10 della natura.

Sì, ma non proprio tutti. Il nostro eroe Giovanni preferiva l'aria condizionata del cinema ai rigori della natura. Però, per far piacere alla sua fidanzata Stella, che era una patita dell'aria aperta, era sulla
15 via della campagna al volante della sua macchina, anche se contro la propria volontà.

Sul sedile posteriore c'erano Alfonso, il fratellino, e quel cagnaccio peloso di Stella, di nome Napoleone.

—Guarda, Giovanni! Che bel paesaggio! Le foglie
20 sono verdi e ci sono fiori dappertutto. Tante volte non c'è niente di meglio per la salute d'una bella boccata d'aria fresca. Il sole e l'aria pura ti faranno

godersi *to enjoy*
patita = che mostra eccessivo entusiasmo
il sedile posteriore *backseat*
cagnaccio = cane grosso e brutto
peloso = che ha molto pelo
il paesaggio *scenery*
dappertutto *all over*
tante volte = spesso
una bella boccata d'aria fresca *a breath of fresh air*
ti faranno bene *will do you good*

bene. Non ti pentirai d'essere venuto in campagna. Però accelera un po'. Stiamo andando come le lu-
25 mache ed io vorrei raccogliere dei fiori invece di passare la giornata in macchina.—

—Perchè non ci fermiamo? Già muoio di fame e sono stanco di questo viaggio così lungo—, si lamenta Alfonso.

30 —Va bene. Ci fermiamo qui. L'idea di questa gita in campagna non è stata mia e non voglio più sentire lamentele.—

Mentre Stella raccoglieva i fiori selvatici nei prati e Alfonso, seguito da Napoleone, inseguiva le far-
35 falle, Giovanni tirò fuori il cestino con le provviste e le mise su una coperta che aveva steso sull'erba.

—Tutto è pronto!—, gridò Giovanni.—A mangiare!—

Tutti si sedettero attorno alla coperta con una
40 fame da lupi. Stavano già per mettersi a mangiare quando Stella disse: —Ma Giovanni, come possiamo mangiare? Ti sei dimenticato di tirar fuori le forchette ed i cucchiai di plastica.—

—Non sono stato io a preparare il cestino. Smettila
45 di protestare. Possiamo mangiare con le mani lo stesso.—

Incominciarono a mangiare. Subito Stella notò che un esercito di formiche veniva fuori da sotto la coperta ed avanzava marciando verso il piatto della
50 frittata.

—Che hai combinato, Giovanni? Ci hai fatto sedere sopra un formicaio.—

—Invece di lamentarti tanto, aiutami a spostare tutto sotto quell'albero.—

55 Per la terza volta incominciarono a mangiare. Stella subito gridò al fratello: —Alfonso, smettila di tirare i sassi verso quel nido.—

Improvvisamente qualcosa cadde al centro della coperta.

60 —Ma questo non è un nido di uccelli! È un nido di vespe!—, esclamò Giovanni.

andare come le lumache = muoversi molto piano
invece di *instead of*
fermarsi *to stop, to halt*
morire di fame *to starve to death*
lamentarsi *to complain*
la gita in campagna *picnic*
selvatico *wild*
il prato *meadow*
inseguire le farfalle *to chase after butterflies*
le provviste *provisions*
attorno alla *around the*
con una fame da lupi *as hungry as wolves*
stare già per *to be about to*
l'esercito *army*
combinare = fare
smettere di *to stop*

Lo afferrò, lo mise nel cestino del picnic e corse verso il lago. Dopo un po' Giovanni ritornò coperto di fango e di spine e con un braccio gonfio. Si sedette
65 e finalmente cominciò a mangiare. Non aveva ancora addentato un boccone quando si sentì in lontananza il rumore di un tuono e alcune gocce d'acqua cominciarono a cadere.

Un'ora dopo il nostro eroe era seduto al volante
70 della sua macchina nel mezzo di un ingorgo di traffico che si muoveva a passo d'uomo verso la città. Giovanni era bagnato come un pulcino e non la smetteva di starnutire.

—Ci siamo divertiti un mondo oggi! Quando ri-
75 torneremo in campagna, Giovanni?—, chiese Alfonso.

—Ho paura che dovrai aspettare un po'. Come vedi, il troppo sole e l'aria pura non fanno bene alla salute. Aaaaaa-ciù, Aaaaaa-ciù!!!—

il fango *mud*
gonfio *swollen*
addentare un boccone *to take a bite*
il tuono *thunder*
la goccia d'acqua *rain drop*
il volante *steering wheel*
l'ingorgo di traffico *traffic jam*
muoversi a passo d'uomo *to move at a snail's pace*
bagnato come un pulcino *drenched*
starnutire *to sneeze*
ho paura che *I'm afraid that*

ESERCIZI

A. ***Completare secondo le situazioni della lettura:***

1. Stella è la _____ di Giovanni.
2. Prima di mangiare mettono _____ sull'erba.
3. Secondo il pronostico del tempo, c'è la possibilità di _____.
4. Le vespe vivono in un _____.
5. Per mangiare essi portano un cestino con _____.

B. ***Rispondere secondo le situazioni personali:***

1. Durante quale stagione dell'anno la natura è più bella? Perchè?
2. A casa, mangia lei con cucchiai e forchette di plastica?

3. Che cosa annunciano i tuoni e le gocce d'acqua?
4. Generalmente, quando starnutisce una persona?
5. Quali sono le cose che si mangiano durante una gita in campagna?

C. ***Sinonimi. Scegliere il sinonimo di ognuna delle espressioni indicate:***

1. Ci sono fiori **dappertutto.**
2. **Invece** di lamentarti, aiutami.
3. **Incominciano** a mangiare.
4. Non la **smette** di starnutire.
5. **Ci siamo divertiti** oggi!
6. «A mangiare!», grida Giovanni, «Ho **una fame da lupi!**».

a. un grande appetito
b. in ogni luogo
c. anzichè
d. ce la siamo spassata
e. cominciano
f. finisce
g. affrettati

D. ***Scegliere il sinonimo:***

1. godere — viaggiare / tirare / provar piacere / morire
2. mutare — cambiare / mangiare / ritornare / cominciare
3. verso — da / per / nella direzione di / finchè
4. infine — senza fine / finalmente / la fine / finale
5. vuoto — deserto / vasto / pieno / senza

E. ***Contrari. Scegliere il contrario:***

1. nuvoloso — sereno / annuvolato / stanco / cambiato
2. sotto — accanto a / soleggiato / sopra / attaccato
3. smettere — cominciare / seguire / terminare / lamentarsi
4. vicino — molto poco / fresco / lontano / verde

F. ***Scegliere la parola corretta per completare ogni frase:***

1. la primavera / l'autunno — a. ____ è la stagione dell' anno che viene prima dell'estate.
2. le foglie / i fiori — b. Durante l'inverno ____ non crescono sugli alberi.
3. cestino / tovaglia — c. Per portare le cose in campagna bisogna metterle nel ____.
4. la farfalla / la vespa — d. Se ____ ti punge si forma una vescicola sulla pelle.
5. la forchetta / il coltello — e. Usiamo ____ per tagliare la carne.
6. aspetta / starnutisce — f. È evidente che ha un raffreddore. Guarda come ____.

G. ***Idiomatic expressions. Refer back to the reading text and make a list of all idiomatic expressions contained in the story.***

H. ***Trovare la frase che meglio descrive il contenuto di ognuna delle vignette:***

1. Un nido cadde dall'albero.
2. Alfonso dà la caccia alle farfalle.
3. Le formiche vengono fuori da tutte le parti.
4. Odono tuoni e lampi.
5. Tutti sono in macchina, bloccati dal traffico.
6. Stella raccoglie i fiori.

I. ***Angolo grammaticale. Il passato remoto*** *(the preterite tense).* ***Esprimere in italiano:***

1. John pulled out the basket.
2. He put it on a blanket.
3. Everybody sat down.
4. Stella said: "Look how beautiful the scenery is!"
5. They started to eat.
6. Stella noticed the ants.
7. Suddenly something fell on the blanket.
8. John exclaimed: "It's a nest!"
9. He grabbed it.

10. He put it in the basket.
11. He ran toward the lake.
12. John returned.
13. Rain drops began to fall.

J. *Dialogo incompleto: Completare il seguente dialogo facendo la parte di Anita:*

GIUSEPPE: Secondo il giornale farà bel tempo tutta la settimana.

ANITA: (Suggest a camping trip.)

GIUSEPPE: Anche a me piace l'aria fresca. Mi piace molto mangiare all'aria aperta.

ANITA: (Suggest a place.)

GIUSEPPE: Sì, perchè no? C'è anche un lago dove si può nuotare.

ANITA: (Suggest other activities.)

GIUSEPPE: Debbo portare la tenda?

ANITA: (Disagree and tell why.)

GIUSEPPE: Va bene. Passerò a prenderti alle otto e mezzo. Ciao. Ci vediamo sabato.

K. *Situations. Dare una risposta appropriata in italiano:*

1. Un compagno di classe sta leggendo il giornale. Lei vuol sapere le previsioni del tempo per domani e dice:
2. Lei ed un gruppo di amici sono ad un camping di montagna. È nevicato molto durante la notte. Lei dice:
3. La sua classe farà un gita in campagna. Ci sarà la merenda al sacco. Un'amica le chiede:

L. *Parole incrociate. All'aria aperta:*

ORIZZONTALE

5. cold
8. trip
9. open air
10. confusion
11. basket
14. scenery
16. food
17. ants
18. snail
19. omelet
20. accelerate
21. mouthful

VERTICALE

1. city
2. flowers
3. spring
4. air conditioning
6. thunder
7. to prefer
10. countryside
12. traffic
13. picnic
15. complaints
17. butterflies

[La soluzione è a pagina 298.]

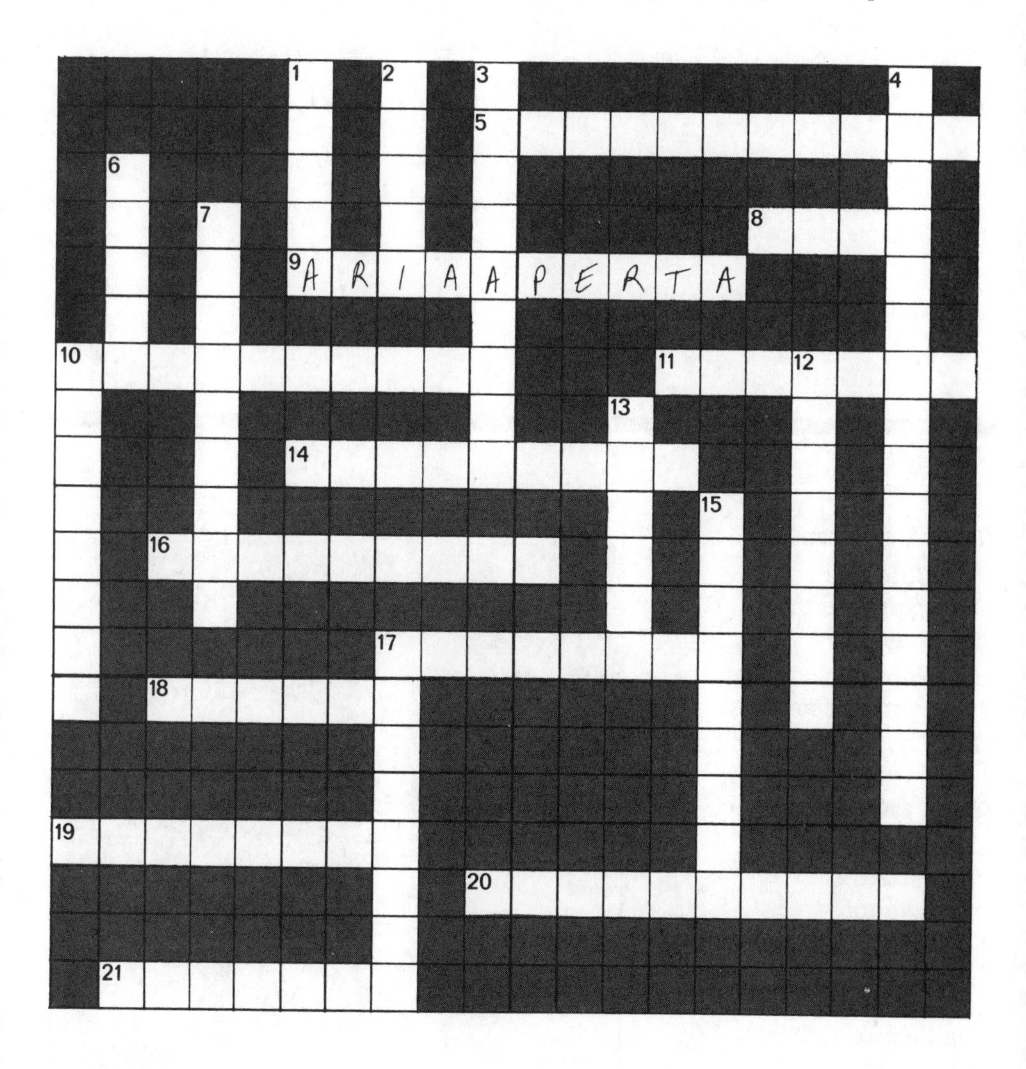
1
2
3
4
5
6
7
8
9 ARIAAPERTA
10
11
12
13
14
15
16
17
18
19
20
21

10

Osservi e risponda:

1. Che cosa rappresenta il disegno?
2. Perchè è contenta la professoressa?

L'aula scolastica:

il banco
la cattedra
la lavagna
il gesso
il cancellino
il sedile
la lattina
il regalo
sorprendersi
aprire il pacchetto
leggere l'etichetta

Ride bene chi ride ultimo

Come al solito, Roberto era sempre l'ultimo ad arrivare in classe. Era sempre la stessa storia: o perdeva tempo a parlare nel corridoio oppure, come gli accadeva spesso, doveva ritornare nell'aula della 5 lezione precedente perchè si era dimenticato qualche cosa. I suoi compagni di classe, i quali non erano esattamente dei geni, lo prendevano sempre in giro. Quel giorno Roberto era andato su tutte le furie quando, entrando in aula, aveva letto sulla lavagna:

come al solito *as usual*

prendere in giro *to tease*

andare su tutte le furie *to fly off the handle*

10 La rosa è gialla
La violetta è blu
Roberto è una farfalla
Che vola su e giù.

Mi piace lo zucchero
15 Mi piace il sale
Non mi piace Roberto
Perchè puzza di maiale.

puzzare di *to smell like*

—Chi è quel disgraziato che ha scritto questo?—

Nessuno rispose. Ma, Giovanni, il suo compagno di banco, si mise a ridere. (20)

—Sono sicuro che sei stato tu, pezzo di baccalà!—, gridò Roberto con tutto il fiato che aveva in corpo.

—Ripetilo, brutto imbecille! Sei buono solo a rompere le scatole.—

(25) —Vuoi vedere come ti spacco la faccia?—, gridò allora Giovanni avvicinandosi a Roberto con i pugni stretti. Roberto, che già stava per cancellare l'infame poema, lasciò cadere il cancellino proprio nel momento in cui la professoressa entrava nell'aula.

(30) —Roberto, ancora tu! Tu sei sempre presente quando accade qualcosa in classe.—

—Non è colpa mia, signorina Babbeo!—

Bernardo (*il sapientone della classe*) a quel punto intervenne: —Vi chiedo scusa, signorina Babbeo, però Roberto ha ragione. Non è colpa sua.— (35)

Giovanni (*a bassa voce*): —Chiudi il becco! Se dici ancora una parola me la pagherai.—

—Basta!—, gridò la professoressa. —Roberto, per punizione resterai nell'ufficio del preside per un'ora, dopo le lezioni.— (40)

All'uscita della scuola, Giovanni, Bernardo e gli altri compagni si avvicinarono a Roberto e si scusarono per avergli combinato quel brutto tiro. Per mostrargli che erano dei buoni amici, decisero di comprare un regalo per la professoressa a nome di Roberto. Il giorno seguente i compagni diedero a Roberto un pacchetto per la professoressa. (45)

GIOVANNI: Ti abbiamo troppo preso in giro però tu sai che dopotutto siamo dei buoni amici.

(50) SIMONE: La signorina Babbeo non scorderà mai questo tuo gesto di cortesia.

ROBERTO: Ma che cos'è?

GIOVANNI: Lo sai che le donne adorano i prodotti di bellezza. Ebbene, noi le abbiamo comprato un vasetto d'olio per la pelle. (55)

---

il disgraziato *miserable wretch*

pezzo di baccalà *jerk*

rompere le scatole *to annoy, give someone a hard time*

ti spacco la faccia *I'll break your neck (lit., face)*

stretti *clinched*

cancellare *to erase*

lasciar cadere *to drop*

il cancellino *eraser*

non è colpa mia *it isn't my fault*

il sapientone *know-it-all, wise guy*

chiudere il becco *to keep one's mouth shut*

me la pagherai *you'll pay for this*

scusarsi *to apologize*

combinare un brutto tiro *to play a prank*

il giorno seguente *on the following day*

dopotutto *after all*

l'olio *oil*

MONICA *(la reginetta di bellezza della classe)*: Io ne metto qualche goccia nell'acqua del bagno-schiuma e potete vedere che bella pelle liscia che ho.

il bagno-schiuma *bubblebath*

60 Roberto pose il regalo sulla cattedra della professoressa e ritornò al suo posto. La signorina Babbeo entrò nell'aula e rimase sorpresa nel vedere tutti gli alunni seduti ai loro posti zitti zitti. Ella si sedette e vedendo il regalo esclamò: —È per me?—

65 Tutti in coro: —Sí, signorina, glielo ha portato Roberto!—

La professoressa cominciò ad aprire il pacchetto. Tutti gli alunni, tranne Roberto, cercavano di trattenere la risa. La professoressa tirò fuori del pac-
70 chetto una lattina d'olio per motore e lesse l'etichetta ad alta voce: —Olio superdenso, per motori vecchi.—

Nella classe non si sentiva volare una mosca. Poi la signorina Babbeo disse: —Roberto. . . è stato molto gentile da parte sua. Come ha fatto a sapere che
75 ogni tanto vado in giro con quella vecchia motocicletta di mio nonno?—

cercare di *to try to*
l'etichetta *label*
superdenso *extra heavy*
non si sentiva volare una mosca *you could have heard a pin drop (lit., a fly fly)*
andare in giro *to go around*

ESERCIZI

A. ***Rispondere secondo le situazioni della lettura:***

1. Che cosa ha visto scritto sulla lavagna Roberto?
2. Quale castigo dà la professoressa a Roberto?
3. Che cosa promettono di comprare i compagni di classe?
4. Perchè la signorina Babbeo rimane sorpresa?
5. Con che cosa va in giro la professoressa?

B. *Rispondere secondo le situazioni personali:*

1. Completi questo poema:

   La rosa è rossa
   La violetta è blu
   Lo zucchero è dolce
   ____

2. Quale sarebbe un buon regalo per la professoressa?
3. Quando si fa chiasso in classe, di chi è la colpa?
4. È severo il suo professore d'italiano?
5. Quali oggetti strani ci sono a casa sua?

C. *Riassunto. Fare il riassunto del racconto usando i seguenti gruppi di parole:*

1. entare / classe / vedere / poema
2. professoressa / vedere / cadere / cancellino
3. amici / sempre / prendere / in giro
4. i compagni / comprare / regalo / professoressa
5. piacere / perchè / in giro / motocicletta

D. *Vocabolario. Scegliere la migliore definizione per ogni parola indicata:*

1. il genio	a. cosa che si dà volontariamente
2. il regalo	b. liquido che si usa come lubrificante
3. l'olio	c. piccola stanza dove ci sono la doccia, il lavandino e lo specchio
4. il bagno	d. cartellino che indica il prezzo, il nome e il contenuto di una bottiglia
5. l'etichetta	e. persona che possiede molto talento

E. *Parole analoghe. Trovare le parole inglesi affini a quelle italiane:*

1. il regalo	a. to regard
2. rispondere	b. ultimate
3. malizioso	c. malicious
4. ultimo	d. responsible
5. la colpa	e. culpable
	f. to regale
	g. mallet

F. *Frasi idiomatiche. Put the following Italian idiomatic expressions into English:*

1. Prendere in giro una persona.
2. Andare su tutte le furie.

3. Pezzo di baccalà.
4. Rompere le scatole a qualcuno.
5. Chiudere il becco.
6. Combinare un brutto tiro a qualcuno.
7. Sentire volare una mosca.
8. Andare in giro.

G. ***Angolo grammaticale. Complete with the appropriate article,* il, lo, la, i, gli, le, l':**

1. ____ ultimo
2. ____ stessa storia
3. ____ aula
4. ____ suoi compagni
5. ____ furie
6. ____ sale
7. ____ fiato
8. ____ scatole
9. ____ zucchero
10. ____ pugni stretti
11. ____ infame poema
12. ____ sapientone
13. ____ altri compagni
14. ____ pelle
15. ____ acqua

H. ***Dialogo incompleto. Amalia e Marisa stanno parlando del regalo da comprare alla professoressa. Completare il seguente dialogo facendo la parte di Marisa:***

AMALIA: Quanti soldi hai già?

MARISA: (Tell how much.)

AMALIA: Ma per comprare il fazzoletto di seta azzurro abbiamo bisogno di almeno dieci dollari. Come faremo?

MARISA: (Offer a suggestion.)

AMALIA: È un'ottima idea! Dove dovremo andare a comprarlo?

MARISA: (Tell where.)

AMALIA: Chi lo darà alla professoressa?

MARISA: (Indicate who should give the gift.)

AMALIA: Perchè?

MARISA: (Tell why.)

I. ***Situations. Dare una risposta appropriata in italiano:***

1. Per disturbare la lezione, uno studente parla ad alta voce e si copre la bocca con il libro per non farsi vedere. La professoressa accusa lei.
   Lei si alza e risponde:
2. Un compagno di classe lo prende in giro quando lei entra nell'aula. Lei lo guarda e dice:
3. Qualcuno le fa un regalo e le dà un pacchetto. Lei lo guarda e dice:

J. ***Composition. You have problems in one of your classes. Write a letter to the assistant principal in charge. The purpose of the letter is to convince him/her to transfer you out of that class:***

Subtopics: who you are; the class you are in; background information about your class; why you are writing; why you don't get along with the teacher; expectations; concluding statement.

Dateline: Il ____ ____ 19__
Salutations: Gentile professor(essa) ____
Closing: Cordialmente

K. ***Parole incrociate. Trovare il contrario:***

ORIZZONTALE

1. precedente
2. ultimo
6. alzarsi
8. uscendo
9. troppo, molto
11. comprare
12. assente

VERTICALE

1. mai
3. dimenticare
4. nessuno
5. dentro
6. in piedi
7. ricordare
10. basso

[La soluzione è a pagina 299.]

11

Osservi e risponda:

1. Che cosa si vede in questo disegno?
2. Come sono vestite le persone?
3. Dove stanno?

La spiaggia:

la sabbia
il mare
le onde
la riva
il sole
il bagnino
il costume da bagno
la coperta
l'ombrellone
la lozione per
  l'abbronzatura
nuotare
portare in salvo
annegarsi
prendere il sole
nuotare contro le
  onde
corpo atletico

Aiuto! Aiuto!

—Se vuoi il mio parere, tutti gli altri ragazzi al suo confronto fanno pena.—

—Tu hai ragione, Mariella. Come Armando non c'è nessuno! Che spalle, che braccia muscolose e che corpo atletico! Lo si direbbe un divo del cinema.—

—Sì, Lucia. Quando ti guarda fisso negli occhi, il cuore ti salta in gola.—

—È vero, Giuseppina. È l'uomo ideale. Non c'è niente che non possa fare. Si dice che sia il miglior atleta del liceo. È il capitano della squadra di calcio e di pallacanestro. È anche campione di pugilato.—

—Sì, è proprio un bel fusto!—

Armando Battaglia era l'oggetto principale della conversazione fra Mariella, Lucia e Giuseppina, tre belle ragazze in bikini, che ogni fine settimana durante l'estate si radunavano a chiacchierare sotto l'ombrellone. Non avendo nulla da fare, prendevano il sole per ore e ore, giocavano a pallavolo e, ogni tanto, cercavano di attirare l'attenzione del bagnino passandogli davanti. Tutte e tre facevano il filo ad Armando e avrebbero fatto qualsiasi cosa per avere un appuntamento con lui.

—Giratevi a destra!—, disse Lucia.

aiuto *help*
il parere *opinion*
al suo confronto fanno pena *(they) can't compare to him*
il cuore ti salta in gola *your heart jumps in your throat*
il calcio *soccer*
la pallacanestro *basketball*
il campione *champion*
il fusto *body, "hunk"*
ogni tanto = di quando in quando
il bagnino *lifeguard*
fare il filo *to flirt*

Armando e il suo amico Aldo, un ragazzo magro
25 e con le lentiggini, venivano verso di loro e si fermarono non tanto lontano.

le lentiggini *freckles*

I loro sguardi non si staccarono un momento mentre il loro eroe si spogliava, si spalmava il corpo con la crema solare e si allungava sull'asciugamano
30 che era steso sulla sabbia.

spalmarsi *to smear*

—Con quegli occhiali da sole e quel costume da bagno sembra proprio un artista di Hollywood!—, mormorò Mariella.

—Ditemi che non è un sogno. Non possiamo la-
35 sciarci sfuggire l'occasione. Dobbiamo trovare una scusa per dirgli qualcosa.—

il sogno *dream*

—Ho un'idea—, disse Lucia. —Me ne andrò a nuotare lontano dalla riva e dopo qualche minuto incomincerò a gridare «Aiuto! Aiuto!». Sono sicura
40 che Armando si tufferà nell'acqua come una freccia e mi verrà a salvare.—

tuffarsi *to dive*
salvare *to rescue*

—Che idea fantastica!—, risposero Mariella e Giuseppina.

In un batter d'occhio Lucia mise in opera il suo
45 piano. Entrò nell'acqua, si spinse lontano dalla riva e poi, ad un tratto, cominciò a gridare «Aiuto! Aiuto! Affogo! Venitemi a salvare!»

Sentendo queste grida, un giovanotto corse a tuffarsi in acqua e con quattro bracciate raggiunse
50 Lucia. Lucia si aggrappò al collo del giovanotto e questo con poche bracciate la riportò sana e salva sulla spiaggia.

in un batter d'occhio *in the blink of an eye, suddenly*
mettere in opera *to put into action*
ad un tratto = improvvisamente *all of a sudden*
affogare *to drown*
aggrapparsi *to cling*
sana e salva *safe and sound*

Quando Lucia aprì finalmente gli occhi, vide il volto sorridente di Armando e con la voce piena
55 d'emozione, sospirò:— Mi hai salvato la vita! Come potrò ricambiare il tuo gesto?—

sospirare *to sigh*

—Ricambiare cosa? Io non ho fatto niente. Il mio amico Aldo ti ha salvato la vita. Figurati che io non ho mai imparato a nuotare.—

ESERCIZI

A. *Rispondere secondo le situazioni della lettura:*

1. Quali sport pratica Armando?
2. Come passano il tempo sulla spiaggia le tre ragazze?
3. Come sembra Armando con gli occhiali da sole?
4. Com'è l'amico di Armando?
5. Chi salvò Lucia?

B. *Rispondere secondo le situazioni personali:*

1. Che cosa le piace fare quando è sulla spiaggia?
2. Qual è il suo sport preferito?
3. Preferisce nuotare nell'acqua del mare o nel lago? Perchè?
4. Che cosa deve sapere un bagnino?
5. Chi è il migliore atleta della classe?

C. *Sinonimi. Scegliere il sinonimo di ognuna della parole:*

1. gridare — parlare / nuotare / scappare / urlare
2. si tuffa — si alza / si immerge / si salva / finisce
3. esclama — dice / lascia / affoga / aspetta
4. aggrappare — porre / muovere / entrare / afferrare
5. passeggiano — vanno a spasso / si mettono / corrono / si tuffano

D. *Contrari. Scegliere il contrario di ognuna delle parole:*

1. carina — atletica / brutta / abbronzata / snella
2. il migliore — il bello / il brutto / il cattivo / il peggiore
3. togliersi — mettersi / toccarsi / tuffarsi / nuotare
4. aprire — affogare / uscire / chiudere / gridare
5. afferrare — mollare / prendere / liberare / andare

E. *Angolo grammaticale.* *Refer back to the reading selection and find the following possessive forms:*

1. Se vuoi (*my*) parere.
2. Al (*his*) confronto fanno pena.
3. Armando e (*his*) amico Aldo.
4. (*Their*) sguardi non si staccarono un momento da lui.
5. (*Their*) eroe si spogliava.
6. Come potrò ricambiare (*your*) gesto?

F. ***Dialogo incompleto. Roberto ed Antonio aspettano l'autobus per andare alla spiaggia. Completare il seguente dialogo facendo la parte di Antonio:***

ROBERTO: Che bella giornata! Possiamo farci il bagno e prendere il sole.

ANTONIO: (Indicate that you don't know how to swim.)

ROBERTO: Non preoccuparti. Posso insegnarti subito. È facilissimo.

ANTONIO: (Ask what to bring.)

ROBERTO: Io porto la coperta ed il pallone. . . e tu porterai l'ombrellone, così potremo invitare le ragazze a stare con noi.

ANTONIO: (Inquire about the girls at the beach.)

ROBERTO: Generalmente sono molto carine e portano i bikini.

ANTONIO: (Express your feelings about the girls.)

ROBERTO: Non è difficile avvicinarle.

ANTONIO: (Say how you plan to start a conversation.)

G. ***Situations. Scegliere la risposta appropriata:***

1. Tutti gli amici sono già nell'acqua calda del mare. Loro si fanno il bagno. Tu invece rimani sotto l'ombrellone. Un amico grida:— Perchè non vieni a nuotare con noi?— Tu rispondi:
   (a) Non ho la bicicletta. (c) Devo sognare.
   (b) Ho paura dell'acqua. (d) Basta.
2. È sabato. Sulla spiaggia c'è una bella ragazza in bikini che sta prendendo il sole. Due giovani le passano vicino e le dicono:— Ciao, Angela! Dove sono andate le altre ragazze?— La signorina risponde:
   (a) A comprare il gelato. (c) A volare sulla luna.
   (b) A prendere i pattini. (d) A scuola.
3. È luglio. È tempo di vacanze. Fa bel tempo e c'è il sole. Gli amici dicono:—Che facciamo oggi?— Tu rispondi:
   (a) Chi siete voi? (c) Dobbiamo studiare.
   (b) Finiamo i compiti. (d) Andiamo al mare.

H. ***Parole incrociate. Completare:***

ORIZZONTALE

2. Sentendo queste grida, un giovanotto corse a _____ in acqua.
5. Tutti gli altri ragazzi al suo _____ fanno pena.
8. Quando ti guarda fisso negli occhi il cuore ti _____ in gola.
9. Armando Battaglia era l'oggetto principale della _____ fra Mariella, Lucia e Giuseppina.

12. Me ne andrò a nuotare lontano dalla riva e dopo qualche minuto ____ a gridare: «Aiuto! Aiuto!»
13. —Ti va di andare al cinema con me?—, gli chiese ____.

VERTICALE

1. È anche campione di pugilato. —Sì, è proprio un bel ____!—
3. Tutte e tre facevano il ____ ad Armando e avrebbero fatto qualsiasi cosa per avere un appuntamento.
4. Che spalle, che braccia muscolose e che corpo ____!
6. In un ____ d'occhio, Lucia mise in opera il suo piano. Entrò nell'acqua e si spinse lontano.
7. Dobbiamo ____ una scusa per dirgli qualcosa.
10. Il mio amico Aldo ti ha salvato la vita. Io non so neppure ____.
11. Mi hai salvato la ____! Come potrò ricambiare il tuo gesto?

[La soluzione è a pagina 299.]

12

Osservi e risponda:

1. Che cosa si vede in questa illustrazione?
2. Perchè gli animali sembrano agitati?

La fattoria:

l'asino
la vacca
la pecora
la papera
il porco
il gatto
la gallina
il gallo
il gufo
il mistero
il cadavere
il collo torto
partecipare ad un processo
interrogatorio

Gallina vecchia fa buon brodo

Dramma in un atto

La scena

È la fattoria del signor Rocco Bevilacqua. Alla destra della casa c'è uno steccato che separa le terre coltivate dal cortile. In fondo si vede un lago nel
5 quale nuotano anitre ed oche. Ci sono anche alcuni contadini che stanno arando i campi. Tutti gli animali si sono riuniti nella stalla per il processo relativo all'assassinio della gallina.

la fattoria *farm*
lo steccato *fence*
il cortile *courtyard*
riunirsi *to gather*
il processo *trial*
relativo = concernente = riguardante
l'assassinio = omicidio

I personaggi

10 Il gufo fa la parte del giudice. Alla sua sinistra c'è la giuria che è composta da un toro, una pecora, una capra, una papera, un porco ed un asino. Davanti al giudice ci sono la volpe in veste di pubblico ministero ed il cane in veste di avvocato difensore.

15 IL GUFO: Signor procuratore, siete pronto a dare inizio all'interrogatorio?

LA VOLPE: Sì, signor giudice. Come primo testimone desidero che venga interrogato il signor

il personaggio = il protagonista = l'attore
il gufo *owl*
fare la parte di *to play the role of*
in veste di *in (his/her) capacity as*
il pubblico ministero *district attorney*
l'interrogatorio *cross-examination*
il testimone *witness*

Gatto, il quale ha scoperto il cadavere. (*Il gatto*
20 *si siede al banco dei testimoni.*) Ci dica cosa è successo questa mattina.

IL GATTO: Come voi sapete la mia curiosità spesso mi porta in luoghi inaspettati. Mi aggiravo, annusando, nei pressi della cucina perchè avevo
25 sentito dire che c'era un topo nelle vicinanze ed incontrai per caso il corpo della vittima. Subito notai che le erano state strappate diverse penne e che le avevano torto il collo.

LA VOLPE: E dopo, che cosa fece?

30 IL GATTO: Corsi subito ad avvertire il gallo nel pollaio.

LA VOLPE: Quale fu la reazione del gallo?

IL GATTO: Questa notizia non lo disturbò affatto perchè continuò a schiamazzare con le altre
35 galline. Non mostrò nessun segno di dolore per i pulcini che erano rimasti orfani.

IL CANE: Signor giudice, ho un'obiezione da sollevare. Questa è solamente una sua opinione.

IL GUFO: Obiezione accolta. Ci interessano solo i
40 fatti concreti. Continuate.

LA VOLPE: Non ho altre domande da fare.

IL GUFO: Signor avvocato, avete nient'altro da dire in difesa del vostro cliente?

IL CANE: Signor giudice e rispettabili membri della
45 giuria. (*I membri della giuria fanno chiasso.*) Sembra che il dito accusatore sia puntato sul mio cliente, il gallo. È vero che il mio cliente ha la reputazione di essere un Don Giovanni, ma è sempre stato un marito leale e devoto ed
50 incapace di ammazzare la moglie. Desidererei dimostrare a voi tutti che molti dei presenti avrebbero potuto commettere il delitto. A tale proprosito desidererei chiamare al banco dei testimoni la signora Vacca affinchè dica la pro-
55 pria opinione. (*La vacca si siede.*) Signora Vacca, non è forse vero che lei non ha mai potuto

il cadavere *corpse*
spesso = frequentemente
portare = fare arrivare
il luogo = il posto = il punto
inaspettato *unforeseen*
aggirarsi *to move around*
annusare *to sniff*
nei pressi di = nelle vicinanze di
sentir dire *to hear that*
incontrare = trovare
per caso = accidentalmente
notare = osservare = vedere
erano state strappate *had been plucked*
torto *twisted*
avvertire *to notify, warn*
il pollaio = luogo dove ci sono polli e galline
affatto = per niente
schiamazzare *to cackle*
sollevare *to raise*
essere puntato *to be pointed at*
ammazzare *to kill*
commettere il delitto *to commit the crime*
(io) desidererei *I would like to*
affinchè dica *(in order for her) to express*

sopportare la vittima perchè cercava sempre i chicchi di granturco nella sua stalla?

il chicco *grain*

LA VACCA: È vero. Non eravamo buoni amici.
60 Tuttavia non per questo sarei mai arrivata a commettere un delitto così terribile.

IL CANE: Dove si trovava lei questa mattina?

LA VACCA: Sono stata nella stalla tutta la mattinata perchè mi stavano mungendo.

mungere *to milk*

65 IL CANE: Grazie. Adesso venga il signor Bue. (*Il bue si siede al banco dei testimoni.*) Signor Bue! Tutti sappiamo che lei è lento e pesante. . . . Chissà. . . . forse mentre usciva dalla stalla avrà inavvertitamente calpestato la gallina!

chissà = forse = probabilmente
inavvertitamente = senza volere = per mancanza di attenzione

70 IL BUE: Nossignore! Questo è impossibile perchè ho passato tutta la mattinata tirando l'aratro.

calpestare *to step on, to trample*
l'aratro *plow*

IL CANE: Va bene. Mi rimane un ultimo sospetto. Venga il signor Cavallo. (*Il cavallo si siede al banco degli imputati.*) Signor Cavallo. È stato
75 notato che lei spesso galoppa intorno al cortile senza curarsi degli altri. Non è forse possibile che lei abbia calpestato la gallina in un momento di distrazione?

un ultimo sospetto *a final suspect*
intorno a *around*

IL CAVALLO: Impossibile! Vado sempre a testa alta,
80 ma presto attenzione ad ogni cosa. E poi stamattina non mi trovavo neppure nel cortile. . . Stavo correndo nel bosco e sono tornato alla fattoria solo verso sera.

alta *raised*

verso sera *toward evening*

IL GUFO: Signori giurati. . . Abbiamo ascoltato tutti
85 i testimoni. . . Adesso sta a voi il decidere. Entro domani poi darete il verdetto.

In questo momento il cuoco della fattoria appare sulla scena e gli animali scappano via spaventati.

scappare via *to run away*
spaventato = terrorizzato

IL CUOCO (*raccogliendo il corpo della gal-*
90 *lina*): Eccola qua! Non riuscivo a ricordarmi dove l'avevo lasciata dopo averle torto il collo.

raccogliere *to pick up*

Telone

il telone *curtain*

ESERCIZI

A. ***Rispondere secondo le situazioni della lettura:***

1. Chi nuota nel lago della fattoria?
2. Chi sono i membri della giuria?
3. Chi è il primo testimone?
4. Quale fu la reazione del gallo nel ricevere la notizia della morte della gallina?
5. Chi raccoglie il corpo della gallina? Che cosa ne farà?

B. ***Rispondere secondo le situazioni personali:***

1. Generalmente, quante persone formano la giuria?
2. Di che cosa vanno a caccia i gatti?
3. Quale animale ci dà il prosciutto?
4. Quale animale ha molta lana?
5. Quale animale ci dà il latte?

C. ***Vero o falso? Leggere le seguenti frasi e dire se sono vere o false. Se falsa, dare la risposta esatta:***

1. Il padrone della fattoria si chiama Pietro Vacca.
2. Il gatto è poco curioso.
3. Il gallo si interessò alla notizia della morte della gallina.
4. Il bue lavorò tutta la mattinata.
5. Il cuoco aveva ammazzato la gallina accidentalmente.

D. ***Scegliere il verso che fa ogni animale:***

1. il cane	a. pio pio
2. il gatto	b. chicchirichì
3. la pecora	c. beee beee
4. la vacca	d. miao
5. la papera	e. muu muu
6. il gallo	f. qua qua
7. il pulcino	g. bau bau

E. ***Frasi pazze. Mettere in ordine i seguenti gruppi di parole:***

1. alcuni / i campi / stanno / contadini / arando
2. dire / avevo / sentito / c'era / che / un topo nelle / vicinanze

3. la reputazione / Don / il gallo / di essere / ha / un / Giovanni
4. forse / la gallina / calpestato / accorgersene / ha / senza

F. *Scegliere la frase che meglio descrive ognuna delle vignette:*

1. Il bue ara la terra.
2. Il gufo sta seduto.
3. Il gallo fa chiasso.
4. Il gatto vede la gallina.
5. Il cuoco trova la gallina.
6. Il cavallo galoppa.

G. *Frasi idiomatiche. Come si dice in italiano?*

1. The owl plays the role of the judge.
2. The fox stands before the judge as district attorney.
3. The rooster has the reputation of being a Don Juan.
4. I wouldn't be able to commit such a crime.

H. *Parole incrociate. Il tribunale:*

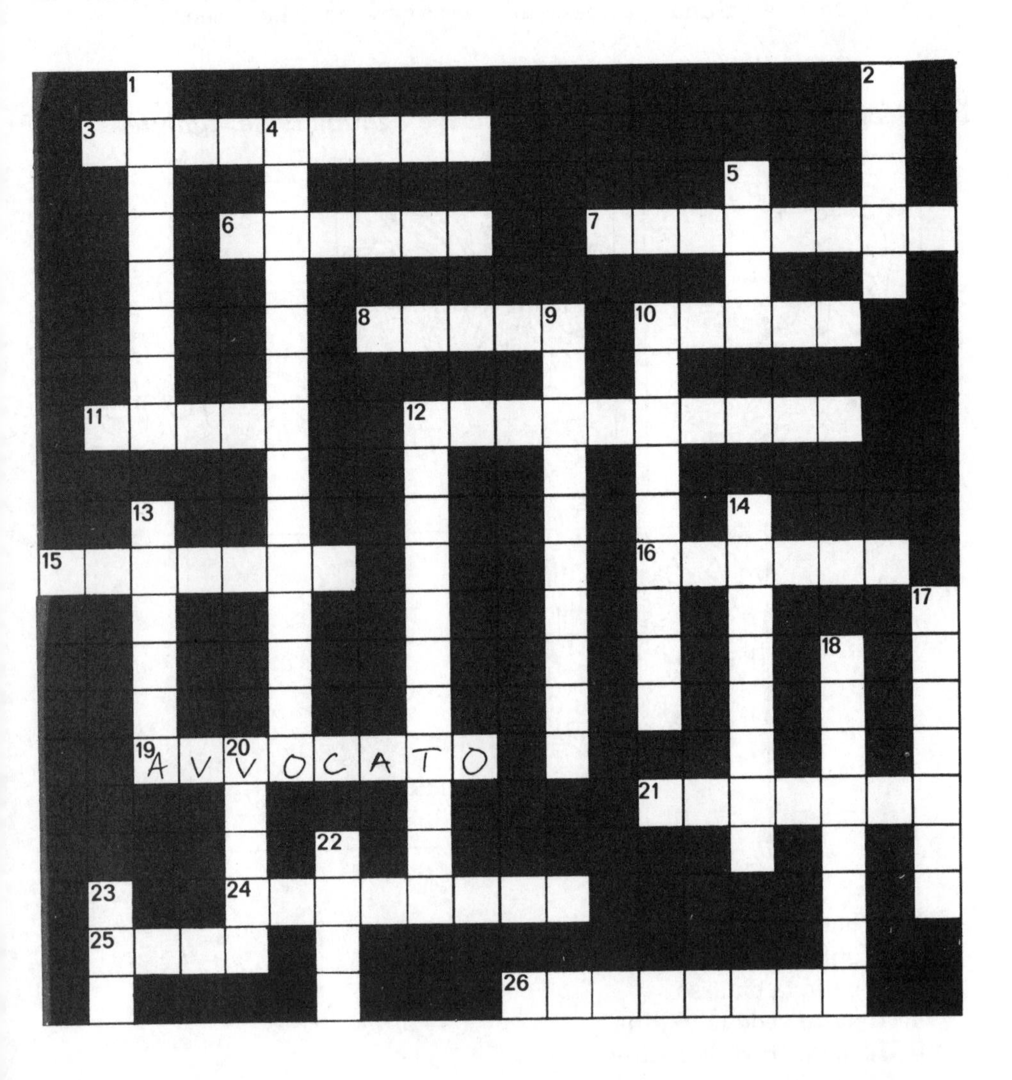

ORIZZONTALE

3. witness
6. barn
7. defendant
8. stage, scene
10. cook
11. pig
12. characters
15. client
16. drama
19. lawyer
21. animals
24. trial
25. dog
26. opinion

VERTICALE

1. verdict
2. cat
4. cross-examination
5. owl
9. murder
10. farmers
12. district attorney
13. jury
14. farm
15. horse
17. judge
18. corpse
20. fox
22. bull
23. goose

[La soluzione è a pagina 299.]

13

Osservi e risponda:

1. Chi sono i personaggi del disegno?
2. Che cosa suggerisce l'aspetto dei personaggi?

Il traffico:

il poliziotto
la ruota
il faro
il parabrezza
il volante
il segnale di alt
la contravvenzione
la patente di guida
il libretto
l'infrazione
il marciapiede
parcheggiare
posteggiare

Papà, non brontolare quando guido!

Ferrari 1983. In buone condizioni. Motore rifatto. Gomme nuove. Prezzo ragionevole. Telefonate Signor Volpis 227-9930.

Ragioni personali, vendo **Chevrolet decappottabile, gialla 1980.** Trasmissione automatica, freni a disco, finestrini elettrici. Un vero affare a $2900. Telefonate a Aldo 735-2612.

Opportunità unica. **Fiat Coupé 1971.** Motore in perfette condizioni. Necessita batteria, tergicristalli e fari. Occasione unica ad un prezzo minimo, solamente $200. *Salone dell'usato.*

Camionetta Ford, 1979. Vecchia ma in eccellenti condizioni meccaniche. Necessita manutenzione. Si acceterà la miglior offerta.

brontolare *to grumble*

prezzo ragionevole *reasonable price*
il tergicristallo *wiper*
il salone dell'usato *showroom for used cars*

Arturo stava leggendo gli annunci della «Piccola Pubblicità» e stava sulle spine perchè aveva appena ricevuto la patente. Non c'erano quindi più ostacoli per comprare la macchina che aveva sempre sognato di avere. Quando vide che c'era un'occasione per soli $200 dollari, quasi cadde dalla sedia. Voleva uscire subito. Però suo padre, che credeva di saperla lunga,

la piccola pubblicità *classified ads*
stare sulle spine *to be on pins and needles*
la patente *(driver's) license*

saperla lunga *to know it all*

lo convinse che forse sarebbe stato meglio se qualcuno che se la intendeva lo avesse accompagnato. Dopo un po' arrivarono dal concessionario.

Nel salone dell'usato, il concessionario cercò di convincere Arturo.

—Giovanotto, lei ha scelto bene. Si vede subito che lei se ne intende di macchine. Con questa che lei ha scelto, l'unica cosa che deve fare è passare dal benzinaio per fare il pieno e farsi controllare l'olio e tutto sarà a posto.—

In un batter d'occhio, Arturo si trova dietro al volante. Il papà, sempre pronto a dargli consigli, si sedette accanto a lui.

—Ricordati, Arturo, che d'ora innanzi hai assunto una nuova responsabilità. Sta attento alla guida. Sta calmo. I nervi possono giocare brutti scherzi quando si è al volante. Guarda me. Sono venticinque anni che guido senza mai aver preso una multa.—

—Non preoccuparti, papà. Conosco a memoria il codice della strada—, rispose Arturo mentre cercava di nascondere il suo nervosismo. Subito mise in moto la macchina; innestò la marcia; premette l'acceleratore e via a tutto gas.

Nel sentire lo stridore dei pneumatici, il padre esclamò:—Ecco. . . Abbiamo creato un altro pirata della strada!—

Subito arrivarono ad un incrocio dove c'era molto traffico ed Arturo girò a sinistra. —Perchè hai messo la freccia per girare a destra e poi hai girato a sinistra?—, disse il padre. —Avresti potuto causare un incidente. Presta più attenzione!—

(*Subito dopo.*) —Arturo, hai appena superato il segnale di alt e non ti sei fermato. Non vedi dove vai? Meno male che non c'è la polizia da queste parti. Così come stai guidando una contravvenzione non te la leverebbe nessuno. E poi. . . Perchè corri tanto? Ancora non conosci i limiti di velocità?—

Proprio in quel momento Arturo vide un pedone che stava attraversando sulle strisce zebrate e suonò il clacson.

qualcuno che se la intendeva *somebody who was an expert in*

d'ora innanzi *from now on*

innestare la marcia *to put in gear*

via a tutto gas = andare alla massima velocità

lo stridore dei pneumatici *screeching of the tires*

la freccia *directional signal*

meno male *thank goodness; it's a good thing*

la contravvenzione *(traffic) ticket*

non te la leverebbe nessuno *you would definitely get*

il pedone *pedestrian*

le strisce zebrate *crosswalk*

—Arturo! Siamo davanti all'ospedale e c'è il divieto di segnalazione acustica! Sei fortunato se non ti faranno la contravvenzione!—

Dopo un po', Arturo rallentò, mise la freccia e con
65 molta attenzione girò a sinistra.

—Questo è il colmo, Arturo! Non vedi che hai imboccato una strada a senso unico e tutte le macchine ci stanno venendo addosso? Ora ci ammazzano!—

il colmo *limit*
imboccare = entrare
a senso unico *one-way*

70 Finalmente arrivarono sulla strada di casa. Una macchina della polizia in pattuglia era ferma all'angolo.

la pattuglia *patrol*

—Arturo, forse è meglio se te la parcheggio io la macchina perchè sono sicuro che i poliziotti ci stanno
75 guardando. È stato un miracolo se siamo arrivati qui sani e salvi, senza aver ricevuto nessuna contravvenzione e non vorrei che ci capitasse qualcosa proprio ora.

sani e salvi *safe and sound*

Arturo uscì dalla macchina. Il padre si mise al
80 volante ed iniziò la manovra. . . e, invece di mettere la retromarcia, mise la prima. La macchina diede un balzo ed andò ad urtare contro la macchina della polizia.

Il poliziotto uscì immediatamente dalla macchina
85 e con voce adirata disse:—Immediatamente, patente e libretto di circolazione!—

il libretto *registration card*

—Mi scusi tanto! La macchina l'abbiamo appena comprata e non sono molto esperto delle marce. . . Per questa volta non potrebbe chiudere un occhio?—

90 —Poche storie! Guardi cosa ha combinato! Mi segua immediatamente in commissariato!—

combinare = fare
il commissariato = ufficio di polizia

—Ma veramente! Lei non sa chi sono io!—

Arturo guardò il padre. . .e disse fra sè:—Eccolo! Sono venticinque anni che guida!—

ESERCIZI

A. *Rispondere secondo le situazioni della lettura:*

1. Secondo l'annuncio pubblicitario pubblicato sul giornale la macchina da $200 (a) ha le ruote nuove. (b) ha l'aria condizionata. (c) ha un motore in perfette condizioni. (d) è stata riverniciata da poco.
2. Al primo incrocio, Arturo (a) gira a destra. (b) gira a sinistra. (c) riceve una contravvenzione. (d) non vede il segnale di alt.
3. Quando Arturo vede il pedone, (a) riduce la velocità. (b) ferma la macchina. (c) suona il clacson. (d) gira a sinistra.
4. Il padre sa che è una via a senso unico perchè (a) c'è il semaforo. (b) c'è il vigile. (c) c'è il segnale stradale. (d) le macchine vengono tutte dalla direzione opposta.
5. Il poliziotto chiede la patente al padre perchè (a) ha parcheggiato male. (b) non presta attenzione. (c) ha commesso un'infrazione vicino all'ospedale. (d) ha causato un incidente.

B. *Rispondere secondo le situazioni personali:*

1. Di che cosa ha bisogno per guidare la macchina?
2. Che cosa deve fare quando il semaforo indica il rosso?
3. Che macchina le piacerebbe comprarsi?
4. Se deve andare da una città all'altra, preferisce il treno, la macchina, l'aereo o l'autobus? Quali sono i vantaggi e gli svantaggi di questi mezzi di trasporto?

C. *Modi di dire. Scegliere il sinonimo di ognuna delle seguenti frasi indicate:*

1. Annunci di auto **usate.**
2. **In un batter d'occhio** è dietro al volante.
3. **Meno male** che non c'è la polizia.
4. **Finalmente** arrivano sulla strada dove abitano.
5. **Mi scusino,** signori.
6. Lavora **mentre** parla.

a. intanto che
b. chiedo scusa
c. in un attimo
d. per fortuna
e. di seconda mano
f. infine

D. ***Scegliere il segnale stradale più appropriato ad ognuna delle seguenti frasi:***

1. Arturo gira perchè non può proseguire diritto.
2. Arturo si ferma quando arriva all'incrocio.
3. Non ci sono macchine parcheggiate.
4. Arturo guarda per vedere se arriva il treno.

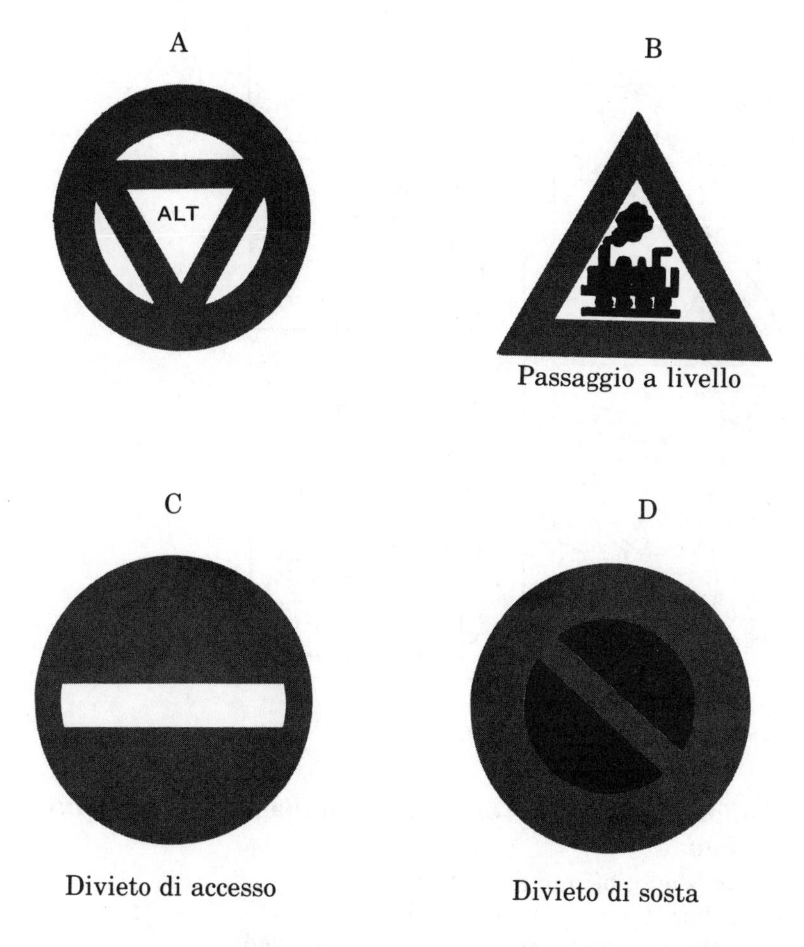

Passaggio a livello

Divieto di accesso

Divieto di sosta

E. ***Angolo grammaticale. Dare le seguenti espressioni in inglese:***

1. Stava leggendo il giornale.
2. Stavo comprando la macchina.
3. Stavamo controllando l'olio.
4. I nervi stavano giocando brutti scherzi.
5. Voi stavate causando un incidente.

F. ***Scegliere la migliore descrizione per ogni vignetta:***

1. Il pedone attraversa la strada.
2. Arturo si ferma perchè c'è il segnale di alt.
3. Il concessionario parla con Arturo.
4. Arturo si siede al volante.
5. Il poliziotto parla con loro.

G. ***Frasi idiomatiche. Dare l'equivalente italiano delle seguenti espressioni:***

1. Arthur is on pins and needles.
2. The father thinks he knows it all.
3. Suddenly, Arthur is behind the steering wheel.
4. Keep cool, otherwise your nerves will trick you.
5. He steps on the gas and takes off like a shot.
6. Here is another hot rodder.
7. This is the limit.
8. (At the gas station) I want to fill it up.

H. *Preparare un annuncio per la «Piccola Pubblicità» utilizzando i seguenti dati:*

marca	Alfa Romeo
anno	1984
portiere (modello)	berlina a 4 portiere
colore	verde
tipo di trasmissione	automatica
freni	idraulici
condizioni meccaniche	eccellenti
extra	a. aria condizionata
	b. alzacristalli elettrici
	c. computer di bordo
Prezzo:_____	d. ruote nuove

I. *Dialogo incompleto. Un poliziotto la ferma mentre è alla guida della sua automobile. Completare il dialogo facendo la parte dell'autista:*

IL POLIZIOTTO: Patente e libretto!

L'AUTISTA: (Ask what the problem is.)

IL POLIZIOTTO: Lei ha messo la freccia per girare a destra ed invece ha girato a sinistra.

L'AUTISTA: (Express your innocence.)

IL POLIZIOTTO: Metta la freccia un'altra volta. Ma non ha visto che non funziona?

L'AUTISTA: (Express surprise.)

IL POLIZIOTTO: Non lo sa che è pericoloso guidare con la freccia rotta?

L'AUTISTA: (Indicate that you will see a mechanic right away.)

IL POLIZIOTTO: Per adesso la lascio andare però si faccia aggiustare la macchina prima che causi un incidente.

L'AUSTISTA: (Thank him for letting you go.)

J. *Situations. Dare una risposta appropriata in italiano:*

1. Lei ha appena ricevuto la patente di guida e desidera comprarsi una macchina. Il papà le dice:
2. Lei è nel salone dell'usato ed esamina con attenzione una macchina. Il concessionario le chiede:
3. È la prima volta che lei è alla guida della sua automobile e dice fra sè:
4. Lei è davanti alla scuola con la sua macchina, una Ferrari 1987. Tutti gli amici si avvicinano e dicono:
5. Lei va in una stazione di servizio con la sua macchina e chiede:

K. ***Composition. You wish to buy a new Italian car. Write a letter in Italian either to Fiat, Ferrari, or Lancia. The purpose of the letter is to obtain information about the new car.***

Subtopics: who you are; why you are writing the letter; the car you are interested in; its speed; its performance; the gasoline usage; the options; the availability of the car; the cost to you; the payment procedures; dealers in the United States.

Dateline: Il ____ ____ 19__
Salutation: Rispettabile Ditta
Closing: Cordialmente

L. ***Parole incrociate. Guidando la macchina:***

ORIZZONTALE

3. pedestrian
4. registration
5. directional signal
6. driver's license
8. (traffic) ticket
10. oil
14. intersection
16. attention
17. I
18. accident
19. convertible
22. police
24. infraction
25. nervous

VERTICALE

1. hot rodder
2. traffic light
3. to park
7. wipers
9. traffic
11. (traffic) signals
12. steering wheel
13. transmission
15. speed
20. father
21. now
23. stop

[La soluzione è a pagina 299.]

14

Osservi e risponda:

1. Che cosa si vede nel disegno?
2. Dove si trova il ragazzo? È sveglio o sta sognando?

L'amore:

il ragazzo
la ragazza
prendere la cotta
triste
pensare a
guardare
incontrare
prestare orecchio a
scrivere un biglietto
il colpo di fulmine
perder l'appetito

Sono pazzo di Elena

La prima volta che la vidi fu nella classe d'italiano. Si chiamava Elena Amato ed era la ragazza più bella della scuola. Aveva gli occhi più azzurri del mare. I capelli erano lunghi e di un castano chia-
5 rissimo. Le labbra erano più rosse dei petali di una rosa ed il nasino era rivolto all'insù. Io avrei fatto qualsiasi cosa pur di potermi sedere nel banco accanto a lei. Però la professoressa, la signorina Guastafeste, assegnava sempre i posti in ordine alfabe-
10 tico. Questo significava che ad Elena toccò sedersi al primo banco della prima fila ed a me, con il nome di Mario Zerbinotto, fu dato l'ultimo posto della sesta fila in fondo all'aula.

Queste cinque file che ci separavano costituivano
15 una distanza insuperabile che era la causa della mia infelicità. Quando suonava il campanello, Elena era sempre la prima ad uscire dalla classe. Per quanto cercassi di uscire in fretta dal mio banco non facevo mai in tempo a raggiungerla. Se non inciampavo
20 nei banchi e non cadevo, arrivavo nel corridoio quando già lei era sparita nella folla degli studenti. Sapevo di essermi preso una brutta cotta. Dopo aver riflettuto parecchio mi venne l'idea di scriverle una lettera in cui le dichiaravo il mio amore e le chiedevo
25 un appuntamento:

rivolto *turned*

ad Elena toccò *Elena was assigned*

il campanello *bell*

inciampare nei *to stumble upon, to bump into*

prendersi la cotta *to have a crush on*

l'appuntamento *date*

Cara Elena,

Non so cosa mi sia successo. Dal primo momento che ti ho vista, il mio
30 cuore non ha smesso mai di sussultare ogni volta che penso a te. Passo notti intere senza poter dormire. Ho perduto
35 l'appetito, e l'unico pensiero che occupa la mia mente è quello di stare accanto a te.
40 Perciò, ti prego, aspettami all'uscita della classe d'italiano perchè ho bisogno di parlarti.

Tuo per sempre,

45 Mario
(sesta fila; ultimo banco)

mi sia successo *happened to me*

sussultare *beating fast*

Sfortunatamente cercai di passarle il biglietto durante l'esame d'italiano scritto della professoressa Guastafeste, la quale mi vide subito.

50 —Mi dia quel biglietto!—

Me lo strappò di mano, lo fece a pezzetti e lo gettò nel cestino dicendo:—Mario, dal momento che ha tentato di passare il compito, le toglierò dieci punti.—

Dopo questo fiasco decisi di usare un altro sistema.
55 Mi misi d'accordo con il mio amico Franco che era

strappare di *to snatch from*
fare a pezzetti *to tear into pieces*
il cestino *wastebasket*
mettersi d'accordo *to come to an understanding*

seduto al banco dietro Elena nella classe di biologia, affinchè le chiedesse, per mio conto, un appuntamento.

Ma questa idea risultò essere peggiore della prima. Franco, che non è molto eloquente e diventa nervoso davanti alle ragazze, non si seppe esprimere molto bene ed Elena non capì che cosa le stava chiedendo e gli disse che, d'accordo, sarebbe uscita con lui.

peggiore *worse*

non si seppe esprimere *didn't express himself*

Il lunedì della settimana seguente, il professore di matematica era assente, e per la prima volta, arrivai in tempo alla lezione d'italiano. Mentre passavo vicino alla prima fila vidi il mio amore che senza avermi notato stava chiacchierando con la sua compagna di banco.

—Ti sei divertita sabato?—

—Macchè! Il ragazzo con cui sono uscita è proprio un bel tipo. Siamo stati al cinema e per tutta la serata non ha aperto bocca. A dire la verità avrei preferito uscire con quel ragazzo dagli occhi tristi, che sta seduto all'ultimo banco in fondo alla classe... Ma non riesco a capire perchè dopo le lezioni, venendo verso di me, inciampa sempre nei banchi.—

è un bel tipo *(he) is a funny guy*

ESERCIZI

A. ***Rispondere secondo le situazioni della lettura:***

1. Descriva Elena Amato.
2. Che cosa successe quando suonò il campanello?
3. Che cosa fece la professoressa con la lettera di Mario?
4. Perchè Elena uscì con Franco?
5. Che cosa confessò Elena alla sua amica?

B. *Rispondere secondo le situazioni personali:*

1. Dove sta seduto(a) lei nella classe d'italiano?
2. Se un ragazzo vuole un appuntamento con una ragazza, che cosa deve fare?
3. Che cosa deve fare il professore se uno studente passa un biglietto durante la lezione?
4. Dove preferisce sedersi lei in classe?
5. Userebbe lei un intermediario nelle questioni d'amore?

C. *Completare con la parola o l'espressione più appropriata:*

1. Aveva gli occhi più ____ del mare.
2. In un'aula ci sono ____ banchi.
3. Per andare da un'aula ad un'altra camminiamo nel ____.
4. Quando qualcuno è ____ significa che non è venuto a scuola.
5. Franco è sempre l'ultimo ad arrivare a scuola. È sempre ____.

D. *Mettere in ordine i seguenti gruppi di parole:*

1. gli occhi / più / aveva / mare / azzurri / del
2. alfabetico / i posti / in ordine / sempre / assegna
3. cuore / smesso / il mio / non ha / di sussultare / a te / ogni volta / che penso
4. ragazze / alle / nervoso / davanti / sempre / diventa / lui
5. preferirei / con / io / quel / uscire / tristi / dagli / ragazzo / occhi

E. *Angolo grammaticale. Completare in italiano:*

1. Elena era (*beautiful*).
2. Elena era (*very beautiful*).
3. Elena era (*the most beautiful*).
4. Elena era (*the most beautiful in the*) scuola.
5. Gli occhi erano (*bluer than the*) mare.
6. Le labbra erano (*redder than the*) petali di una rosa.
7. I capelli di Elena erano (*longer than the*) capelli di Maria.

F. *Esame psicologico. Che cosa si deve fare in queste situazioni?*

1. Pierino chiede un appuntamento ad Elisa per andare al cinema sabato sera. Lisa gli risponde che non può andare perchè già esce con un altro ragazzo. Pierino deve:

   (a) sorridere e dirle: —Chissà . . . un'altra volta!—
   (b) scusarsi ed andarsene annoiato.
   (c) chiudersi in casa e mangiarsi due torte al cioccolato e una pizza.

2. Anna accetta un appuntamento con Pino per andare ad un ballo durante la settimana. Subito si ricorda che il giorno dopo ha un esame di biologia. Anna deve:

   (a) spiegare a Pino che si è dimenticata dell'esame di biologia e che dovrà tornare a casa presto per poter studiare.
   (b) inventare una scusa e dire che deve curarsi della nonna che sta male.
   (c) andare al ballo con i libri e un dizionario per studiare durante i periodi d'intervallo.

3. Enrico va ad una festa e vede che lì c'è gente che non gli piace. Enrico deve:

   (a) cercare di fare amicizia con le persone che non conosce e divertirsi il più che può.
   (b) mangiare quanto può ed andarsene presto.
   (c) lamentarsi ad alta voce durante tutta la serata dicendo che la festa non gli piace.

4. Angela riceve una telefonata da Fernando che le chiede un appuntamento. Non vuole uscire con lui. Angela deve:

   (a) dirgli che non può uscire con lui e che nel futuro non potrà perchè molto probabilmente sarà occupata.
   (b) dirgli che le farebbe molto piacere uscire con lui, però, sfortunatamente, si è rotta una gamba.
   (c) dirgli che non le telefoni più perchè la settimana prossima partirà per l'Australia.

5. Luigi invita Annamaria ad andare ad una festa. Ma durante tutta la serata ignora la ragazza e cerca di conoscere altre signorine. Annamaria deve:

   (a) interessarsi ad altri ragazzi.
   (b) litigare con Luigi ed insultarlo.
   (c) mettersi in un angolo, tirarsi i capelli e piangere.

6. Marisa va ad incontrare un ragazzo che non ha mai visto e vede che non è come se lo era immaginato quando aveva parlato al telefono con lui. Marisa deve:

   (a) suggerire di andare al cinema dove nessuno li potrà vedere.
   (b) offrire al giovane una saponetta perchè puzza di sudore.
   (c) sporcarsi anche lei per formare una bella coppia.

Punteggio (*Scoring*)

(a) = 10 punti
(b) = 2 punti
(c) = 1 punto

50 punti o più = Uomo o donna di mondo, ovvero esperto(a).
da 40 a 50 punti = Ha bisogno di più esperienza.
da 30 a 40 punti = Ha bisogno d'aiuto.
meno di 30 punti = Ha bisogno di molto aiuto.

G. *Dialogo incompleto. Mario e Franco parlano di Elena. Completare il dialogo facendo la parte di Mario:*

FRANCO: Possiamo cambiar posto. . .così puoi stare vicino a lei.

MARIO: (Disagree and say why.)

FRANCO: Hai ragione. La professoressa è alquanto severa.

MARIO: (Ask for a suggestion.)

FRANCO: Ma. . .perchè non le parli prima dell'inizio della lezione?

MARIO: (Tell him that you can't and why.)

FRANCO: E va bene. Ho capito. . . Le dirò d'aspettarti domani dopo la lezione.

MARIO: (Indicate that you would like to send a note.)

FRANCO: Va bene. . . Però ricordati che l'ultima volta la professoressa buttò il tuo biglietto nel cestino.

MARIO: (Express irritation.)

H. *Situations. Dare una risposta appropriata in italiano:*

1. Giorgio incontra la ragazza che gli piace molto.
   Giorgio: Ciao, Maria. Dove vai? Posso accompagnarti?
   La ragazza:
2. Mario ed Arturo sono in classe e parlano di Carolina.
   Arturo: Quella ragaza mi piace. . . Ho preso una bella cotta! Ma sono timido. Che debbo fare?
   Mario risponde:
3. Due amiche di scuola vedono un bel giovanotto.
   La prima amica: Che tipo! Sembra un attore!
   La seconda amica:

I. *Composition. Write a note to a boy/girl in your class asking him/her to have a date with you. The purpose of the note is to convince him/her to go out with you.*

Subtopics: your name; the purpose of your letter; your reasons for asking him/her; a new film to be seen; date; time; places to go after the movies; place of encounter; your expectations. Use some of the following expressions:

la prima volta che ti ho visto. . .
i tuoi occhi sono come. . .
m'incanta il tuo. . .
quando mi guardi. . .
la tua bocca è. . .
ogni volta che penso a te. . .
il mio unico desiderio è. . .
il mio cuore. . .
tutte le notti. . .
vicino a te. . .

Dateline: Il ____ ____ 19__
Salutations: Cara(o) ____
Closing: Disperatamente innamorato(a)

J. *Picture description:*

Study the illustration on page 116 and write a composition in Italian telling a story suggested by the picture. Do not simply describe the picture but write what the two people are thinking about. Describe their emotions and their problems. Express what you think happened between them and what will develop later.

K. *Parole incrociate. Innamorato:*

ORIZZONTALE

1. Queste cinque file che (*us*) separavano, costituivano. . .
2. (*For this reason*), ti prego, aspettami all'uscita della classe d'italiano.
9. Mario (*stumbles*) sempre nei banchi.
10. Il mio cuore non ha mai (*stopped*) di sussultare ogni volta che penso a te.
11. Me lo strappò di mano, lo fece a pezzetti e (*it*) gettò nel cestino.
13. (*Unfortunately*) cercai di passarle il biglietto durante l'esame d'italiano.
15. Elena (*to him*) disse che, d'accordo, sarebbe uscita con lui.
16. Mentre passavo vicino alla prima fila, vidi il mio (*love*) che. . .
18. Il (*my*) amico Franco era seduto al banco dietro Elena.
19. Per mio (*behalf*) . . .
20. Elena era la ragazza (*more*) bella della scuola.
22. Avrei preferito uscire con Mario, quel ragazzo dagli occhi (*sad*).
24. Se io non (*bumped*) nei banchi e non cadevo, arrivavo nel corridoio quando già lei era. . .
28. Ma questa idea risultò essere (*worse*) della prima (idea).
29. Dopo aver riflettuto (*quite a lot*) mi venne l'idea di scriverle una lettera.
31. Io le chiedevo un (*appointment*).

VERTICALE

1. I capelli erano lunghi e di un castano (*very light*).
3. Quando suonava il (*bell*), Elena era sempre la prima ad uscire di classe.
4. Dopo questo (*failure*), decisi di usare un altro sistema.
5. Mi dia quel (*note*)!
6. (*Wait for me*) all'uscita della classe d'italiano.
7. Mi venne l'idea di scriverle una lettera in cui (*to her*) dichiaravo il mio amore.
8. Il professore di matematica era assente e, per la prima (*time*), arrivai in tempo alla lezione.
12. Il mio amore stava (*chatting*) con la sua compagna di banco.
14. Dal primo momento che (*you*) ho vista. . .
17. Io non facevo mai a tempo a (*catch up with her*).
21. Quando arrivavo nel corridoio, lei era già (*disappeared*).
23. Cercai di passarle un biglietto durante l'esame d'italiano (*written*).

25. (*Yours*) per sempre.
26. Franco diventa nervoso davanti (*of the*) ragazze.
27. (*No way!*) Il ragazzo con cui sono uscita è proprio un bel tipo.
30. (*But*) non riesco a capire. . .

[La soluzione è a pagina 299.]

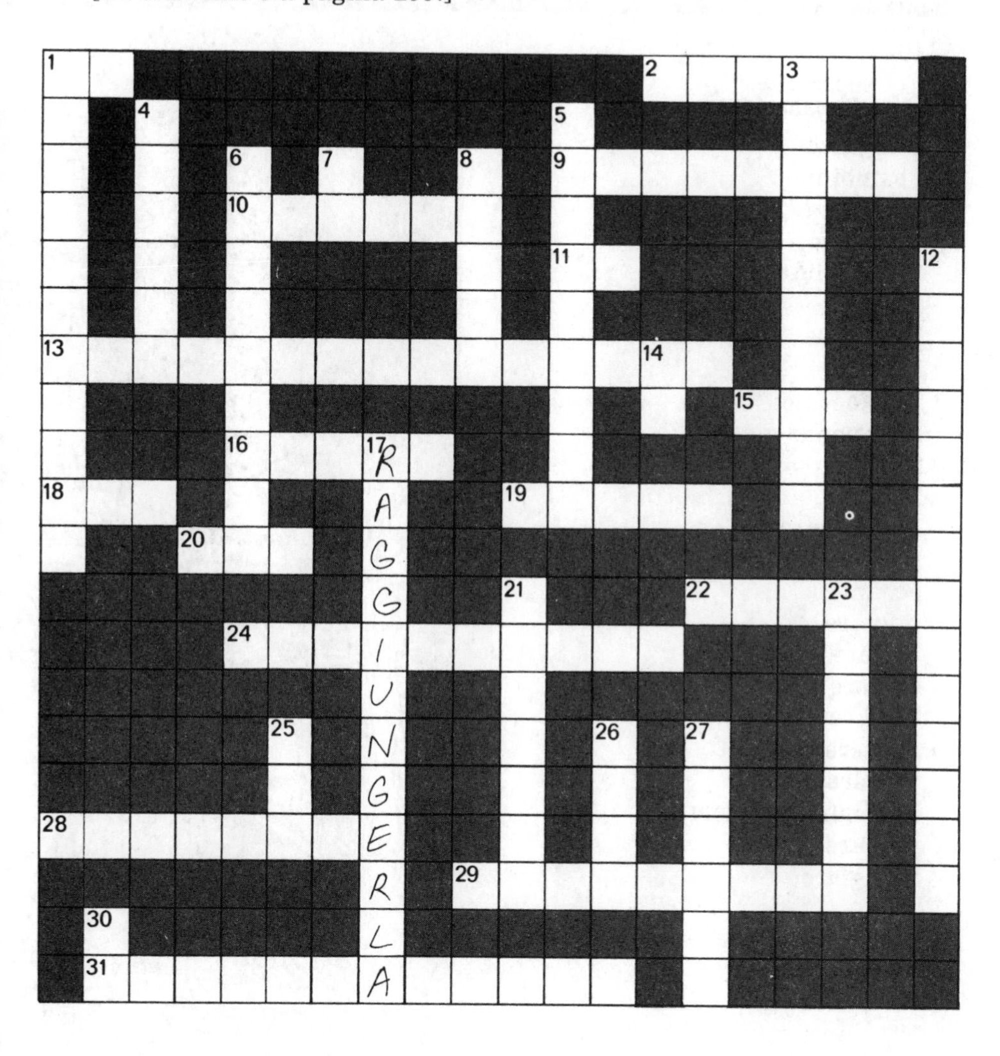

La gita in campagna:

il ragazzo
i bambini
la ragazza
il vecchio
il contadino
il cane
la farfalla
la vacca
il lago
il fiore
l'erba
l'albero
la bicicletta
il cappello
accanto a
nuotare
leggere
correre
bere
mettere
portare
raccogliere (i fiori)
pescare
mangiare

Ripasso e giochi II

A. ***Descrivere quello che succede nel disegno.***

B. ***Vero o falso? Leggere le seguenti frasi e dire se sono vere o false. Se falsa, dare la risposta esatta:***

1. Una ragazza sta nuotando nel lago.
2. Il vecchio legge un libro.
3. Il gatto corre dietro alle farfalle.
4. Un bambino beve la limonata.
5. La donna mette la colazione sulla sabbia.
6. Gli uccelli stanno fra i fiori.
7. Il toro mangia l'erba.
8. Il contadino porta il cappello.
9. I ragazzi giocano a pallone.
10. La ragazza raccoglie i fiori.
11. Una bicicletta sta vicino all'albero.

C. ***Chi l'ha fatto?***

1. Operò il paziente.
2. Bevette il sangue della vittima.
3. Trovò la poltrona con la lampadina tascabile.
4. Pagò l'affitto al proprietario.
5. Acchiappò il ladro.
6. Difese il suo cliente.
7. Tagliò i capelli al giovanotto.
8. Punse il ragazzo.
9. Volò da fiore a fiore.
10. Salvò una ragazza dalle onde del mare.
11. Condannò il criminale al carcere a vita.
12. Corse dietro al gatto.

a. il cavallo
b. il cane
c. il poliziotto
d. il giudice
e. il bagnino
f. l'ape
g. la farfalla
h. il medico
i. l'infermiera
j. il vampiro
k. l'inquilino
l. la maschera
m. l'avvocato
n. il barbiere

D. ***Situations. Listen to your teacher read aloud twice in succession a situation in Italian. Then the teacher will pause to allow you to give an appropriate response in Italian. Sentence fragments as well as complete sentences, questions, or commands in Italian may be used as answers, but only if they are in keeping with the situation. Numerals may not be used. Write out the number if the answer includes a date, time, telephone number, amount of money, or the like. Use each response only once.***

E. ***Anagramma. Unscramble the following words. Then arrange the circled letters to form the word that fits the definition:***

1. **La natura**

V E P A S

F A L L A F A R

B E R O A L

M I C A F O R

È un tappeto naturale:

[La soluzione è a pagina 300.]

2. **La scuola**

N A L A V A G

A S T I G I N C A N

A C I T A M E T A M

P N O S G A L O

N O D I S E G

E N Z E C I S

A C I S U M

È la parola preferita da ogni studente:

[La soluzione è a pagina 300.]

F. ***Listening comprehension. Listen to your teacher read aloud twice in succession a question and passage in Italian. Then the teacher will pause while you choose the best suggested answer to the question. Base your answer on the content of the passage:***

1. Che tempo farà domani, secondo il meteorologo?
   a. Farà molto caldo.
   b. Pioverà.
   c. Nevicherà.
   d. Farà fresco.

2. Che cosa si vende in questo negozio?
   a. Biciclette.
   b. Automobili.
   c. Panini imbottiti.
   d. Motociclette.

3. Che cosa stava per succedere?
   a. Una tragedia.
   b. Una gara di nuoto.
   c. Niente di strano.
   d. Un fatto curioso.

4. Che cosa fa questo signore?
   a. Pilota una nave spaziale.
   b. Pilota il 747.
   c. Pilota le macchine da corsa.
   d. Pilota un aereo dell'Alitalia.

5. Di quale stagione dell'anno si parla?
   a. L'estate.
   b. L'autunno.
   c. L'inverno.
   d. La primavera.

G. ***Dialoghi incompleti. Completare i seguenti dialoghi:***

1. Lei va in città con la macchina. Non conosce il quartiere e si ferma per chiedere informazioni ad un poliziotto.

   IL POLIZIOTTO: Buon giorno. . . Prego. . .

   LEI: (Ask where you are and how to get to your destination.)

   IL POLIZIOTTO: Torni indietro ed alla seconda traversa dopo il semaforo vedrà il segnale stradale.

   LEI: (Ask if the road is good.)

   IL POLIZIOTTO: Beh! Veramente! La strada è vecchia, ma è ancora transitabile.

LEI: (Ask if there are snackbars along the way.)

IL POLIZIOTTO: Sì, ce ne sono. . . Ma stia attento perchè la strada è stretta e piena di curve.

LEI: (Ask how long it will take you to get to your destination.)

IL POLIZIOTTO: Non è lontano. . . Forse una mezz'oretta!

LEI: (Thank the policeman.)

2. Un compagno di scuola le telefona per chiederle aiuto.

IL COMPAGNO: Ciao! Potresti darmi una mano con l'italiano?

LEI: (Say that you would be happy to.)

IL COMPAGNO: Se vuoi, io ti posso aiutare con l'algebra e con la fisica.

LEI: (Say that you would like to be helped in math.)

IL COMPAGNO: Va bene. Che farai questo weekend?

LEI: (Say that you work on Saturdays.)

IL COMPAGNO: Se ti va, potremmo andare a vedere una partita di calcio dopo aver fatto i compiti.

LEI: (Say that you would like to but you can't).

IL COMPAGNO: Perchè no? Non ti piace questo sport?

LEI: (Indicate that you have a date with your girlfriend/boyfriend to go dancing.)

H. *Reading comprehension. Below each of the following passages, there is either a question or an incomplete statement. For each, choose the expression that best answers the question or completes the statement according to the content of the passage:*

1. Il ferragosto è il periodo più bello dell'anno. Tutte le fabbriche chiudono ed i lavoratori se ne vanno in vacanza. Le vie e le autostrade sono piene di macchine. Tutti lasciano la città per andare al mare o in montagna. Si consiglia agli automobilisti di seguire le regole della prudenza perchè l'impazienza è il peggior nemico di chi guida.

   Che cosa si raccomanda agli automobilisti durante il ferragosto?

   a. Di essere cauti.
   b. Di formare lunghe code.
   c. Di restare in città.
   d. Di viaggiare in treno.

2. Ai ragazzi del quartiere piace organizzare delle gite per invitare amici ed amiche. E che cosa si fa? Spesso si va al mare o in montagna. Talora si va nel parco. Qui si va in giro a cavallo lungo il lago o attraverso il bosco. Le ragazze si fermano a cogliere i fiori ed i ragazzi si sdraiano sul prato. Si respira l'aria pura. Si salta, si grida e si ride. Si è felici e si ha tanta voglia di vivere. Com'è bello essere giovani!

   Perchè sono contenti i ragazzi del quartiere?

   a. Non devono andare a lavorare.
   b. Passano del tempo felice con i compagni.
   c. Hanno vinto alla lotteria.
   d. Vanno a fare una gita in Italia.

I. ***Writing. Write a well-organized letter or note in Italian of at least 10 clauses. A clause must contain a verb, a stated or implied subject, and any additional words needed to convey meaning. You may either use the suggested subtopics or put in your own ideas:***

1. You are not happy with the courses offered in your school. Write a letter to your principal suggesting a few changes. The purpose of the letter is to convince your principal to add new courses.

   Subtopics: who you are; why you are writing this letter; different students and new needs; lack of preparation and training for the job market; the new courses; their value; your expectations.

   Dateline: Il ____ ____ 19__
   Salutation: Egregio Signor Preside
   Closing: Cordialmente

2. You have just come back from a picnic in the country. Drop your pen pal a note describing your emotions at the sight of the natural beauty.

   Subtopics: season and date of trip; your friends; reasons for going; sights; activities; feelings; duration of picnic.

   Dateline: Il ____ ____ 19__
   Salutation: Caro(a)
   Closing: Affettuosamente

3. You are investigating the causes and events of an auto accident in your neighborhood for a local newspaper. You are writing to an eyewitness who lives in the community requesting information about the accident. The purpose of the letter is to obtain information about the causes of the accident.

   Subtopics: who you are; why you are writing the letter; purpose of the letter; date the accident occurred; where it occurred; how it occurred; when it occurred; weather conditions; names of other witnesses; availability of pictures; your expectations; offer your thanks for the information.

Dateline: Il ____ ____ 19__
Salutation: Egregio signor
Closing: Cordialmente

J. ***Slot completion. In the following passage, there are five blank spaces numbered 1 through 5. Each blank space represents a missing word. For each blank space, five possible completions are provided. Only one of them makes sense in the context of the passage. First read the entire passage to determine its general meaning. Then read it a second time and choose the completion that makes the best sense:***

Nicola è un bel giovanotto. Tutte le mattine, prima di andare a scuola, spende un bel po' di tempo davanti allo specchio. Fa questo perchè, per la prima volta, sa di aver preso la cotta per una sua compagna di classe. Ma ha paura di invitare la __(1)__ ad uscire con lui.

Che fare quindi? Ogni giorno, dopo la scuola, Nicola va su e giù per il marciapiede della casa dove abita Lola. Pensa alla ragazza. __(2)__ bene a Lola. Mentre passeggia pensa e ripensa. Le telefono?. . . No. Le mando un telegramma?. . . No e no? Che fare quindi?

La ragazza gli piace moltissimo. Nicola si avvicina all'ascensore. Idea! Ecco! Perchè non invitarla a prendere un __(3)__ allo snack-bar e salire su da lei con la scusa del compito? Si avvicina all'ascensore. Entra. Sale. Ora è allegro. Si aggiusta gli __(4)__ sul naso e si pettina i capelli. Il suo sarà un vero «romanzo d'amore», ma. . .

Che sciocco! Si ricorda d'aver mangiato l'insalata e, povero Nicola!, nell'insalata c'erano anche le cipolle ed, ohimè!, adesso il suo fiato non è poi tanto gradevole. Questa è una vera sfortuna. . . Ha dimenticato di lavarsi i denti. Ed ora non ha neppure una __(5)__ per il fiato. Che fare quindi?

Su, andiamo! Coraggiosamente Nicola preme un bottone e l'ascensore incomincia a scendere. . . Che fifone!

1. (a) ragazza
   (b) professoressa
   (c) bidello
   (d) preside
   (e) polizia
2. (a) Vuole
   (b) Desidera
   (c) Fa
   (d) Porta
   (e) Riceve
3. (a) banco
   (b) pizza
   (c) torta
   (d) limone
   (e) gelato
4. (a) cappello
   (b) occhiali
   (c) baffi
   (d) cravatta
   (e) calzini
5. (a) chiave
   (b) caramella
   (c) soldo
   (d) bistecca
   (e) bicchiere

K. ***Crucincastro illustrato:***

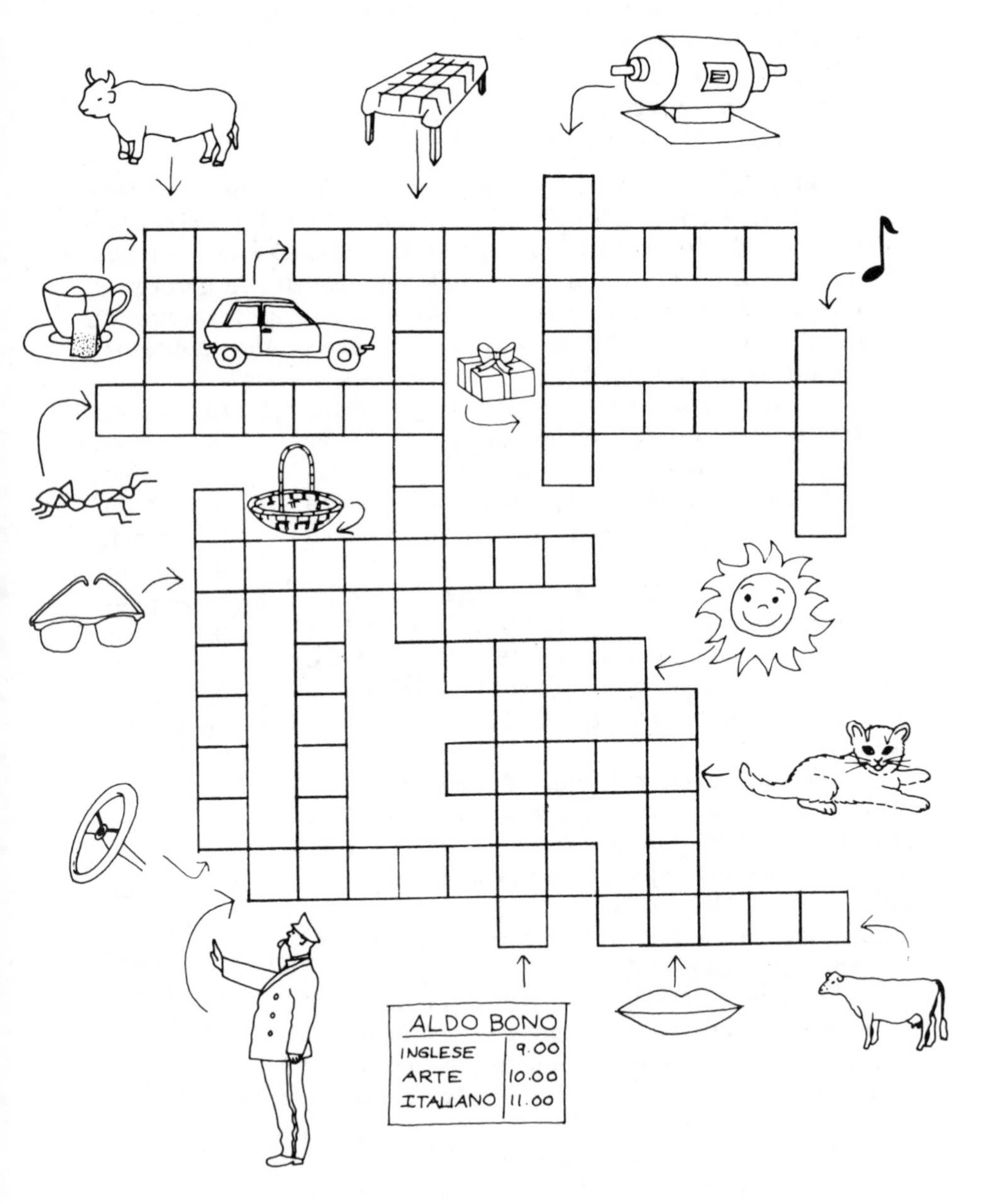

[La soluzione è a pagina 299.]

L. ***Crucincastro illustrato:***

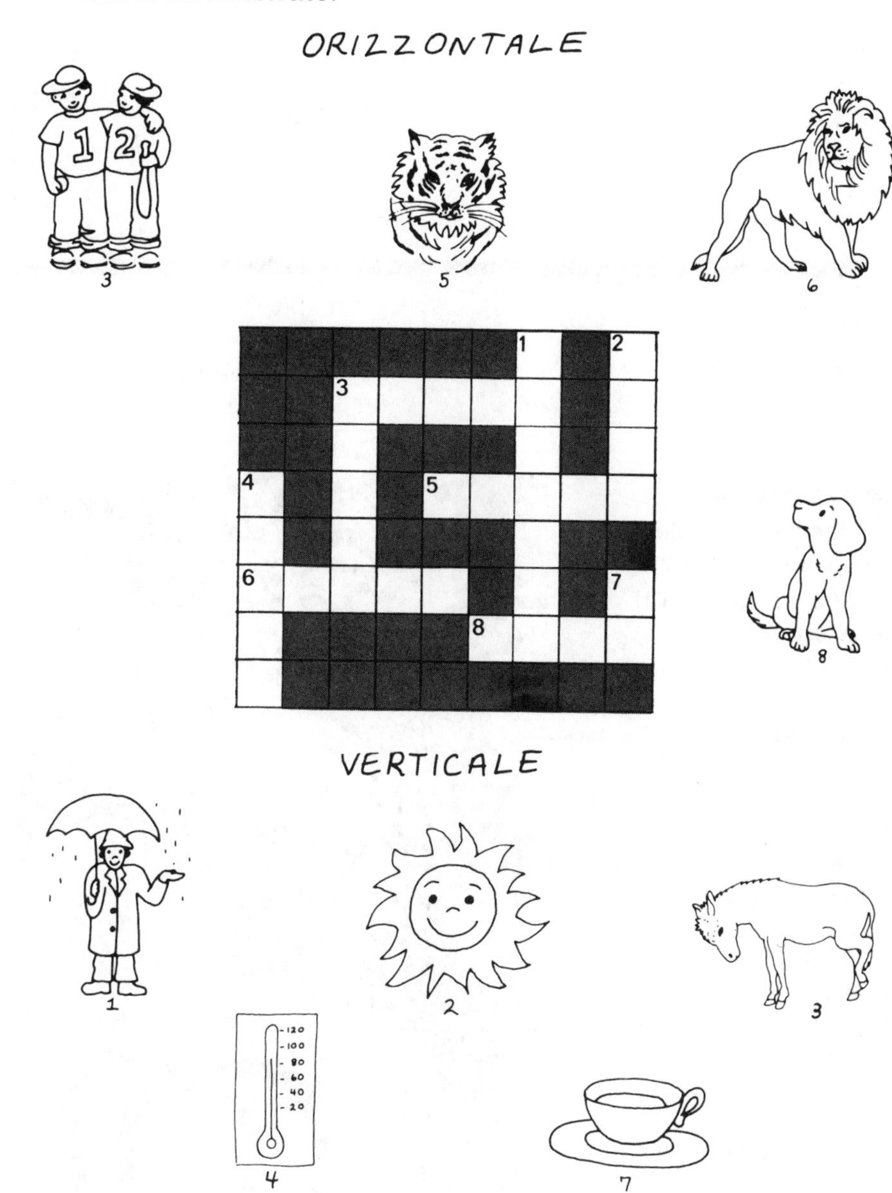

[La soluzione è a pagina 300.]

15

Osservi e risponda:

1. Che cosa si vede in questo disegno?
2. Come le sembra il cliente?

Il ristorante:

il cameriere
il vassoio
il piatto
il bicchiere
il bicchierino
il coltello
il cucchiaio
il sale
il pepe
il vino
il pane
il burro
la tovaglia da tavola
il tovagliolo
la tazza
la tazzina
la forchetta
dare segni d'impazienza
una fame da lupi

Ho una fame che non ci vedo

Ristorante «La Buona Tavola»
cucina casereccia

MENÙ

APERITIVI

Cocktail di frutta	2.50
Succo di pomodoro	1.25
Campari soda	1.75
Bitter S.Pellegrino	1.50
Martini	3.50

ANTIPASTI

Crostini caldi alle salsicce	2.50
Antipasto misto	3.50
Arancine di riso	1.70

MINESTRE

Crema con crostini	1.75
Consomme in tazza	1.75
Brodo di pollo	1.75
Zuppa di verdure	1.90

PASTE

Spaghetti aglio e «oglio»	3.75
Tortellini alla panna	4.25
Timballo di maccheroni	4.25

PESCE E FRUTTI DI MARE

Baccalà	5.60
Calamari ripieni	9.75
Gamberetti all'olio e limone	9.50
Aragosta sulla griglia	10.00

UOVA

Fritte	1.65
Affogate con salsicce	3.25
Frittata rustica al prosciutto	3.75
Frittata alla paesana	1.50

CARNI

Bistecca alla fiorentina	9.50
Arrosto di manzo	7.25
Pollo in casseruola	6.25
Costolette di maiale	6.00

casereccio *homemade*
aperitivi *appetizers, aperitifs*
calamari ripieni *stuffed squid*
gamberetti *shrimp*
l'aragosta *lobster*
il crostino *small piece of toast*
affogate *poached*
crema con crostini *cream soup with croutons*
la verdura *vegetable*
l'aglio *garlic*
la costoletta *cutlet*
timballo di maccheroni *macaroni pot pie*

CONTORNI		GELATI	
Peperonata	2.75	Gelato alla vaniglia	1.75
Patate al forno	2.50	Granita di caffè con panna	2.25
Fagiolini al burro	1.75	Cassata alla siciliana	2.75
INSALATE		**CAFFÈ**	
Insalata mista	2.75	Caffè espresso	1.25
Insalata paesana	1.95	Cappuccino	2.75
Fagiolini verdi all'olio	1.50	Caffè freddo	1.25
FORMAGGI		**BIBITE**	
Bel Paese (porzione)	1.75	Acqua minerale	1.00
Parmigiano-Reggiano	2.25	Chinotto	1.25
Gorgonzola	1.75	Birra fredda	1.45
		Vino rosso locale (un quarto)	2.75
DOLCI		Vino bianco locale	2.75
Budino di cioccolato	1.75	Aranciata San Pellegrino	1.50
Torta	1.50	Limonata fresca	1.50
Creme caramel	1.75	Succhi di frutta	1.75

il contorno *side dish*
la granita *shaved ice*
il caffè con panna *coffee with whipped cream*
la cassata *sponge layer cake of sweetened ricotta and candied fruits*
chinotto = bibita analcolica
un quarto = un quarto di litro
il budino *pudding*
la torta *cake*
il succo di frutta *fruit nectar*

Generalmente Aldo Panzoni andava a mangiare a casa. Era di giovedì e tutti i giovedì sua moglie preparava lo stesso piatto: polenta! Ormai l'aveva mangiata di tutti i tipi: al sugo, al forno, alla brace, alla griglia ed in casseruola. Non la poteva digerire più. Perciò quel giovedì decise di sperimentare un'avventura gastronomica. Quasi sempre pranzava verso l'una, però quel giorno erano quasi le tre del pomeriggio ed ancora non aveva messo niente sotto i denti. Aveva una fame tremenda e decise di andare a mangiare al ristorante «La Buona Tavola», famoso per la sua cucina.

la polenta *cornmeal*
al sugo *with gravy*
alla brace *(cooked) over charcoal*
mettere sotto i denti *to have a bite to eat*

Quando entrò nel ristorante vide un tavolo libero e si sedette.

—Cameriere, per favore. Ho una fame che mangerei anche le pietre!—

—Calma! Ho solo due mani. Sono solo qui. E poi lei non è l'unico cliente.—

Aldo si diede uno sguardo intorno. I vari clienti stavano mangiando. Il suo appetito crebbe col passare dei minuti. Alla fine arrivò il cameriere con il menù.

crescere = aumentare

70 —Comandi, signore! Cosa posso servirle? Meglio tardi che mai. . .e. . . Come si dice? La fame condisce tutte le vivande!—

comandi *at your service*
meglio tardi che mai *better late than never*
la fame condisce tutte le vivande *hunger is the best sauce (lit., hunger seasons all food)*

—Ed io ho una fame da lupi—, rispose Aldo.—Mi porti una bistecca con contorno di patatine fritte, 75 un'insalata mista di lattuga e pomodori, burro ed un quarto di vino rosso della casa.—

—Mi spiace, signore, ma la bistecca è finita.—

mi spiace *I am sorry*

—Allora. . .invece della bistecca. . .mi porti mezzo pollo arrosto.—

80 —Mi spiace, signore, ma anche il pollo è finito.—

—Avete il fritto misto di pesce o l'abbacchio al forno?—, chiese allora Aldo sempre più nervoso.

l'abbacchio *lamb*

—Mi spiace ancora, signore, ma non c'è nè la frittura, nè l'abbacchio.—

85 —Per la miseria! Ma che succede in questo ristorante? Avete una lista di vivande che non finisce mai e, nonostante ciò, non c'è niente.—

nonostante ciò *nevertheless*

—Ma lei, signore, è venuto troppo tardi. Ci resta solamente la specialità della casa. Le voglio fare 90 una sorpresa e non le dico nemmeno che cos'è. Vedrà. È squisita! Però dovrà aspettare ancora una mezz'oretta.—

—Aldo pensò che a quell'ora tutti gli altri ristoranti dovevano ormai essere chiusi e decise di fare 95 buon viso a cattiva sorte.

fare buon viso a cattiva sorte *to make the best of a bad situation*

—Va bene. . . Non importa—, disse. —Sono qui per mangiare! Me la porti al più presto possibile.—

Il cameriere se ne andò. Già quasi tutti i clienti erano andati via. Aldo continuò ad aspettare pen- 100 sando con l'acquolina in bocca alla pietanza che stava per arrivare. Finalmente il cameriere si fece vivo. Portava un vassoio con un piatto fumeggiante. Lo mise davanti all'affamato Aldo ed esclamò:— Eccole la specialità della casa: polenta col cavolo 105 nero!. . . Buon appetito, signore!—

con l'acquolina in bocca *with his mouth watering*
farsi vivo *to appear*
fumeggiante *steaming*
il cavolo *cabbage*

ESERCIZI

A. ***Rispondere secondo le situazioni della lettura:***

1. Che cosa succede in casa di Aldo tutti i giovedì?
2. Perchè ha tanta fame oggi?
3. Qual è il piatto più costoso che servono al ristorante «La Buona Tavola»?
4. Quanto costa una bistecca alla fiorentina?
5. Che cosa porta il cameriere ad Aldo?

B. ***Rispondere secondo le situazioni personali:***

1. Lei ha solamente dieci dollari. Sta nel ristorante «La Buona Tavola» e vuole mangiare un pasto completo. Che cosa ordina?
2. Fa colazione quando ha fame oppure ad un determinato orario?
3. Quali dolci preferisce?
4. Che cosa preferisce mangiare in un ristorante?
5. Che cosa beve lei quando mangia? Che cosa beve dopo aver mangiato?

C. ***Vero o falso. Leggere le seguenti frasi e dire se sono vere o false. Se falsa, dare la risposta esatta:***

1. La moglie di Aldo Panzoni prepara la polenta tutti i giorni.
2. La bistecca alla fiorentina costa quanto il pollo in casseruola.
3. La granita di caffè con panna si mangia prima della carne.
4. Aldo chiede tutte le pietanze che non ci sono.
5. Ad Aldo piace molto la specialità del ristorante.

D. ***Vocabolario. Completare con la parola o l'espressione più appropriata:***

1. Una lista di pietanze in un ristorante è un ____.
2. Un ____ è una persona che lavora in un ristorante.
3. ____ è una bibita.
4. In un ristorante ci sono meno pietanze quando si arriva ____.
5. Il ____ si beve dopo i pasti.

E. ***Frasi idiomatiche. Trovare le espressioni inglesi affini a quelle italiane:***

1. Non ho messo niente sotto i denti.
2. Ho una fame che mangerei anche le pietre.

a. Better late than never.
b. Darn it!
c. Hunger is the best sauce.

3. Meglio tardi che mai.
4. La fame condisce tutte le vivande.
5. Per la miseria!
6. Fare buon viso a cattiva sorte.
7. Avere l'acquolina in bocca.

d. I haven't had a bite to eat.
e. To make the best of a bad situation.
f. I am starving.
g. To make one's mouth water.

F. *Modo di dire. Scegliere l'espressione italiana che meglio esprime quella inglese:*

1. (*I am sorry, sir,*) ma la bistecca è finita.
2. Preferisco il baccalà (*every*) giovedì.
3. (*There aren't any more*) uova fritte.
4. (*It doesn't matter.*) Vogliamo i tortellini alla panna.
5. (*It is necessary to*) aspettare dieci minuti.

a. non importa
b. bisogna
c. mi spiace, signore
d. tutti i
e. non ci sono più
f. generalmente

G. *Scegliere la parola italiana affine a quella inglese:*

1. la pietra
2. la carne
3. crescere
4. bene
5. unico

a. unimportant
b. benefit
c. pedestrian
d. petrify
e. unique
f. increase
g. carnivorous
h. crisscross

H. *Dialogo incompleto. Lei è al ristorante «Il Boschetto». Completare il dialogo facendo la parte del cliente:*

IL CAMERIERE: Buona sera!. . .Eccole il menù.

IL CLIENTE: (Give your order.)

IL CAMERIERE: Mi spiace signore, però è già finito.

IL CLIENTE: (Ask for today's special and how it is.)

IL CAMERIERE: Offriamo un piatto eccellente. Oggi è squisito. . . Ma dovrà aspettare una ventina di minuti.

IL CLIENTE: (React positively.)

IL CAMERIERE: Va bene. Che cosa desidera bere?

IL CLIENTE: (Indicate your preference.)

IL CAMERIERE: Tanto per incominciare, desidera l'antipasto?

IL CLIENTE: (Agree and say that you are starving.)

I. *Situations. Dare una risposta appropriata in italiano:*

1. È mezzogiorno. Lei e Gina vanno in giro per la città. Gina dice: Ho fame. Ho bevuto solo un caffè questa mattina. Lei risponde:

2. Lei è al ristorante. Il cameriere le dice: Buon giorno! Desidera? Lei risponde:
3. La mamma ha preparato un bel piatto. Lei non mangia. La mamma dice: Perchè non stai mangiando? Lei risponde:

J. ***Composition. You are on the school's newspaper writing staff. You are to survey your neighborhood and conduct a poll on the best Italian restaurant in the area. Write a letter to the manager of each Italian restaurant. The purpose of the letter is to obtain information about the restaurant.***

Suggested subtopics: who you are; reasons for the letter; why you were selected to write; location of the restaurant; house specialties; hot dishes; cold dishes; beverage selection; dessert possibilities; availability of tables; opening and closing time; need for reservation; average cost per meal; possible student discounts.

Dateline: Il ____ ____ 19__
Salutation: Egregio Direttore
Closing: Cortesemente

K. ***Parole incrociate. Al ristorante:***

ORIZZONTALE

1. to prefer
2. demitasse
7. waiter
8. spoon
10. fork
12. to drink
13. aperitifs
14. wine
16. fish
18. soup
21. salad
23. pepper
24. coffee
25. napkin

VERTICALE

1. bread
3. seafood
4. (drinking) glass
5. eggs
6. dish
7. knife
9. vegetables
11. customer, patron
13. hors d'oeuvre
15. drinks
17. meat
19. hunger
20. ice cream
22. room

[La soluzione è a pagina 300.]

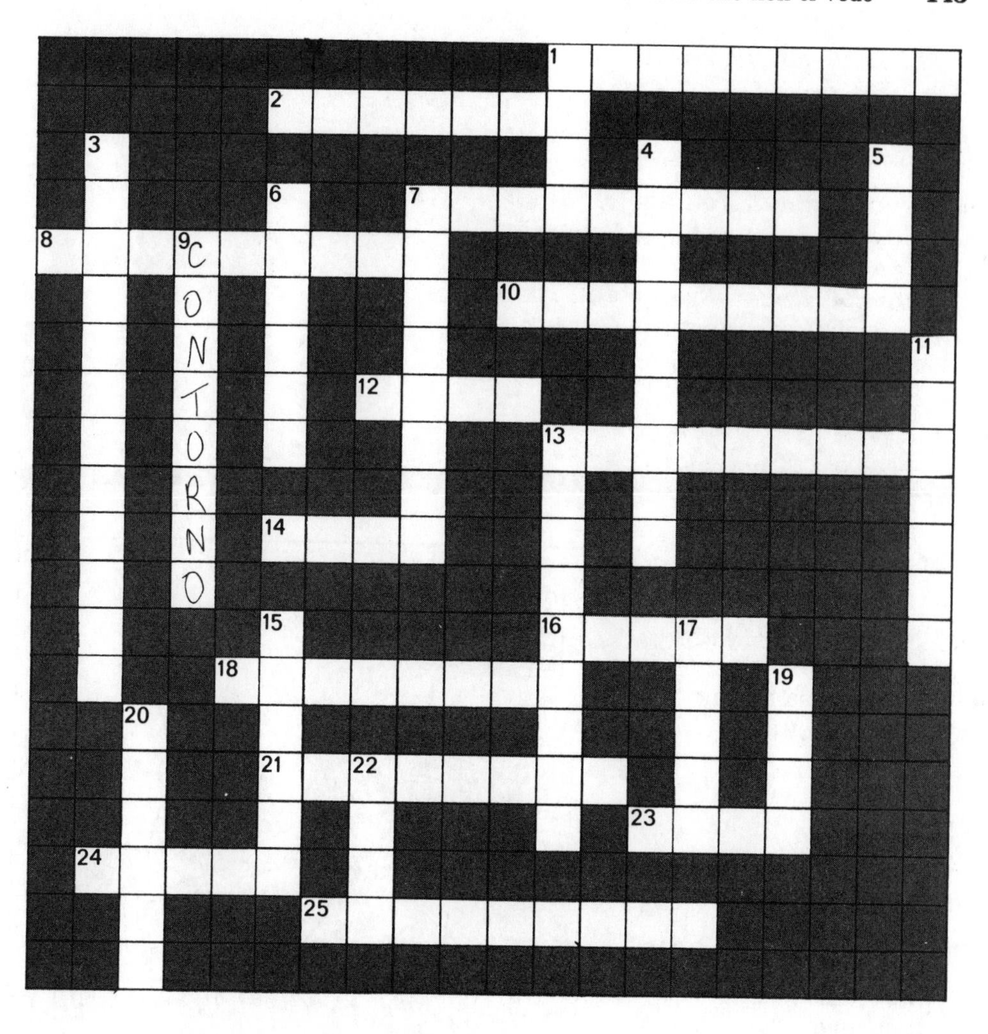

16

Osservi e risponda:

1. Dove si trovano i personaggi del disegno?
2. Che cosa stanno facendo?

Il salotto:

il sofà
il tappeto
il tavolinetto
il vaso di fiori
il portacenere
il quadro
lo specchio
la lampada da tavola
la biblioteca
andare in onda
guardare la televisione
accendere la televisione
cambiar canale

Questa televisione mi fa impazzire

Scena

fare impazzire *to drive (someone) crazy*

L'azione si svolge nel salotto di casa della famiglia Pecora. I mobili sono molto semplici. A destra, addossato alla parete, c'è un sofà con due o tre cuscini 5 di vario colore. Ai due lati del sofà ci sono dei tavolinetti. Su un tavolinetto c'è una lampada da tavola; sull'altro c'è un vaso con fiori artificiali e un portacenere di cristallo. Sul fondo ci sono due poltrone. Dietro le poltrone si vede una biblioteca piena 10 di libri e di riviste. In un angolo ci sono il giradischi ed una vecchia televisione. Un tappeto di nylon riveste le pareti dell'appartamento.

si svolge *takes place*

Personaggi

CARLO PECORA:	Capofamiglia e padre di tre figlie
15 MARIA VITTORIA:	Figlia di tredici anni
AURORA:	Figlia di undici anni
CLARA:	Figlia di otto anni
GENOVEFFA:	Moglie di Carlo Pecora (*Non appare mai sulla scena perchè sta*
20	*sempre in cucina a lavare i piatti*)

il capofamiglia *head of the family*

Quando si alza il sipario, Carlo Pecora sta parlando al telefono.

CARLO PECORA: No, Pulce, stasera proprio non me la sento di giocare a bowling. La notte scorsa
25 non ho potuto chiudere occhio ed ora ho sonno. Sono stanco morto e desidero starmene a casa. Voglio riposarmi e guardare la televisione in santa pace. Dammi un colpo di telefono domani. Ciao. (*Attacca la cornetta. Si siede in una pol-*
30 *trona e si toglie le scarpe.*) Maria Vittoria!. . . Maria Vittoria!. . . Dammi la guida dei programmi radio/TV perchè voglio vedere quello che va in onda adesso.

MARIA VITTORIA (*dandogli la guida*): Eccola!

avere sonno *to be sleepy*
stanco morto *dead-tired*
la cornetta *receiver*
andare in onda *to be broadcast*

ORARIO		PROGRAMMI
20:00	*Raiuno*	Film: «La maschera e il cuore»
	Raidue	Lo sport
	Raitre	Ciclismo, da Bologna, Giro dell'Emilia
	TV PRIVATE	
	Canale 5	Telegiornale: Notizie mondiali e locali
	Italia 1	Telequiz
	Canale 21	Cartoni animati
	Retequattro	Telenovela: «L'amore impossibile»
20:30	*Retedue*	Sceneggiato
	Teleoggi	La Pistola di Fuoco: Avventura del West
	Retetre	Documentario: Gli uccelli dei Tropici
	Telestudio	Rubrica: « Processo alla partita»

Rai = Radio Televisione Italiana
il telegiornale *news(cast)*
la rete *network*
la telenovela *soap opera*
lo sceneggiato *TV series*
la rubrica = trasmissione televisiva relativa ad un determinato argomento

CARLO PECORA: Aurora. . . Metti il canale 5 perchè sono quasi le venti e voglio vedermi il telegiornale.

55 AURORA: Però, papà, tu mi hai promesso che ci vedremo il film di cowboy.

CLARA: Io voglio vedere i cartoni animati.

MARIA VITTORIA: Non posso perdermi la puntata dell' « Amore impossibile». Stasera vedremo se
60 i due amanti fuggono insieme oppure no.

AURORA: No, no! Tu me lo hai promesso, papà.

la puntata *episode (of a TV series)*
fuggire *to flee, to elope*

CLARA (*piangendo*): Voglio vedere i cartoni animati!

GENOVEFFA (*dalla cucina*): Carlo, che cosa sta succedendo? Perchè si sente tutto questo rumore? 65

CARLO PECORA: Ragazze, comportatevi bene. Guardatevi quello che volete ma lasciatemi riposare in pace.

Aurora accende la televisione. Sullo schermo appare una scena del lontano West. Si ode la voce di uno dei due cowboy. 70

accendere *to turn on*
lo schermo *screen*

VOCE: Bene, ragazzi, preparatevi. Ecco che arriva la diligenza con i soldi della banca. Dobbiamo portare a termine questo colpo prima che lo sceriffo ed i suoi aiutanti ritornino dall'accampamento. 75

la diligenza *stagecoach*

Da dietro una delle rocce viene fuori un uomo mascherato accompagnato da un indiano.

IL MASCHERATO SOLITARIO (*gridando*): Su le mani, malvagi. Oggi non ve la passerete liscia. . . 80

malvagi *villains*
passarla liscia *to get away with it*

In questo momento Clara cambia canale.

VOCE DELL'ANNUNCIATORE: È sicuro dell'efficacia del suo deodorante? Quando lei entra in un bar. . . vede che la gente comincia a sfollare? Le dà fastidio quando i suoi amici la salutano da lontano? Non l'incuriosisce quando la gente apre le finestre vedendola entrare in casa loro? 85

l'efficacia *efficiency*
sfollare *to disperse*

Maria Vittoria cambia canale e mette la Telenovela. Sullo schermo si vedono due innamorati che si abbracciano e sussurrano parole d'amore fra un bacio e l'altro. 90

sussurrare *to whisper*

LUI: Tuo padre non ci permetterà mai di sposarci. Dobbiamo fuggire insieme. È l'unica soluzione.

LEI: Ma questo gli spezzerà il cuore.

spezzare il cuore *to break one's heart*

VOCE DELL'ANNUNCIATORE: E adesso un messaggio da parte dei nostri patrocinatori, la pasta dentifricia «Dente d'Angelo». Signorina, adesso potrà avere l'alito che ha sempre sognato. I suoi denti brilleranno come le stelle. Usi il nostro 95

il patrocinatore *sponsor*
l'alito *breath*
la stella *star*

100 prodotto per una settimana intera e vedrà subito la differenza. Neppure il suo ragazzo la riconoscerà più.

Clara cambia canale un'altra volta per vedere un altro annuncio pubblicitario. Sullo schermo si vede 105 un diagramma della testa con dei martelletti che colpiscono il cranio.

il martelletto *little hammer*
colpire *to hit*
il cranio *skull*

VOCE AUTORITARIA: Quando ha il mal di testa, le sembra che mille martelletti la stiano colpendo incessantemente? E lei ha cercato di calmarsi 110 soltanto con delle pasticche di aspirina, senza alcun risultato? Dunque lei ha bisogno della «Pillola Cazzotto» di alta potenza.

la pasticca = la pillola
il cazzotto *blow, punch*

CARLO PECORA: Con il mal di testa che ho adesso. . .non mi aiuterebbe neppure una bot- 115 tiglia di quelle pillole. (*Si alza e va al telefono.*) Pulce? Sono contendo d'averti trovato ancora a casa. Aspettami!. . .Vengo con te perchè ho bisogno di riposarmi.

ESERCIZI

A. ***Completare le frasi secondo le situazioni della lettura:***

1. Nel salotto di casa Pecora, il tappeto riveste ____.
2. Carlo Pecora non vuole giocare a bowling perchè ____.
3. Quando Aurora accende la televisione, sullo schermo appare una scena del ____.

4. Prima di andarsene, Carlo Pecora vede annunci pubblicitari del ____, della ____ e della ____.
5. Dopo tanti annunci pubblicitari, Carlo Pecora decide di uscire di casa perchè ____.

B. *Rispondere secondo le situazioni personali:*

1. Quando guarda lei la televisione?
2. Quali sono i suoi programmi preferiti?
3. Descriva un annuncio commerciale che ha visto in televisione.
4. Invece di «Denti d'Angelo», suggerisca un altro nome per una meravigliosa pasta dentifricia.
5. Lei preferisce andare al cinema o guardare la televisione? Perchè?

C. *Correggere gli errori nelle seguenti frasi:*

1. Carlo Pecora è stanco perchè ha giocato a bowling.
2. Clara vuole vedere il «Telegiornale».
3. La «Telenovela» è basata su una diligenza.
4. Sulla Retedue c'è il « Telegiornale».
5. Carlo Pecora decide di andarsene a letto a dormire.

D. *Mettere le seguenti frasi in ordine cronologico:*

1. Una testa con martelli compare sullo schermo.
2. Le tre figlie e Carlo Pecora discutono.
3. Carlo Pecora telefona a Pulce.
4. Sullo schermo appare un uomo mascherato.
5. Carlo Pecora e le figlie vanno a guardare la televisione.
6. Si ode una voce che annuncia un nuovo deodorante.

E. *Situations. Dare una risposta appropriata in italiano:*

1. Lei non vuole guardare un programma alla televisione con sua sorella.
   Sua sorella: Ma perchè?
   Lei risponde:
2. C'è la partita di football alla televisione. Il papà si avvicina e dice: Ti dispiace se mi vedo la partita?
   Lei risponde:
3. La mamma dice: Non vale proprio la pena guardare questi spettacoli televisivi.
   Lei risponde:

F. ***Reading comprehension. In the following passage, there are five blank spaces numbered 1 through 5. Each blank space represents a missing word. For each blank space, five possible completions are provided. Only one of them makes sense in the context of the passage. First read the entire passage to determine its general meaning. Then read it a second time and choose the completion that makes the best sense:***

Perchè tanti programmi televisivi sono un fiasco?. . . Secondo un famoso critico, la televisione italiana vuole sempre catturare l'attenzione del grande pubblico. ___(1)___ sono stufi di queste trasmissioni che offrono sempre la stessa pappa. Spesso si può passare da ___(2)___ all'altro senza accorgersi del cambiamento ___(3)___ perchè gli ingredienti sono sempre gli stessi: giochi, politica, sesso, violenza e pubblicità. Sembra che gli sponsor si divertano a creare un mondo dove tutto è ___(4)___ e non realtà. Mancano il gusto, la fantasia e la creatività. La Tv? Non tratta gli spettatori come esseri intelligenti, ma come ___(1)___.

1. (a) Il telegiornale
   (b) I telespettatori
   (c) I programmi
   (d) Le musiche
   (e) Lo sport

2. (a) un pubblico
   (b) uno studio
   (c) un treno
   (d) un canale
   (e) una varietà

3. (a) degli spettacoli
   (b) dei giorni
   (c) delle attrici
   (d) dei giornali
   (e) dei balletti

4. (a) spaziale
   (b) tangibile
   (c) illusione
   (d) relativo
   (e) velocità

5. (a) dei professori
   (b) degli imbecilli
   (c) dei filosofi
   (d) degli studenti
   (e) dei preparati

G. ***Parole mascherate:***
Can you find the Italian equivalents for the English words below? The words may read across, up, down, diagonally, forward or backward.

C	B	O	A	C	C	E	N	D	E	R	E	S
E	A	O	T	T	O	D	O	R	P	L	C	O
N	O	P	T	T	A	V	O	L	A	A	I	O
O	I	A	O	T	O	S	A	N	R	C	C	K
I	C	Z	R	F	E	L	R	P	I	C	A	E
S	N	N	E	R	A	O	A	R	E	S	Z	A
I	U	E	A	S	I	M	F	S	C	Z	Z	L
V	N	G	S	G	A	I	I	M	A	O	O	O
E	N	I	E	N	T	E	E	G	S	L	T	L
L	A	L	T	N	R	R	A	E	L	Z	T	L
E	E	I	E	I	M	R	B	A	C	I	O	I
T	H	D	E	O	D	O	R	A	N	T	E	P

ACTOR
ADVERTISEMENT
BLOWS, BEATING
DEODORANT
STAGECOACH
DRY
EVENING
FAMILIES
GIRLS
KISS
LIVING ROOM
LOVERS
NOTHING
PILL
PRODUCT
PUNCH
ROOM
TABLE
TELEVISION
TELEVISION NEWS
THIRST
TOOTHPASTE
TO TURN ON (THE TV)
YESTERDAY

[La soluzione è a pagina 300.]

17

Osservi e risponda:

1. Dove si trovano i ragazzi?
2. Quali animali si vedono nel disegno?

Il giardino zoologico:

il leone
il gorilla
l'elefante
la gabbia
il vigile
le noccioline americane
molestare gli animali
fare il verso
dar da mangiare
osservare le regole

Non molestare gli animali

La signorina Ammazzamosche era una professoressa con idee progressiste. Ella credeva che quello che s'imparava fuori della scuola era così importante come quello che si apprendeva dai libri. Per far avere ai suoi alunni un'esperienza diretta delle meraviglie del regno animale, decise di organizzare una gita al giardino zoologico. Prima di entrare nel parco diede le ultime istruzioni agli studenti.

—Ragazzi e ragazze, ricordatevi che voi rappresentate la nostra scuola. Dovete comportarvi come persone adulte ed osservare tutte le regole che sono scritte in quell'insegna che vedete vicino all'ingresso del giardino zoologico.—

GIARDINO ZOOLOGICO MUNICIPALE

AVVISO AL PUBBLICO

Alfine di mantenere un ambiente più piacevole per tutti è severamente vietato:

1. Molestare gli animali
2. Dar da mangiare agli animali
3. Mettere le mani nelle gabbie
4. Gettare i rifiuti
5. Calpestare le aiuole
6. Cogliere i fiori
7. Andare in bicicletta

fuori di *outside of*
il regno *kingdom*
comportarsi *to behave*
osservare *to observe*
l'ambiente = l'atmosfera
dar da mangiare *to feed*
i rifiuti *garbage*
le aiuole *lawn, grass*

25 —Adesso ci divideremo in tre gruppi. Voi sette qui, formerete il primo gruppo con a capo Stefano; queste sei ragazze andranno con Marisa, ed il resto verrà con me. Camminate a due a due per non perdervi. Fra un'ora c'incontreremo davanti alla 30 gabbia dei leoni per la colazione al sacco.—

I tre gruppi non si erano neppure separati quand'-ecco Stefano arrivò correndo e gridando: —Signorina Ammazzamosche, Giacomino fa il verso alle scimmie. Il guardiano dello zoo gli sta correndo dietro per 35 dargliele perchè lui continua a tirare le noccioline nella gabbia della scimmietta che sta impazzendo dal nervosismo.—

—Dì a Giacomino che se sento un altro lamento non verrà più con noi.—

40 Appena Stefano se ne andò, comparve una vecchia signora con un diavolo per capello e bagnata fino al midollo.

—È lei la responsabile di questo gruppo di studenti? Perchè non li controlla un po' meglio? Due di 45 loro si stavano azzuffando e si buttavano l'acqua addosso. Come vede sono intervenuta io ed ecco come mi hanno ridotta. Me ne sono anche lamentata con il vigile.—

—Mi dispiace, signora! Le assicuro che li punirò.—

50 Trascorse mezz'ora senza che succedesse niente. La signorina Ammazzamosche era già sul punto di riunire gli studenti per la colazione al sacco quando apparve un vigile molto irritato.

—Signorina! Non ho detto niente quando i suoi 55 studenti hanno tirato le noccioline alle scimmie, nè ho detto niente quando hanno bagnato quella vecchia signora. Però adesso è il colmo! Uno dei suoi «angioletti» ha messo una salsiccia nella proboscide dell'elefante e quando sono passato davanti alla 60 gabbia del gorilla l'ho visto mangiare un panino imbottito di salame e bere acqua minerale. Alla prossima che combineranno, sarò costretto a fare una multa a tutti voi. . . e a cacciarvi dallo zoo.—

con a capo *in charge*
a due a due *two by two*
davanti a *facing, across from*
la colazione al sacco *box lunch*
fare il verso = imitare
la scimmia *monkey*
le noccioline *peanuts*
appena *as soon as*
avere un diavolo per capello *to be furious*
bagnata fino al midollo *soaked to the skin*
azzuffarsi *to come to blows, to quarrel*
punire *to punish*
è il colmo *that tops it, that's the last straw*
costringere *to compel, to force*
la multa *fine*

—Mi dispiace molto, signor vigile. Le assicuro che
65 non succederà più.—

Riunita la classe, la signorina Ammazzamosche fece loro una ramanzina.

la ramanzina *scolding*

—Ragazzi, mi avete proprio delusa perchè, contrariamente a quanto vi avevo raccomandato, avete
70 molestato gli animali ed avete trasgredito le regole. (*Per dare il buon esempio, si girò verso la gabbia delle scimmie e raccolse un pezzo di banana.*) Guardate! A questa scimmietta è caduta la banana ed io gliela restituisco.—

trasgredire *to violate*

raccogliere *to pick up*

restituire *to give back*

75 In quel momento riapparve improvvisamente il vigile che vide quello che stava facendo la professoressa.

—Porca miseria! Ma questa è bella! Anche la professoressa dà da mangiare agli animali! Se la
80 professoressa non osserva le regole, come possono osservarle gli studenti? (*Si avvicinò al gruppo e rivolto alla professoressa Ammazzamosche.*) Non ha letto il cartello all'entrata? Ora capisco perchè i suoi studenti si comportano in questa maniera. Fuori dal
85 giardino zoologico! E non ritorni più!—

ESERCIZI

A. *Rispondere secondo le situazioni della lettura:*

1. Che cosa è severamente vietato fare nel giardino zoologico?
2. Fra un'ora, dove s'incontreranno tutti gli studenti?
3. Che cosa faceva Giacomino?

4. Che cosa stava mangiando il gorilla?
5. Perchè il vigile vuole dare una multa alla signorina Ammazzamosche?

B. *Rispondere secondo le situazioni personali:*

1. Può elencare alcuni animali che si trovano al giardino zoologico?
2. Quale frutta fresca le scimmie preferiscono mangiare?
3. Che cosa può comprare lei al giardino zoologico?
4. Perchè non si devono mettere le mani nelle gabbie?
5. Dove si devono gettare i rifiuti?

C. *Modi di dire. Scegliere il sinonimo di ognuna delle espressioni indicate:*

1. I ragazzi **gridavano.**
2. Il vecchio è **bagnato fino al midollo.**
3. **Appena** Giacomino se ne andò, comparve una vecchia.
4. **Bisogna** essere sempre gentile.
5. Questo non **succederà** mai più.
6. Passò mezz'ora senza che **succedesse niente.**

a. è necessario
b. accadesse nulla di nuovo
c. tutto inzuppato
d. subito dopo che
e. capiterà
f. urlavano

D. *Scegliere la migliore definizione di ognuna delle parole:*

1. il cartello
2. i rifiuti
3. le aiuole
4. il vigile
5. gli uccelli

a. l'erba e i fiori del giardino
b. la guardia municipale
c. iscrizione che serve per indicare una cosa
d. la sporcizia
e. fontana con acqua potabile
f. animali che volano

E. *Scegliere l'espressione che meglio completa ognuna delle frasi seguenti:*

1. Ricordatevi che ____
2. È severamente vietato ____
3. Due studenti ____
4. Se succederà un'altra volta ____
5. Bisogna essere sempre ____

a. si stavano azzuffando.
b. sarò costretto a cacciarli dallo zoo.
c. voi rappresentate la nostra scuola.
d. gentili con gli animali.
e. molestare gli animali.

F. ***Frasi idiomatiche. Scegliere l'espressione inglese affine a quella italiana:***

1. La scolaresca fa la colazione al sacco.
2. Il ragazzo fa il verso alle scimmie.
3. La vecchia ha un diavolo per capello.
4. La signora è tutta inzuppata d'acqua.
5. Questo è il colmo!
6. La professoressa fa una ramanzina alla classe.

a. That's the last straw!
b. The old lady is furious.
c. The boy makes fun of the monkeys.
d. The lady is completely drenched.
e. The pupils are having a box lunch.
f. The teacher scolds the class.

G. ***Angolo grammaticale. Cambiare al presente i verbi delle frasi:***

1. La signorina era una professoressa con idee progressiste.
2. Ella credeva che quello che s'imparava fuori della scuola era importante.
3. Il professore decise di organizzare una gita.
4. Il preside diede istruzioni molto chiare.
5. Stefano arrivò correndo e gridando.

H. ***Dialogo incompleto. Il papà chiede al figlio di parlargli della gita al giardino zoologico. Completare il seguente dialogo facendo la parte del figlio:***

IL PAPÀ: Ieri ti sei divertito al giardino zoologico?

IL FIGLIO: (Respond affirmatively.)

IL PAPÀ: Quale animale feroce ti è piaciuto di più?

IL FIGLIO: (Indicate which one[s].)

IL PAPÀ: Ti sei comportato bene?

IL FIGLIO: (React affirmatively but tell about one rule that you broke at the zoo.)

IL PAPÀ: Però, se non ci sono le regole, la gente si comporta male. Bisogna proteggere gli animali. Quando vorresti ritornarci?

IL FIGLIO: (Indicate that you would like to go somewhere else.)

IL PAPÀ: Va bene. La prossima volta andremo in un giardino zoologico dove potrai andare in bicicletta.

IL FIGLIO: (Express gratitude.)

I. *Situations. Dare una risposta appropriata in italiano:*

1. La professoressa vuole organizzare una gita scolastica e chiede: Dove vi piacerebbe andare? Lei risponde:
2. Lei non sa dov'è la gabbia dei leoni. Vede il vigile e gli chiede: Scusi. È questa la via che porta alla gabbia dei leoni? Il vigile risponde:
3. Uno studente getta delle noccioline nella gabbia delle scimmie. Lei lo vede e gli dice:

J. *Parole incrociate. Lo zoo:*

ORIZZONTALE

3. camel
4. leopard
6. seal
7. wolf
10. snake
12. tiger
13. elephant
14. bat
17. parrot
21. cat
22. eagle
24. horse
25. zebra
26. giraffe

VERTICALE

1. peacock
2. bear
3. crocodile
5. monkey
8. bison
9. lion
11. turtle
15. hippopotamus
16. rat
18. puma
19. panda
20. whale
23. dog

[La soluzione è a pagina 300.]

18

Osservi e risponda:

1. Chi c'è nel disegno?
2. Perchè i ragazzi guardano la ragazza?

Lo snack-bar-pizzeria:

il bancone
il panino con würstel
il frullato
il gelato
le patate fritte
le bibite
la pizza quattro stagioni
i panini imbottiti
i tramezzini
la cassata siciliana
chiedere
una nuova ragazza nel quartiere

Parole! Parole! Parole!
Commedia in un atto

Personaggi

PAOLO POLLO SANDRO SCARPONI BENITO BOTTONE DONATO CAPATOSTA	giovani di 17 anni
IL BARISTA	
GIULIETTA:	una giovane ragazza molto carina appena arrivata nel quartiere

Scena

A sinistra si vedono la strada ed il marciapiede con l'entrata di uno snack-bar-pizzeria. A destra si vedono l'interno dello snack-bar-pizzeria con i tavoli,
5 le sedie, il bancone, la macchinetta per il caffè ed il listino prezzi sulla parete.

È sabato sera ed i quattro ragazzi stanno discutendo i loro piani per trascorrere la serata.

PAOLO: Perchè non ce ne andiamo al cinema?
10 SANDRO: Che danno oggi?
PAOLO: «Carriarmati all'attacco». È un film di guerra.
BENITO: Io già l'ho visto. È una noia. Andiamo invece a ballare. Costa meno del cinema.

il carroarmato *tank*
è una noia *it's boring*

15

Snack-Bar-Pizzeria «La Grotta Azzurra»

PANINI	PREZZO
Panini imbottiti	2.50
Würstel	0.90
Panini al prosciutto	2.75
Tramezzini con insalata e pomodoro	2.25
Tramezzini con frittata	1.25
Rosette con salame e mortadella	2.00
Pizza quattro stagioni	2.30
Pizza napoletana	2.10
Pizza siciliana	2.25
BIBITE	
Frappè	1.25
Limonata	0.90
Chinotto	0.75
Acqua minerale	0.75
Aranciata	0.75
Tè	1.25
Caffèlatte	1.20
Caffè americano	1.00
Cappuccino	1.30
Spremuta d'arancia	2.50
Succo di frutta	2.50
Birra alla spina	1.50
GELATI (alla fragola, alla vaniglia, alla cioccolata)	
Sorbetto	1.50
Coppetta	1.75
Cornetto	1.75
Frullato di latte	2.00
Frappè	2.00
Cassata siciliana	2.25
Granita di caffè con panna	2.00
Granita al limone	1.90

il panino (imbottito) *sandwich*
il würstel *frankfurter, hot dog*
il prosciutto *ham*
il tramezzino = due fette di pane a cassetta (*sandwich bread*) tagliate diagonalmente e variamente imbottite
la rosetta = pane piccolo e rotondo che nella parte superiore ha forma di rosa
il frappè *shake*
il chinotto = bibita analcolica a base di chinino (*quinine*)
spremuta *squeezed*
il succo *nectar*
alla spina *on tap*
il gelato *ice cream*
la coppetta *ice-cream cup*
il cornetto *ice-cream cone*
il frullato di latte *milk shake*
la cassata = gelato di panna con frutta candita
la granita = gelato di ghiaccio tritato (*crushed*) a base di succhi (*juice*) di arancia, limone o caffè
la panna *whipped cream*

50 DONATO: Non ho voglia di ballare. E poi l'ultima volta che andammo al dancing ci cacciarono via perchè facevamo troppa confusione. Perchè non andiamo a farci una partita a bowling?

SANDRO: No, non ne vale la pena. Oggi è sabato e
55 il locale sarà pieno zeppo. È un gioco da cretini. Non mi piace aspettare in fila per più di mezz'ora per entrare in un locale. Andiamo invece a pattinare.

TUTTI: Oh, no! Un'altra volta?

avere voglia di *to feel like*
fare confusione *to create a scene*
farsi una partita *to play a game*
essere pieno zeppo *to be packed*
aspettare in fila *to wait in line*
pattinare *to skate*

60 PAOLO: Ogni volta che non abbiamo niente da fare ci ritroviamo a pattinare sempre da soli. Senza ragazze non ci si può divertire.

BENITO: Perchè ce ne stiamo fermi qui in strada come quattro cretini? Andiamo in pizzeria a 65 prendere qualcosa così potremo discutere sul da farsi.

sul da farsi *what to do*

I quattro entrano nella pizzeria e si siedono ad un tavolo vicino alla finestra.

PAOLO: Cameriere, mi porti un succo di frutta.

70 SANDRO: Io vorrei un frappè con una pizza napoletana.

BENITO: A me . . . un würstel con senape ed una spremuta d'arancia.

la senape *mustard*

CAMERIERE: E lei Donato, non prende niente?

75 DONATO: Veramente non ho fame . . . ma siccome tutti hanno preso qualcosa. . .può portarmi un panino al prosciutto, una pizza quattro stagioni, un tramezzino prosciutto e formaggio, insalata mista, una cassata siciliana ed un caffè espresso 80 con panna.

CAMERIERE: Si vede che il signore non ha appetito! (*Tutti scoppiano a ridere.*)

scoppiare a ridere *to burst out laughing*

In questo momento entra Giulietta e si siede da sola ad un tavolo in un angolo. I quattro ragazzi la 85 guardano a bocca aperta.

SANDRO (*lasciandosi scappare un fischio d'ammirazione*): Ma chi è quella? La conoscete voi?

il fischio *whistle*

BENITO: No. Deve essere appena arrivata nel quartiere.

90 PAOLO: Mia sorella mi ha detto che ieri era arrivata una nuova ragazza in classe. . . Ma non sapevo che era così carina.

DONATO (*parlando fra sè*): Forse invece di chiedere un frappè alla vaniglia, dovrei chiedere un 95 frullato al cioccolato.

SANDRO (*come se non avesse sentito Donato*): Senti Paolo. . .perchè non cerchi d'attaccar bottone?

attaccar bottone *to talk*

PAOLO: Io? Perchè non lo fai tu che sei un Don Giovanni?

100 BENITO: Ma tu, Sandro. . .sai come parlare con le ragazze!

SANDRO: Ma va! Non potrò mai riuscirci. Una ragazza come quella starà aspettando qualche fusto con una bella macchina sportiva.

105 BENITO: Guardate. Sta per arrivare Carletto.

Entra Carletto. Vede Giulietta seduta da sola. Le sorride. Lei lo guarda e gli fa un bel sorriso. Lui le si siede vicino.

PAOLO: Questo è il colmo! Se Carletto, con quella
110 faccia da cavallo che ha, pensa che riuscirà ad attaccar bottone con quella. . .resterà proprio deluso. (Sandro e Benito annuiscono in assenso.)

annuire *to nod in agreement*

Improvvisamente Carletto e Giulietta si alzano e si dirigono verso la porta passando davanti ai quattro
115 giovanotti che rimangono a bocca aperta.

GIULIETTA: Sei stato veramente gentile nel venirmi a parlare. Non conosco nessuno qui ed avevo paura di non incontrare nessuno con cui chiacchierare un po'.

120 SANDRO (*ai suoi amici*): Non credo ai miei occhi. Che ve ne pare?

PAOLO: Ce l'ha fatta sotto il naso!

BENITO: Sapete che vi dico? Ho ancora fame! (*al cameriere*) Mi porti una bella fetta di torta al
125 cioccolato e. . .

la torta *cake*

ESERCIZI

A. ***Rispondere secondo le situazioni della lettura:***

1. Di che cosa stanno discutendo i quattro ragazzi?
2. Ha molta fame Paolo? Che cosa chiede?
3. Con chi si siede Giulietta?

4. Perchè Paolo pensa che Carletto non avrà successo?
5. A che cosa pensa Donato?

B. *Rispondere secondo le situazioni personali:*

1. Se lei ha cinque dollari in tasca, che cosa può ordinare allo snack-bar-pizzeria «La Grotta Azzurra»?
2. Che cosa le piace fare il sabato sera?
3. Perchè è una buona idea parlare con un ragazzo o una ragazza che sono appena venuti ad abitare nel nostro quartiere?
4. Chi deve pagare per i rinfreschi al primo appuntamento?
5. Che cosa è più importante al primo appuntamento? Essere ben vestito o saper parlare?

C. *Fare un riassunto del racconto usando i seguenti gruppi di parole:*

1. i ragazzi / solo / sanno / fare
2. andare / snack-bar / decidere
3. Donato / fame / ordinare
4. vedere / ragazza / Carletto / sedersi
5. Giulietta / dirigersi / Carletto / quattro / ragazzi

D. *Descrivere ognuna delle vignette con una frase completa in italiano:*

E. ***Frasi idiomatiche. Dare l'espressione inglese affine a quella italiana:***

1. Voglio una birra alla spina.
2. Non vale la pena andare al cinema.
3. Il locale sarà pieno zeppo.
4. Paolo cerca sempre d'attaccar bottone con le ragazze.
5. La signorina aspetta qualche fusto.
6. Ce l'ha fatta sotto il naso!
7. Andiamo a farci una partita a carte.

F. ***Angolo grammaticale. Completare le frasi secondo l'esempio:***

1. (prendersi) Io mi prendo una limonata.
2. Tu
3. La signorina
4. Lei
5. L'amico
6. Tu ed io
7. Noi
8. Tu e Marisa
9. Voi
10. Gli studenti

G. ***Dialogo incompleto. Pasquale e Nicola non possono decidere dove andare. Completare il seguente dialogo facendo la parte di Pasquale:***

NICOLA: Abbiamo già visto quel film di cowboy. Perchè non andiamo a giocare a bowling?

PASQUALE: (Indicate that you would rather go to the minigolf.)

NICOLA: No. Il sabato il minigolf è pieno zeppo di gente. Vuoi andare alla festa da ballo della scuola?

PASQUALE: (React negatively and ask to go skating.)

NICOLA: Perfetto. Mi piace pattinare. Quanto costa affittare i pattini?

PASQUALE: (Indicate the amount.)

NICOLA: Ma io non ho i pattini. Mio fratello me li ha rotti il mese passato.

PASQUALE: (Indicate that you don't have any money.)

NICOLA: Meglio così. Andiamocene allo snack-bar a vedere se c'è qualcuno lì.

H. ***Parole incrociate. Trovare i contrari:***

ORIZZONTALE

2. parlare seriamente
6. scortese, grossolano
7. ordine, quiete
9. in compagnia
11. destra
12. sopra
13. piangere, essere triste
16. venire
18. piacere, interesse, svago
19. lontano
21. bruttina
22. ignorare
23. sedersi

VERTICALE

1. nessuno
2. intelligente, sveglio
3. completamente vuoto
4. soddisfatto
5. pace
8. uscita
10. chiusa
14. con
15. più
17. qualcosa
20. vecchia

[La soluzione è a pagina 301.]

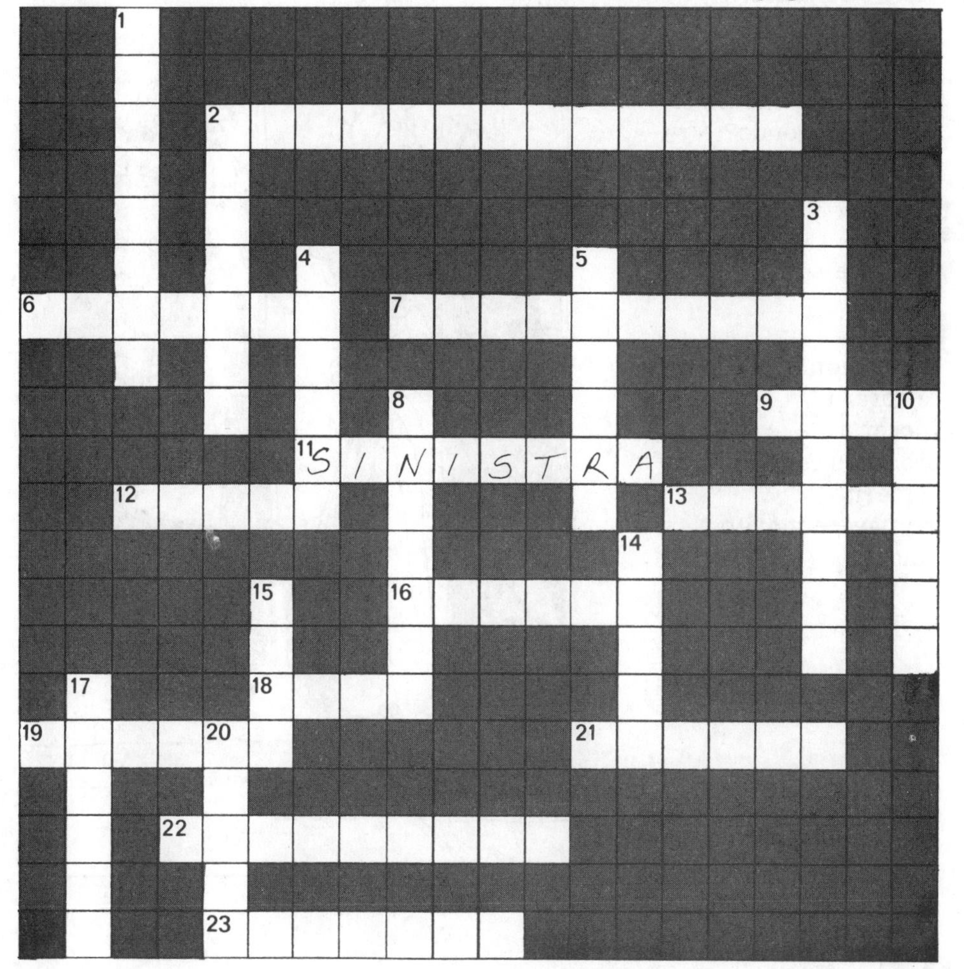

19

Osservi e risponda:

1. Dove si trovano i personaggi?
2. Quale cerimonia si sta svolgendo?

Le nozze:

la chiesa
il prete
la sposa
la cerimonia religiosa
celebrare
sposarsi
prendere come moglie (marito)
dichiarare marito e moglie

Non mi sposo!

Nossignore, non mi sposo. Lo so che ho 30 anni e che debbo farlo, ma non ho fretta. E perchè poi? Abito in un appartamento da scapolo, vivo molto bene e non mi manca niente: una bella moquette, 5 televisione a colori, video registratore, stereo ed un bar pieno di tutto il ben di Dio. Posso preparare tutti i cocktail che voglio quando ricevo i miei amici.

Ed è un piacere sedersi sul sofà bevendo un bel bicchiere ed ascoltando la musica. Che ambiente! 10 Ho alcuni amici che si sono sposati per avere la casa più ordinata e. . .sapete cosa è successo loro? L'unica cosa che le loro mogli hanno toccato è stata la manopola della televisione.

Senza dubbio, Rosetta, la mia fidanzata, è diffe- 15 rente. Lei non si comporterebbe mai così. Ma chi lo sa? Tutte le donne sono uguali. Quando al dito portano l'anello di fidanzamento sembrano tutte sante. Quando hanno finalmente la fede matrimoniale è tutta un'altra musica.

20 Io poi, per quanto riguarda il mangiare, non posso chiedere di più. Ogni sera vado in un ristorante diverso. La settimana passata ho assaggiato la cucina cinese, quella francese e quella italiana. Questa

avere fretta *to be in a hurry*
lo scapolo *bachelor*
non mi manca niente *I don't lack anything*
la moquette *wall-to-wall carpet*
il Ben di Dio = grande quantità di cose materiali
la manopola *button, knob*
l'anello di fidanzamento *engagement ring*
la fede matrimoniale *wedding band*

sì ch'è vita! Quando si sposò il mio povero amico
25 Antonio, si illudeva che avrebbe mangiato la buona
cucina fatta in casa. Macchè! Ogni sera sua moglie
o gli apre una scatoletta o gli riscalda un piatto
surgelato. È finito molto peggio di prima. Ogni volta
che ingoia un boccone, sente la mancanza della vita
30 da scapolo.

Ma. . . Rosetta non è così. Le piace cucinare. Prova
un certo orgoglio quando prepara da mangiare. Ma
continuerà ad essere così dopo il matrimonio? Oppure
cambierà come tutte le altre? Mi sa che non vale
35 proprio la pena sposarsi!

macchè! *no way! come on!*
surgelato *frozen*
peggio di prima *worse than before*
ingoiare *to swallow*
sentire la mancanza *to miss*

Adesso faccio una vita da re. I fine settimana non
devo restarmene in casa come un prigioniero. Ogni
sabato esco con una ragazza diversa. Feste, balli,
gite. . . Ci sono un milione di cose da fare. Quando
40 arriva il fine settimana, i miei amici «felicemente
sposati» non osano neppure mettere un piede fuori
della porta di casa. Io vorrei aiutarli ma non posso
perchè il proverbio dice: «Fra moglie e marito non
mettere il dito!» Passano tutta la settimana lavo-
45 rando sodo per sbarcare il lunario e quando ritornano
a casa non hanno nemmeno un momento di pace.
Sono circondati da chissà quanti monelletti.

osare *to dare*
sbarcare il lunario = riuscire a campare con difficoltà
il monelletto *brat*

—Papà, voglio questo. Papà, dammi quello. Papà,
perchè non giochi con me?— Nossignore! Quella vita
50 non fa per me. Sono nato libero e morirò libero.
Rimarrò scapolo per sempre! Preferisco il dolce far
niente!

il dolce far niente *sweet idleness*

A questo punto la voce del prete fa tornare Pasquale alla realtà.
55 —Pasquale Malavoglia, ripeta: «Io Pasquale Malavoglia prendo te, Rosetta Colla, come mia sposa...».

—Io Pasquale Malavoglia...—

—E lei, Rosetta Colla, ripeta: «Io Rosetta Colla
prendo te, Pasquale Malavoglia, come mio sposo...».
60 —Io Rosetta Colla...—

—Con l'autorità investita in me dalla chiesa e
dallo stato, vi dichiaro marito e moglie.—

GIOVANNI E MARIA MALAVOGLIA
partecipano il matrimonio del loro figlio
PASQUALE
con
ROSETTA COLLA.

FRANCESCO E ALBINA COLLA
partecipano il matrimonio della loro figlia
ROSETTA
con
PASQUALE MALAVOGLIA.

La cerimonia nuziale avrà luogo domenica 7 luglio
nella chiesa Fatebenefratelli.

Dopo la cerimonia gli sposi saluteranno parenti ed
amici al ristorante «La Magnata».

ESCERCIZI

A. *Rispondere secondo le situazioni della lettura:*

1. Pasquale Malavoglia è (a) scapolo (b) felicemente sposato (c) prete (d) vecchio.
2. Il nostro eroe ha un appartamento (a) pieno di dischi (b) come un ristorante (c) con tutto quello che gli occorre (d) senza tappeti.
3. A Pasquale non piace mangiare (a) la cucina francese (b) la pizza italiana (c) i surgelati (d) una cucina variata.
4. Ogni sabato gli uomini sposati (a) escono con una ragazza diversa (b) vanno a ballare (c) fanno una vita da re (d) non mettono piede fuori casa.

B. *Rispondere secondo le situazioni personali:*

1. Perchè le piacerebbe mangiare in diversi ristoranti?
2. È meglio sposarsi o vivere da soli? Quale delle due situazioni offre più vantaggi?
3. Quando bisognerebbe sposarsi?
4. Una persona sposata perde la propria libertà?
5. Come può il marito aiutare la moglie?

C. *Modi di dire. Scegliere la migliore espressione italiana per ognuna delle seguenti locuzioni in inglese:*

1. (*I'm not in a hurry*) di sposarmi.
2. Stanno mangiando (*worse than before*).
3. (*It's not worth the trouble*) farlo.
4. Lavorano solo per (*make ends meet*).
5. (*He misses his life*) da scapolo.
6. (*As far as eating is concerned*) sto bene.

a. per quanto riguarda il mangiare
b. non vale la pena
c. non ho fretta
d. sbarcare il lunario
e. peggio di prima
f. sente la mancanza della vita

D. *Parole analoghe. Scegliere la parola inglese affine a quella italiana:*

1. calore	a. piety
2. il piede	b. pacific
3. la pace	c. cuisine
4. cucinare	d. calorie
5. la vita	e. vital
	f. calendar
	g. pedestal

E. *Dialogo incompleto. Rita e Sonia parlano del matrimonio. Completare il seguente dialogo facendo la parte di Sonia:*

RITA: Perchè tardi tanto a decidere se sposarti oppure no?

SONIA: (Say that you cannot make up your mind.)

RITA: La vita di una zitella non è certamente migliore di quella di una donna sposata.

SONIA: (Say that you enjoy your freedom.)

RITA: Sì. . . però è bene avere qualcuno con cui condividere le proprie esperienze.

SONIA: (Say that you are keeping company with somebody.)

RITA: Una cosa è vedere qualcuno una o due volte alla settimana ed un'altra è vederlo tutti i giorni.

SONIA: (Say that you wouldn't know how to take care of the house.)

RITA: E poi bisogna mettere in pratica quello che abbiamo imparato nella classe d'economia domestica.

SONIA: (Say that you'll think about it.)

F. ***Reading comprehension. Below the following passage there is a question followed by four suggested answers. Read the passage. Then choose the response that best answers the question:***

L'Agenzia «Casa Sposi» è a vostra disposizione. Il matrimonio è il passo più importante della vostra vita. Non abbiate fretta. Il matrimonio non è un'avventura. Fate attenzione! Ascoltate! La nostra agenzia vi offre corsi intensivi che vi aiuteranno a scoprire tutti i segreti del matrimonio per evitare guai, malintesi, litigi e noie. Sposini, vi aspettiamo!

Perchè è consigliabile seguire i corsi prematrimoniali?

a. Per imparare ad entrare in chiesa.
b. Per organizzare il viaggio di nozze.
c. Per evitare problemi coniugali.
d. Per imparare a ballare.

G. ***Composizione. Risponda a questo annuncio. Menzioni alcune delle seguenti caratteristiche:***

Vuole incontrare la persona dei suoi sogni?

Il nostro metodo scientifico potrà aiutarla.

Invii la descrizione della sua persona ideale all'agenzia «AMORE SENZA DOLORE»

galante	onesto	taciturno
intelligente	calvo	spiritoso
alto	forte	snello
lavoratore	elegante	atletico
ricco	robusto	allegro
affettuoso	loquace	rispettoso
basso	sentimentale	simpatico
giovane	cortese	

H. ***Mettere in ordine i seguenti gruppi di parole:***

1. sera / vado / ogni / ristorante / in un / diverso
2. moglie / gli / sua / apre / scatoletta / una
3. sodo / giorni / i / lavorando / passano
4. che / pensava / mangiato / avrebbe / la buona / fatta / in casa / cucina
5. sempre / per / scapolo / rimarrò

I. ***Parole incrociate. Le nozze:***

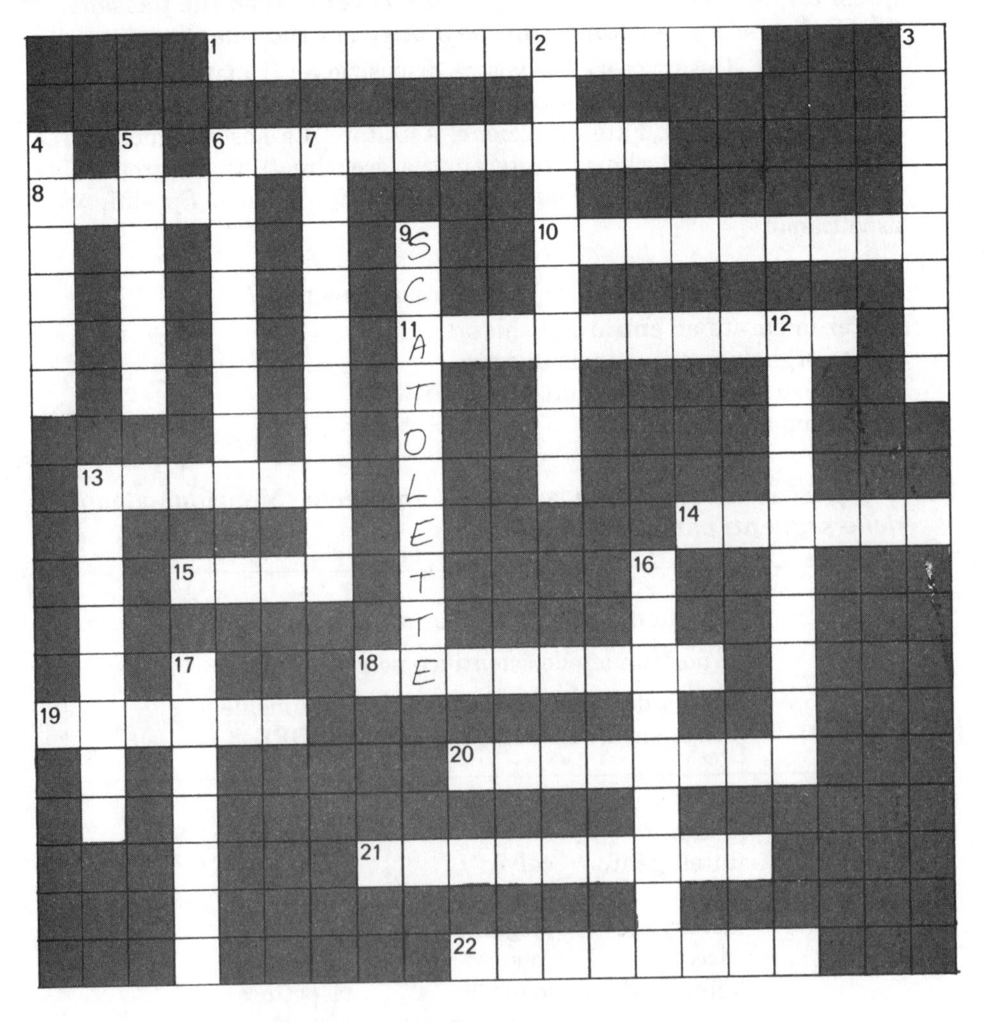

ORIZZONTALE

1. engagement
6. brats
8. bride
10. to deceive oneself
11. listening
13. free
14. ring
15. peace
18. thinking
19. husband
20. to cook
21. frozen foods
22. to get married

VERTICALE

2. matrimony
3. to change
4. to go out
5. wife
6. to eat
7. no, sir
9. cans (food)
12. different
13. to work
16. fiancée, sweetheart
17. to like

[La soluzione è a pagina 301.]

20

Osservi e risponda:

1. C'è una festa?
2. Sono contenti i ragazzi?

La festa:

i palloncini
la torta
i rinfreschi
i dolci
i bocconcini
gli invitati
i regali
dare un salto di gioia
la sorpresa
gridare auguri
auguri

Nessuno mi vuole bene

Per Piero alzarsi presto per andare a scuola è sempre un grosso sacrificio. Spesso la mamma deve tirarlo giù dal letto a forza. Nonostante ciò, oggi non è un giorno come gli altri. Ma perchè? Che cosa c'è di speciale? Perchè Piero si alza prima di tutti? E perchè si lava dietro gli orecchi e si mette il vestito migliore? Si può rispondere a tutte queste domande con una parola sola: COMPLEANNO!

Sissignore! Oggi Piero compie quindici anni e già si sente un uomo. Mentre si veste, si ricorda della festa dell'anno passato. I suoi genitori, sua sorella e tutti i suoi amici gli prepararono una magnifica festa di compleanno. C'era ogni cosa: musica, rinfreschi, pasticcini, palloncini colorati, coriandoli ed una bella torta con tante candeline. La tavola era piena di regali. E quest'anno sarà lo stesso? Piero, che crede nell'astrologia, decide di consultare il suo oroscopo:

grosso = grande
a forza *by force*
coriandoli *confetti*

PESCI (*dal 20 febbraio al 21 marzo*)
Avete lavorato molto durante l'anno. Avete bisogno di un lungo riposo. Sarà bene per voi non accettare altro lavoro.

il riposo *rest*

ARIETE (*dal 22 marzo al 20 aprile*)
Pensate bene prima di fare un qualsiasi passo. Siate prudenti negli affari.

siate *be*

TORO (*dal 21 aprile al 21 maggio*)
Approfittate dell'occasione favorevole. Non lasciatevela scappare. È giunto il tempo di prendere una decisione.

è giunto il tempo di *it's time to*

GEMELLI (*dal 22 maggio al 21 giugno*)
Non perdete la pazienza. I vostri sogni si realizzeranno presto.

CANCRO (*dal 22 giugno al 23 luglio*)
Non vi allontanate da casa. Buone nuove in arrivo.

buone nuove = notizie o fatti buoni
in arrivo *are about to happen*

LEONE (*dal 24 luglio al 23 agosto*)
È tempo di cercare nuove amicizie.

VERGINE (*dal 24 agosto al 23 settembre*)
Siate pratici. Non perdete il vostro tempo con distrazioni di vario genere.

BILANCIA (*dal 24 settembre al 23 ottobre*)
Riceverete delle proposte personali che promettono bene per il vostro futuro.

SCORPIONE (*dal 24 ottobre al 22 novembre*)
Spendete il vostro denaro per essere felici. È inutile risparmiare se non si gode la vita.

SAGITTARIO (*dal 23 novembre al 22 dicembre*)
Non sprecate il vostro denaro. Potreste trovarvi in serie difficoltà finanziarie.

CAPRICORNO (*dal 23 dicembre al 20 gennaio*)
Siate costanti ed avrete successo.

avere successo *to be successful*

ACQUARIO (*dal 21 gennaio al 19 febbraio*)
Potete contare sui vostri amici e sui vostri familiari.

i familiari = membri della famiglia, parenti

—Vediamo cosa mi dice l'Acquario—, mormora
20 Piero. —Magnifico! So che posso contare sul prossimo. La mia festa sarà bella come quella dell'anno scorso.—

Pieno d'entusiasmo va in sala da pranzo dove trova tutta la famiglia seduta attorno alla tavola per la
25 prima colazione.

—Buon giorno a tutti!—, dice Piero. —È una giornata meravigliosa oggi, non è vero?—

—Perchè? È un giorno come un altro. Bisogna andare a lavorare anche oggi e sudare per guada-
30 gnarsi il pane—, risponde il padre.

—Piero—, interrompe la madre, —non dare fastidio a tuo padre ma siediti e mangia.—

—Guarda questo come si è vestito oggi!—, esclama Anita, la sorella maggiore. —Sembra che vada a
35 ballare invece di andare a scuola.—

Piero si sente improvvisamente un abisso nel cuore. Nessuno si ricorda del suo compleanno. Finita la colazione, il padre ed Anita si alzano e se ne vanno senza dire niente. Piero, sul punto di andare a scuola,
40 si alza e dice alla madre: —Però mamma, non te lo ricordi che giorno è oggi?—

sentire un abisso *to feel empty, to have an empty feeling*

—Sì, oggi è venerdi e se non ti sbrighi anche oggi farai tardi a scuola, come al solito.—

sbrigarsi = fare presto, affrettarsi
come al solito *as usual*

Deluso, Piero, si allontana dai suoi ed esce di casa.
45 —Nessuno mi vuole bene—, pensa Piero. —Che ci si può aspettare da quella cretina di mia sorella?. . . Però, i miei genitori! Come hanno potuto dimenticare? Ma i miei amici non si dimenticheranno tanto facilmente. Lo so che posso contare su di loro.—

cretino = imbecille, stupido

50 Però, mondo crudele!, nessuno, assolutamente nessuno gli dice niente. Anche i suoi compagni lo hanno tradito e Piero ritorna a casa triste e deluso. —Non m'importa che nessuno si ricordi del mio compleanno—, dice pensando fra sè. —Tanto io non
55 voglio nè regali nè feste. E poi sono grande ormai e non ho più bisogno di queste cose.—

tradire *to betray*

Entrando in casa, all'improvviso sente la voce della mamma: —Piero, Pieriiinooo, vieni qua!—

—Ah, magnifico—, pensa Piero, —finalmente qual-
60 cuno se ne è ricordato! Già me lo diceva l'oroscopo.—
La madre continua: —Fammi il piacere di venire con me dai signori Rossi. Devo andare a prendere un pacco.—
—Va bene!—, risponde pensando allo stesso tempo.
65 —Almeno servo a portare i pacchi!—
La signora Rossi apre la porta e dice: —Ecco un pacco, Pierino. Aprilo!—
Al vedere il contenuto, Pierino dà un salto di gioia. È una enorme torta di compleanno. Le porte si
70 aprono in tutta la casa e tutti i suoi amici entrano gridando: —Auguri Pierino! Buon compleanno! Adesso vedi che puoi sempre contare sui tuoi amici!—

dare un salto = saltare

ESERCIZI

A. ***Rispondere secondo le situazioni della lettura:***

1. Quanti anni ha compiuto Pierino?
2. Che cosa ci fu l'anno passato il giorno del suo compleanno?
3. Che cosa fanno tutti quando Pierino entra nella sala da pranzo per fare colazione?
4. Perchè Pierino deve andare a casa dei signori Rossi?
5. Che cosa gridano tutti?

B. ***Rispondere secondo le situazioni personali:***

1. Quando è il suo compleanno?
2. Lo festeggerà?
3. Che cosa si prepara per festeggiare un compleanno?
4. Quali regali vorrebbe ricevere?
5. Le feste sono solo per i piccoli o anche per i grandi?

C. ***Vocabolario. Scegliere la parola che non ha nessun rapporto con le altre:***

1. rinfreschi / palloncini / torte / bocconcini / gonne
2. alzarsi / lavarsi / vestirsi / addormentarsi / fare colazione
3. uomo / signore / adulto / galante / bambino
4. triste / amici / ingannato / orgoglioso / depresso
5. gridare / rispondere / chiedere / pensare / vestito

D. ***Carmelina la zingara. Non vuole conoscere la sua fortuna?***

Adesso può consultare la zingara. Prima conti le lettere del suo cognome. Se il numero di lettere è di sei o più, sottragga 4. Se il numero è meno di sei, aggiunga 3. Con il numero magico che risulta, scriva tutte le lettere su un foglio di carta, da sinistra a destra, delle carte da gioco di Carmelina.

1 A 1	6 O 6	3 L 3	7 N 7	8 M 8	5 A 5	8 O 8	2 S 2	4 F 4
5 M 5	7 U 7	5 I 5	3 U 3	1 M 1	2 U 2	4 U 4	6 T 6	8 L 8
8 T 8	4 T 4	8 I 8	1 O 1	2 C 2	7 O 7	3 N 3	6 T 6	5 C 5
1 R 1	2 C 2	6 I 6	3 G 3	4 U 4	5 I 5	8 S 8	7 V 7	7 I 7
5 Z 5	7 A 7	8 O 8	6 M 6	2 E 2	1 E 1	5 I 5	3 A 3	4 R 4
7 M 7	4 O 4	6 A 6	8 L 8	2 S 2	5 A 5	3 V 3	4 F 4	6 S 6
5 S 5	6 A 6	3 I 3	4 E 4	5 I 5	2 S 2	8 D 8	6 L 6	7 I 7
7 C 7	4 L 4	5 N 5	6 U 6	6 T 6	2 O 2	4 I 4	3 T 3	5 C 5
4 C 4	5 E 5	7 I 7	5 R 5	4 E 4	6 E 6	3 A 3	8 I 8	5 A 5

E. ***Mettere le seguenti frasi in ordine cronologico:***

1. Pierino si ricorda della festa per il suo compleanno.
2. La mamma gli dice di andare a prendere un pacchetto.
3. Nessuno dei suoi amici si ricorda del suo compleanno.
4. Pierino si alza presto.
5. Tutti vanno nella casa dei signori Rossi.
6. Va nel salotto dove trova tutta la famiglia.

F. ***Dialogo incompleto. Antonio e Graziella stanno progettando una festa con sorpresa per la loro amica Cristina. Completare il seguente dialogo facendo la parte di Antonio:***

GRAZIELLA: Come possiamo dirlo a tutti senza farlo sapere a Cristina?

ANTONIO: (Suggest calling up every friend.)

GRAZIELLA: Va bene. Io parlerò con le ragazze e tu ti occuperai dei ragazzi. Ma dove la faremo questa festa?

ANTONIO: (Suggest a place.)

GRAZIELLA: Io m'incarico delle decorazioni e dei panini. Tu penserai al resto.

ANTONIO: (Agree and ask what else needs to be bought.)

GRAZIELLA: E non dimenticarti la torta. Quando andrai a comprarla?

ANTONIO: (Tell when and where.)

GRAZIELLA: Non pensi che avremo bisogno della musica per ballare?

ANTONIO: (Agree and say that you'll bring a deejay.)

G. ***Situations. Dare una risposta appropriata in italiano:***

1. Un'amica sta leggendo l'oroscopo. Lei si avvicina e dice:
2. Lei ha organizzato una festa di compleanno per una compagna di classe. Gli amici le chiedono quale sarebbe un regalo appropriato. Lei risponde:
3. Marianna comprerà la torta di compleanno e chiede: Che cosa ci farò scrivere sopra? Lei risponde:

H. ***Composition. Write a note to your friend's sister/brother asking about the planning of a surprise party for his/her sister, your girlfriend. The purpose of the letter is to obtain information about the party.***

Suggested subtopics: who you are; why you are writing; invited guests; attire; refreshments to be served; special deejay; possible gifts; sharing of cost; availability of videocamera; time the party will begin; time it will be over; what you can do to help; concluding statement.

Dateline: Il ____ ____ 19__
Salutation: Caro(a)
Closing: Saluti

I. *Parole incrociate. Il compleanno:*

ORIZZONTALE

1. pastry
3. cake
4. friends
6. tidbits
9. enthusiasm
11. yes, sir
12. disappointed
13. package
14. guests
16. to remember

VERTICALE

1. balloons
2. to be (years old)
5. nobody
7. birthday
8. candles
10. astrology
15. best wishes

[La soluzione è a pagina 301.]

21

Osservi e risponda:

1. È preoccupata la signorina? Perchè?
2. Che cosa sta preparando?

La cucina:

il latte condensato (in polvere)
l'uovo
la farina
la casseruola
lo stampo
il ricettario
il mestolo
separare le uova
mescolare gli ingredienti
l'impasto
riempire lo stampo
mettere nel forno

Ti ho preso per la gola

prendere *to grab*
la gola *throat*

Maria Zampogna era proprio innamorata cotta. Tutte le sue amiche le avevano detto che se avesse voluto conquistare il suo Tonino una volta per tutte avrebbe dovuto far ricorso ad un trucco infallibile:
5 catturare il suo amore attraverso lo stomaco.

essere innamorato cotto *to be deeply in love*
una volta per tutte *once and for all*
catturare *to capture*

Durante gli ultimi cinque anni Tonino Bellavita, il suo fidanzato, aveva cenato in casa della fidanzata tutti i sabati ed ancora non aveva compiuto il passo decisivo. Per farlo finalmente convincere, Maria gli
10 avrebbe mostrato che era una brava cuoca e così decise di preparargli la sua specialità: torta al cioccolato.

La ricetta, dopo averla a lungo cercata, era in uno dei suoi libri di cucina.

15 **TORTA AL CIOCCOLATO**

Ingredienti:

4 cucchiai di burro
½ cucchiaino di vaniglia
1½ tazze di zucchero
20 2 tuorli d'uovo sbattuti
3 tazze di farina
4 cucchiaini di lievito in polvere
1 pizzico di sale
1 tazza di latte
25 2 chiare d'uovo sbattute
60 grammi di cacao

il tuorlo *yolk*
la farina *flour*
il lievito in polvere *baking powder*
la chiara d'uovo *egg white*

Mettere l'impasto nel forno a 350° F per un'ora.

l'impasto *mixture*

—Con questa torta Tonino impazzirà dalla gioia. Sono sicura che quando assaggerà un pezzo di questa torta deliziosa non potrà più resistere e mi chiederà di diventare la futura signora Bellavita—, si diceva Maria mentre si apprestava a preparare la torta.

assaggiare *to taste*

—Questa ricetta è veramente facile. Sarà uno scherzo prepararla—, pensava fra sè.

lo scherzo *joke*

—Vediamo. . .quattro cucchiai di burro. Accidenti! Non ho il burro. . .però. . .forse. . .l'olio va bene lo stesso.— E versò una tazza d'olio nella scodella.

accidenti! *darn it!*

—Vaniglia? Non ce n'è più. Così dovrà essere senza vaniglia. Siccome siamo tutti a dieta, userò la saccarina invece dello zucchero.— E scaricò un'intera bottiglietta di pasticche nell'impasto.

scaricare *to throw*

—Inoltre non vedo la ragione per cui bisogna separare i tuorli d'uovo dalla chiara.— Ella continuò a leggere mentre sbatteva gli ingredienti.

—Latte fresco! È finito il latte! Però mi sembra che c'è una lattina di latte in polvere che la mamma conserva per i casi d'emergenza come questo.— Aprì il barattolo e ne versò quasi tutto il contenuto nel recipiente.

la lattina *can*

il barattolo *can*

Quando restava solo da aggiungere il cacao, si rese conto che l'unica cosa che aveva era la cioccolata dolce e ne aggiunse una mezza dozzina di pezzetti perchè Tonino era goloso di cioccolata.

Dopo aver finito di mescolare tutti gli ingredienti, versò la pasta nello stampo e lo mise nel forno.

Dopo circa un'ora tirò fuori la torta e ne prese un boccone. —Oh, Dio mio!—, esclamò afferrandosi la gola. —Questa roba non si può mangiare! Che fiasco! E Tonino arriverà fra alcuni minuti. Che farò ora? Proprio non so dove mettere più le mani!—

Senza nemmeno perdere un secondo, Maria corse alla pasticceria dell'angolo «La Deliziosa» e ritornò dopo pochi minuti con una torta al cioccolato proprio nel momento in cui suonava il campanello.

la pasticceria *pastry shop*

—Entra, Tonino! Ho già apparecchiato la tavola ed ho una sorpresa per te.—

—Ed io ho qualcosa per te—, le rispose il fidanzato porgendole una grossa scatola di cartone. —Dopo

cena possiamo gustare questa torta al cioccolato che
70 ho comprato alla pasticceria « La Deliziosa»... Ma
come? È identica a quella che vedo sul tavolo! L'hai
fatta tu?—

gustare = mangiare con piacere

ESERCIZI

A. *Rispondere secondo le situazioni della lettura:*

1. Come pensa Maria Zampogna di accattivarsi l'amore del suo ragazzo?
2. Quanti anni sono che Tonino Bellavita cena in casa dei signori Zampogna?
3. Qual è la torta preferita da Tonino?
4. Che cosa sostituisce Maria allo zucchero ed al latte fresco?
5. Che cosa fa Maria quando assaggia la torta?

B. *Rispondere secondo le situazioni personali:*

1. Qual è la sua torta preferita?
2. Dove si possono comprare le torte?
3. Lei preferisce una torta comprata o una fatta dalla mamma?
4. Perchè è pericoloso per un goloso entrare in una pasticceria?
5. Perchè è bene saper cucinare?

C. *Correggere gli errori che si trovano nelle seguenti frasi:*

1. È la prima volta che Tonino va a cenare in casa di Maria Zampogna.
2. Maria crede che la ricetta è molto difficile da preparare.
3. Maria segue tutte le istruzioni della ricetta.
4. La torta è deliziosa.
5. Tonino viene a mani vuote.

D. *Completare con la parola o la frase appropriata:*

1. Troviamo il tuorlo e una chiara in un _____
2. Olio e burro contengono _____
3. Spesso, se siamo a dieta, non usiamo lo zucchero ma _____
4. Se vogliamo preparare un dolce usiamo _____
5. Torte, paste e biscotti si vendono in _____

E. ***Scegliere la frase che meglio completa ognuna delle seguenti espressioni:***

1. Tonino ancora non ha ____
2. Maria si mette a ____
3. Si rende conto che ____
4. Versa l'impasto nello stampo e ____
5. Ho già apparecchiato la tavola e ____

a. lo mette nel forno.
b. preparar la torta.
c. ho una sorpresa per te.
d. fatto il passo decisivo.
e. l'unica cosa che ha è la cioccolata dolce.

F. ***Descrivere ognuna delle vignette con una frase completa in italiano:***

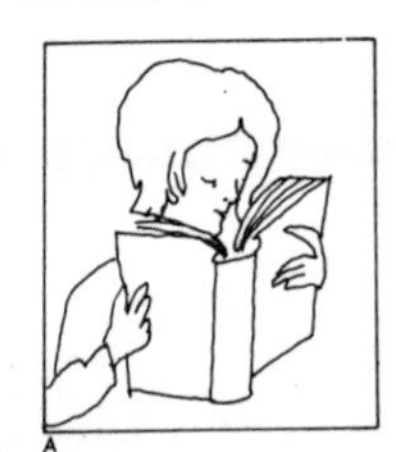

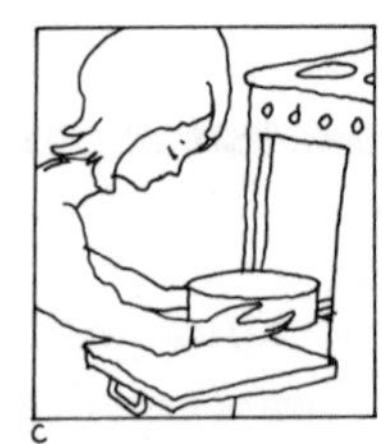

G. ***Angolo grammaticale. Formare gli avverbi con i seguenti aggettivi secondo gli esempi:***

Esempi: vero — veramente
dolce — dolcemente
finale — finalmente

1. sicuro
2. delizioso
3. amaro
4. lento
5. ultimo
6. forte
7. breve
8. triste
9. veloce
10. semplice
11. attuale
12. naturale
13. facile
14. difficile
15. infallibile

H. ***Dialogo incompleto. Paola e Anna stanno parlando di torte. Completare il seguente dialogo facendo la parte di Anna:***

PAOLA: Sono stufa di andare sempre in pasticceria. Vorrei preparare qualcosa di speciale per mio marito. Hai una buona ricetta?

ANNA: (Agree and make a suggestion.)

PAOLA: Ma per fare una torta non ci vogliono mica molti ingredienti? Di che cosa ho bisogno?

ANNA: (Tell her what she may need.)

PAOLA: Che cosa dovrò fare dopo?

ANNA: (Tell her what to do.)

PAOLA: Quanto tempo deve rimanere nel forno?

ANNA: (Tell her how long.)

PAOLA: Mi auguro sarà buona.

ANNA: (Wish her good luck.)

I. ***Composition. Write out your favorite Italian recipe in Italian.***

J. *Parole incrociate. La torta:*

ORIZZONTALE

2. sugar
4. in love (with someone)
5. to go mad
7. specialty
10. to become
11. throat
13. chocolate cake
17. ingredients
18. surprise
22. cocoa
23. to put

VERTICALE

1. to conquer, to win
3. bell
6. pastry shop
8. to mix
9. mouthful
12. mold, form
14. to grasp at
15. to resist
19. oil
20. milk
21. oven

[La soluzione è a pagina 301.]

Il circo:

il cowboy
il pagliaccio
il musicista
la musica
il cavallo
il leone
la scimmia
il bar
il salsicciotto
il würstel
il gelato
il pop-corn
l'entrata
la biglietteria
il listino dei prezzi
stare seduto (in)
comprare
mangiare
bere
ballare
ascoltare

Ripasso e giochi III

A. ***Descrivere quello che succede nel disegno.***

B. ***Esercizio. Unire il verbo al sostantivo. (Alcuni verbi posso essere uniti a più d'un sostantivo.):***

1. guidare	a. una bibita
2. scendere	b. una sigaretta
3. affittare	c. treno
4. bussare alla	d. pallone
5. fumare	e. porta
6. giocare a	f. la macchina
7. accendere	g. la televisione
8. salire	h. un appartamento
9. togliersi	i. la radio
10. tirar fuori	j. le valigie
11. disfare	k. la lingua
12. andare in	l. la camicia
13. compiere	m. l'erba
14. calpestare	n. quindici anni
15. prendere	o. le scale
16. ascoltare	
17. bere	
18. guardare	

C. ***Listening comprehension. Listen to your teacher read aloud twice in succession a question and a passage in Italian. Then the teacher will pause while you choose the best suggested answer to the question. Base your answer on the content of the passage:***

1. Che cosa mette in pericolo la dieta che uno fa?
   a. La mancanza del menù.
   b. Una volontà forte.
   c. Entrare in un negozio di dolciumi.
   d. Uscire con gli amici.

2. Che cosa si celebra nella casa di Anna?
   a. Un matrimonio.
   b. Un compleanno.
   c. Una vittoria.
   d. Un onomastico.

3. Che cosa raccomanda l'oroscopo?
   a. Prepararsi a fare un viaggio.
   b. Cambiare professione.
   c. Migliorare il proprio aspetto esteriore.
   d. Prendere una decisione immediata.

4. Come può una donna di casa risolvere il suo dilemma?
   a. Mettendosi a lavorare.
   b. Ordinando piatti congelati.
   c. Telefonando solamente.
   d. Ordinando il cibo per telefono.

5. Che cosa ha trovato sulla macchina il signore?
   a. La ruota bucata.
   b. La madre ammalata.
   c. Una letterina di ringraziamento.
   d. Le chiavi della macchina.

D. ***Dialogo incompleto. Completare il seguente dialogo:***
Lei va a mangiare in un ristorante.

IL CAMERIERE: Che cosa desidera?

LEI: (Ask him to suggest some typical dishes.)

IL CAMERIERE: Io le consiglierei un bel fritto misto.

LEI: (Ask for the price.)

IL CAMERIERE: Il prezzo è di sette dollari. Tutto costa caro, oggi!

LEI: (Agree and ask for the menu.)

IL CAMERIERE: Pensi che un brodo di pollo oggi costa già più di due dollari e . . . domani chissà!

LEI: (Express your opinion.)

IL CAMERIERE: Eccole il menù. Si guardi i prezzi ed ordini quello che vuole.

LEI: (Indicate what you would like to have.)

E. ***Situations. Listen to your teacher read aloud twice in succession a situation in Italian. Then the teacher will pause to allow you to give an appropriate response in Italian. Sentence fragments as well as complete sentences, questions, or commands in Italian may be used as answers, but only if they are in keeping with the situation. Numerals may not be used. Write out the number if the answer includes a date, time, telephone number, amount of money, or the like. Use each response only once.***

F. ***Reading comprehension. Below each of the following passages, there is a question. For each, choose the expression that best answers the question according to the content of the passage:***

1. Siete stanchi del vostro impiego? Perchè continuate a passare il tempo sognando giorni migliori ed un futuro sicuro in un altro posto di lavoro? Se non avete più voglia di continuare. . .scriveteci!

Il nostro opuscolo è gratis. Sfogliatelo e scoprirete le qualità nascoste che possedete. Telefonateci subito al 123-6754 se non vedete nessuna alternativa alla vostra presente situazione. Il nostro Istituto vi offre garanzia contro il pericolo della disoccupazione e garanzia dei risultati.

Perchè è interessante questo opuscolo?

a. Offre una nuova rivista.
b. Presenta un nuovo telefono.
c. Offre nuove possibilità d'impiego.
d. Dà libri gratis.

2. Mario e Lisa vanno in giro per la città. È quasi mezzogiorno ed hanno fame. Vedono il famoso ristorante «Al Gallo d'Oro». Entrano desiderosi di mangiare un bel piatto di lasagne o un pollo alla cacciatora. Si siedono ad un tavolo vicino alla finestra ed aspettano il cameriere. Questi dà loro il menù e consiglia la specialità della casa con un bel bicchiere di vino Chianti.

Che cosa suggerisce il cameriere?

a. Di cercare un altro ristorante.
b. Di ordinare il piatto caratteristico del ristorante.
c. Di prendere un aperitivo.
d. Di lasciare una buona mancia.

G. ***Slot completion. In the following passage, there are five blank spaces numbered 1 through 5. Each blank space represents a missing word. For each blank space, five possible completions are provided. Only one of them makes sense in the context of the passage. First read the entire passage to determine its general meaning. Then read it a second time and choose the completion that makes the best sense:***

È vero che l'ambiente condiziona le tue abitudini alimentari? Certamente. Se tu vuoi mutare il tuo modo usuale di __(1)__, devi educare i sensi del gusto, della vista e dell'olfatto. I seguenti consigli potrebbero esserti utili se vuoi vivere una vita sana e senza preoccuparti dell'obesità. Devi controllare quello che mangi. Dovrai portare con te un taccuino o un quadernetto e vi __(2)__ tutto quello che mangi e bevi e l'ora in cui ti siedi a tavola. Solo così potrai eliminare alcune brutte abitudini. Devi importi una meta, uno scopo realizzabile. Sicuramente la buona volontà soltanto non ti potrà aiutare a __(3)__ il chilo di peso se ne hai molti

1. (a) mangiare
   (b) dormire
   (c) fare ginnastica
   (d) pesarti
   (e) correre
2. (a) cancellerai
   (b) strapperai
   (c) scriverai
   (d) modificherai
   (e) aggiungerai
3. (a) vendere
   (b) aumentare
   (c) trovare
   (d) perdere
   (e) comprare

da eliminaire. Potrai guardare ma non ___(4)___ paste, caramelle, torroni, panettoni o biscotti. Infine dovrai ___(5)___ di mangiare e bere continuamente prima e dopo i pasti perchè anche le bevande contengono calorie.

4. (a) vendere
   (b) toccare
   (c) vedere
   (d) perdere
   (e) scendere
5. (a) continuare
   (b) cercare
   (c) potere
   (d) evitare
   (e) nascondere

H. ***Writing. Write a well organized letter in Italian of at least 10 clauses. A clause must contain a verb, a stated or implied subject, and any additional words needed to convey meaning. You may either use the suggested subtopics or put in your own ideas:***

1. Write a letter to your pen pal describing the celebration of "Foreign Language Week" and the language festival in your school.

   Subtopics: languages studied in your school; reasons for celebrating; special programs; cultural activities; poetry; pictures; music; typical dishes; student participation; honorary guests; expectations.

   Dateline: Il ____ ____ 19__
   Salutation: Caro(a) ____
   Closing: Affettuosamente

2. You would like to see your favorite show on prime time. Write a letter to your local TV station giving various reasons why the show should be rescheduled. The purpose of the letter is to convince the program manager to change the showing time.

   Subtopics: who you are; why you are writing the letter; what is your favorite show and why; your favorite actor/actress; educational value of the show; its positive influence on teenagers; need for more youngsters to be reached; your expectations.

   Dateline: Il ____ ____ 19__
   Salutation: Egregio Direttore
   Closing: Cordialmente

22

Osservi e risponda:

1. Che cosa sta facendo il ragazzo?
2. È sorpresa la cassiera? Perchè?

Il supermercato:

la carne
la conserva di pomodoro
i cereali
la saponetta
l'uva
le cipolle
il carrello per la spesa
la cassa
comprare
fare (dei) servizi
la lista
il prezzo
il resto
pagare
avanzare

Chi la fa, l'aspetti

È venerdi pomeriggio. Sandro è appena arrivato da scuola e cerca di non fare rumore. Sa benissimo che se la mamma lo sente lo manda a fare la spesa al supermercato con suo fratello Enzo. Sta già per svignarsela quando sente quella voce così familiare. (5)

—Saaandrooo! Spogliati e cambiati subito. Devi farmi dei servizi oggi.—

—Ma mamma, devo andare. Gli amici mi stanno aspettando per andare a giocare a pallone.—

—I tuoi amici possono aspettare. Non sono altro che una banda di fannulloni e non fanno altro che perdere tempo. Prima aiutami e poi andrai a giocare.— (10)

—Ma perchè devo andare sempre io? Perchè non ci mandi Enzo da solo?— (15)

—Perchè tu sei più grande e non rispondere più. Eccoti la lista dei servizi da fare. Io devo uscire e quando torno voglio trovare tutto in cucina. Prenditi venti dollari e comprati quello che vuoi con quello che ti avanza.— (20)

LISTA DELLA SPESA

mezzo chilo di carne macinata
un quarto di pancetta
due scatole di conserva di pomodoro
una scatola di cereali (25)
un barattolo di caffè
2 rotoli di carta igienica

fare la spesa *to do the shopping*
svignarsela *to sneak away*
spogliarsi *to undress*
cambiarsi *to change clothes*
fare dei servizi *to run errands*
il fannullone = persona che non vuole fare niente
avanzare *to be left over*
macinata *ground*
la pancetta *baco'*

3 saponette
una scatola di detersivo in polvere
30 una scatola di biscotti — biscotti *biscuits*
un chilo di maccheroni
1 litro di latte
1 grappolo d'uva — il grappolo *bunch (of grapes)*
2 chili di cipolle
35 2 lattine di succo d'arancia concentrato — l'arancia *orange*
mezza dozzina di panini — il panino *roll*
una scatola di pop-corn

Sandro esamina la lista attentamente e capisce subito che i venti dollari gli sono appena sufficienti.
40 —Perbacco!, dice fra sè—, non voglio mica perdere tutto il pomeriggio andando in giro a fare servizi. Ma d'altronde che ci posso fare? Prima il dovere e poi il piacere.—

A quel punto gli viene un'idea fantastica e chiama
45 il fratellino: —Enzo! Vieni qua.—

Sulla porta appare subito il fratello, un ragazzo grassottello di circa undici anni e con una faccia da schiaffi. — una faccia da schiaffi *a mischievous look*

—Enzo, ti piacerebbe comprarti i soldatini?—

50 —Mi piacerebbe molto, però non ho soldi.—

—Aspetta. Mamma ha lasciato questa lista della spesa con venti dollari. Con il resto potrai comprarti un'intera serie di soldatini.— — il resto *change*

—Ma Sandro, questa lista mi sembra così lunga.
55 Sei sicuro che mi avanzeranno un po' di soldi?—

—Non preoccuparti. Sono sicuro che ti avanzerà almeno un dollaro. Io conosco i prezzi. Fidati di me.— — almeno *at least*

Tutto contento Enzo esce pensando ai soldati e Sandro se ne va a giocare con i suoi amici.

60 Dopo circa un'ora, Sandro ritorna dal campo sportivo e trova Enzo seduto davanti al televisore con una scatola di cioccolatini aperta davanti a sè. Meravigliato, subito gli chiede: — meravigliato *amazed*

—Come ti sei potuto comprare quei cioccolatini?
65 Quanto hai speso?—

—Ascolta. Dopo aver messo ogni cosa nel carrello della spesa, mi sono messo in fila ed ho aspettato.

Quando sono arrivato alla cassa ho messo tutta la spesa sul bancone e la cassiera ha fatto il conto. Il totale è stato di diciannove dollari e novanta centesimi.—

—Ma con dieci centesimi di resto è impossibile comprarsi una scatola di cioccolatini così grande!—

—E chi l'ha comprata? Ecco. . . Guarda! I dieci centesimi sono qui. Li ho in tasca. Sembra che ogni settimana, se spendi più di diciannove dollari, al supermercato, ti danno una scatola di cioccolatini assolutamente gratis.—

E così dicendo fa l'occhietto al fratello ed incomincia a divorare i dolci.

il conto *bill*

sembra che *it seems that*

70

75

80

ESERCIZI

A. ***Rispondere secondo le situazioni della lettura:***

1. Che cosa vuole fare Sandro invece di andare a fare la spesa?
2. Che frutta deve comprare?
3. Descriva Enzo.
4. Che cosa sta facendo il fratellino quando Sandro ritorna?
5. Quanto costa ad Enzo la scatola di cioccolatini?

B. *Rispondere secondo le situazioni personali:*

1. Quali sono i vantaggi di fare la spesa al supermercato?
2. Quali sono i vantaggi di fare la spesa in un piccolo negozio?
3. Che cosa si usa per trasportare gli acquisti in un supermercato?
4. Preferisce fare la spesa a poco a poco oppure in un giorno solo? Perchè?
5. Prepari una lista di tutte le cose che si devono comprare tutte le settimane.

C. *Sinonimi. Scegliere il sinonimo di ognuna delle seguenti parole:*

1. esamina — compra / osserva / si dà conto / appare
2. enorme — grandissimo / pieno / caro / a buon mercato
3. regalare — comprare / sorridere / sommare / donare
4. mandare — inviare / occorrere / guadagnare / giocare
5. torta — pane / birra / chinotto / dolce

D. *Contrari. Scegliere il contrario di ognuna delle seguenti parole:*

1. davanti — dietro / innanzi / vicino / lontano
2. lunga — corta / cara / alta / buona
3. fidarsi — avere fiducia / diffidare / salutare / dare
4. spogliarsi — svestirsi / vestirsi / darsi / lavarsi
5. sicuro — certo / incerto / sicurezza / assicurazione

E. *Disporre i prodotti nella forma in cui si comprano al supermercato.* *(Match each product with the form in which it is bought in the supermarket):*

FORMA	ARTICOLO
1. una cassa	a. di vitello
2. un rotolo	b. di conserva di pomodoro
3. una pagnotta	c. di frutta
4. un litro	d. di caffè
5. una scatoletta	e. di carta igienica
6. una spremuta	f. di pane
7. un grappolo	g. di detersivo in polvere
8. un vasetto	h. di latte
9. una dozzina	i. di uova
10. un arrosto	j. d'arancia
11. un sacchetto	k. di limoni
12. un barattolo	l. d'uva
13. una scatola	m. di marmellata

F. *Mettere in ordine i seguenti gruppi di parole:*

1. è / da / Sandro / scuola / appena / arrivato
2. altro / fanno / che perdere / non / tempo

3. fratello / il / trova / al / seduto / televisore / davanti
4. tutta la / messo / spesa / ho / bancone / sul
5. gratis / danno / una / assolutamente / di / cioccolatini / scatola

G. ***Situations. Dare una risposta appropriata in italiano:***

1. La mamma le chiede di accompagnarla a fare la spesa al supermercato. Lei risponde:
2. Lei non vuole andare in giro a fare i servizi. Chiama il fratellino e gli dice:
3. Lei è appena tornato a casa dalla scuola. Gli amici le telefonano per andare a vedere una partita di pallacanestro. La mamma dice: Devi farti i compiti. Adesso non puoi uscire. Lei risponde:
4. Il papà le dà dieci dollari per andare a comprare il giornale. Quando ritorna egli dice: Dov'è il resto? Lei risponde:
5. Oggi lei vuole mostrare alla mamma che è capace di fare la spesa da solo(a). Quando la madre lo(a) vede grida: Ma che cosa hai comprato? Lei risponde:

H. ***Descrivere ognuna delle vignette con una frase completa in italiano:***

I. *Picture description*

Study the illustration on page 196 and write a composition in Italian telling a story suggested by the picture. Do not simply describe the picture but write what the two people are talking about. Describe their problems and how they are going to resolve them. Express what you think happened and what will happen later.

J. *Parole incrociate. Facendo la spesa:*

ORIZZONTALE

1. supermarket
6. delicatessen (pork) store
7. ice-cream store
8. pastry shop
10. fruit store
11. liquor store

VERTICALE

2. butchershop
3. fish store
4. grocery store
5. bakery
9. wineshop

[La soluzione è a pagina 301.]

23

Osservi e risponda:

1. Le piace questa illustrazione? Perchè?
2. Com'è vestita la signora?

Il vestiario:

la gonna
la cinghia
la camicia
la giacca
la cravatta
il vestito
gli stivali
i pantaloni
le scarpe
essere di moda
andare bene
essere vestita chic
Che cosa desidera?
In che cosa posso servirla?

Il cliente ha sempre ragione

Alle tre e mezzo in punto, Alfredo Malvestiti, si presentò al negozio per incominciare il suo nuovo lavoro. In questo negozio si vendevano tessuti di tutti i tipi e per tutte le necessità.

5 —So benissimo, Alfredo—, disse il padrone del negozio, —che il primo giorno è sempre alquanto difficile. Però sono sicuro che te la caverai molto bene. Ricordati solo di avere pazienza e che il cliente ha sempre ragione. Guardati intorno e cerca di non
10 stare con le mani in mano.—

il padrone *boss*

—Non si preoccupi, signor Antonio. Come li tratterò io, i clienti saranno soddisfatti.—

Il primo cliente, o per meglio dire, i primi clienti non si fecero aspettare molto. Entrò infatti una
15 signora seguita da un ragazzo di circa tredici anni dai capelli rossi, con le lentiggini ed una faccia da schiaffi.

per meglio dire *rather*

—Buona sera, signora! In che cosa possiamo servirla?—

20 —Domenica prossima mio figlio Pino deve andare ad una festa di compleanno. Ha bisogno di un paio di pantaloni, una giacca sportiva, scarpe e calze.—

domenica prossima *next Sunday*

—Sì—, disse Pino, —ho proprio bisogno di quei pantaloni che sono in vetrina e della giacca con i
25 bottoni dorati.—

—Niente affatto—, rispose la madre. —Non ti vestirai da pagliaccio come quei ragazzi «yé-yé» che frequenti.—

il pagliaccio *clown*

—Ma mamma. . .—

30 —Signora, mi sembra che suo figlio sappia molto bene quello che vuole. E poi le giacche alla yachtsman sono di moda.—

—Mi ascolti bene, giovanotto! Non ho proprio bisogno dei suoi consigli. Pino, andiamo in un altro 35 negozio dove saremo liberi di scegliere ciò che vogliamo.—

il consiglio *advice*

Prima che Alfredo potesse riprendersi entrò una coppia di mezza età.

prima che potesse riprendersi *before he could get hold of himself*

—Buona sera, desiderano?—

40 —Buona sera, giovanotto. Desidero un vestito bordò con gilè ed un soprabito di lana grigio.—

la coppia *couple*
desiderano? *what would you like?*

—Leopoldo, tu sai bene che non puoi portare il gilè per quel tuo pancione all'infuori. E poi il grigio non ti sta bene.—

per *because of*
il pancione *belly*
stare bene *to look good on*

45 —Mi scusi, signora, ma mi sembra che suo marito abbia ragione. Oggigiorno si usano molto i gilè e il colore grigio va bene con tutto.—

—Si faccia gli affari suoi, giovanotto. Noi sappiamo perfettamente cosa vogliamo comprare, vero Leo- 50 poldo?—

si faccia gli affari suoi *mind your own business*

—Certamente, cara. (*Rivolgendosi ad Alfredo*) Come si permette di contrariare mia moglie?—

contrariare *to contradict*

—Portami in un altro negozio, Leopoldo, dove la gente venga trattata con maggiore cortesia.—

55 Il signor Antonio, con un'aria molto seccata, chiamò Alfredo da un lato e gli disse: —Lo so che non hai molta pratica come venditore, però non devi dimenticare una cosa: il cli. . .en. . .te ha sem. . .pre ra. . .gio. . .ne! Devi dare al cliente quello che 60 vuole. . .non importa quanto ti sembra ridicolo. D'accordo?—

seccato *annoyed*

—Sì, d'accordo!—

In quell'istante apparve sulla porta una donna alta e molto grassa e che guardò intorno dandosi 65 delle arie.

darsi le arie *to put on airs*

—Giovanotto, stasera ho un appuntamento per andare in discoteca e. . .—

—Ah—, la interruppe Alfredo, —lei è un' appassionata di disco-music!—

70 —No, per niente. Devo andare al night e avrei bisogno di una minigonna di seta gialla.—
—Fantastico!—
—Con stivaletti verdi alti fino al ginocchio.—
—È un'ottima idea!—
75 —Ed una mantellina rosso fiamma. Questi colori vanno bene insieme, non è vero?—

il night *night club*
la seta *silk*

MAGAZZINI «QUI SI RISPARMIA»

SALDI DI FINE STAGIONE!

VENDITA PROMOZIONALE!

80 PREZZI RIDOTTISSIMI!

Paragonate i nostri prezzi e ve ne accorgerete.

VESTITI DA UOMO		CALZE	
Prezzo originario	*Prezzo scontato*	*Prezzo originario*	*Prezzo scontato*
85 $225.00	$99.99	$1.95 al paio	3 paia per $4.00
FAZZOLETTI DI COTONE		**CAMICIE**	
Prezzo originario	*Prezzo scontato*	*Prezzo originario*	*Prezzo scontato*
90 $4.50 la dozzina	$1.97 la dozzina	$12.50	2 × $19.00
SCARPE DA DONNA IMPORTATE		**GUANTI DI PELLE**	
95 *Prezzo originario*	*Prezzo scontato*	*Prezzo originario*	*Prezzo scontato*
$45.00	$19.50	$15.75	$11.25

APPROFITTATE DI QUESTA FAVOLOSA SVENDITA E RISPARMIATE I VOSTRI SOLDI!!!

il magazzino *store*
i saldi *sales*
ridotto *reduced*
il fazzoletto *handkerchief*
approfittare *to profit from, to take advantage of*
risparmiare *to save*

—Certamente, signora—, rispose Alfredo tratte-
100 nendo la risa. —Si vede che segue l'ultimo grido della moda. Si vede che lei ha buon gusto.—

—Ah, mille grazie, giovanotto! Lei è molto gentile. D'ora innanzi comprerò tutti i miei vestiti in questo negozio.—

105 Alfredo aveva imparato bene la lezione e non perse neanche un cliente durante il resto della giornata. Prima di andarsene vide il signor Antonio.

—Signor Antonio, mi dispiace molto degli errori che ho fatto oggi. Domani cercherò di vendere di
110 più.—

—Di più?—, esclamò il padrone. —Hai venduto tanti articoli che avevo in magazzino da mesi che ho deciso di darti un aumento di stipendio.—

l'ultimo grido della moda *the latest fashion*

ESERCIZI

A. ***Completare secondo le situazioni della lettura:***

1. Il negozio in cui lavora Alfredo è una boutique di. . .
2. Pino ha bisogno di abiti nuovi perchè va. . .
3. Secondo la moglie, Leopoldo non deve usare il gilè a causa di. . .
4. La donna che vuole la minigonna ha un appuntamento per andare. . .
5. Il padrone decide di dare un aumento di stipendio ad Alfredo perchè. . .

B. ***Rispondere secondo le situazioni personali:***

1. Come le piace vestirsi quando va ad una festa?
2. Crede lei che la moda deve cambiare ogni anno? Perchè?
3. I vestiti da uomo devono avere tanti colori come quelli da donna?
4. Porterebbe lei abiti che non le piacciono solo perchè vanno di moda?
5. Che cosa porta lei durante l'estate?

C. ***Modi di dire. Scegliere il sinonimo di ognuna delle parole indicate:***

1. Andiamo alle tre in punto. **D'accordo?**
2. In che posso **servirla?**
3. Il color grigio non **le sta bene.**
4. **Si vede** che lei ha buon gusto.
5. **D'ora innanzi** comprerò tutti i miei vestiti qui.

a. è chiaro
b. va bene?
c. aiutarla?
d. le va bene
e. da oggi in poi
f. stasera

D. ***Completare con la parola o la frase più appropriata:***

1. Il _____ commerciale dirige le operazioni di vendita di un negozio.
2. Un vestito ha pantaloni e _____.
3. Quando fa freddo, usiamo _____.
4. I _____ sono solo per le mani.
5. Durante una _____ si possono risparmiare molti soldi.

E. ***Frasi spezzate. Scegliere l'espressione più appropriata per completare ciascuna frase:***

1. Sono sicuro che _____
2. Mi sembra che Pino _____
3. Paragonate i nostri prezzi _____
4. D'ora innanzi _____
5. Il padrone ha deciso _____

a. sappia quello che vuole.
b. di darti un aumento.
c. te la caverai molto bene.
d. e ve ne accorgerete.
e. comprerò tutti i miei vestiti qui.

F. ***Frasi idiomatiche. Trovare l'espressione inglese affine a quella italiana:***

1. Non so giocare a tennis, ma me la cavo benino.
2. Lavora! Non stare sempre con le mani in mano.
3. Quel ragazzo ha una faccia da schiaffi.
4. Stia zitto! Si faccia gli affari suoi!
5. Quella signorina si dà tante arie anche se è brutta.

a. I do not know how to play tennis, but I can get by.
b. That young lady puts on airs even though she's ugly.
c. Shut up! Mind your own business!
d. That boy has a cocky look on his face.
e. Work! Stop twiddling your thumbs.

G. ***Dialogo incompleto. Pino sta servendo un cliente in un negozio di abbigliamento. Completare il dialogo facendo la parte del cliente:***

PINO: In che cosa posso servirla?

CLIENTE: (Say that you are looking for a nice shirt.)

PINO: Abbiamo camicie di seta, a tinta unita e con disegni vari.

CLIENTE: (Make your selection.)

PINO: Vorrebbe vedere qualche altra cosa?

CLIENTE: (Ask for a matching tie.)

PINO: Mi sembra che questa cravatta vada meglio con la camicia che lei ha scelto

CLIENTE: (Agree and say that you'll take it.)

PINO: Va bene. Desidera qualcos'altro?

CLIENTE: (Say that you'll come back some other time.)

H. ***Composition. Write a business letter to an Italian firm (Gucci, Olivetti, Alfa Romeo, Fiat, Ferrari, Motta, Perugina, Varese Shoes) and ask about one of their products in which you are interested. The purpose of the letter is to obtain information about the product:***

Subtopics: who you are; why you are writing; interest in a special product; availability of the product; quality of the product; price; the cost to the students; discounts; how and where the product can be purchased; availability of catalogs; your expectations.

Dateline: Il ____ ____ 19__
Salutation: Spettabile Ditta
Closing: Cordialmente

I. ***Parole incrociate. Abiti e biancheria:***

ORIZZONTALE

1. tie
3. pajama
4. scarf
7. underwear
10. robe
12. handbag
14. vest
15. pants
17. socks
18. belt
19. coat
20. undershirt

VERTICALE

2. bra
4. slip
5. suit
6. overcoat
8. hat
9. shoes
11. skirt
13. shirt
14. jacket
16. girdle

[La soluzione è a pagina 301.]

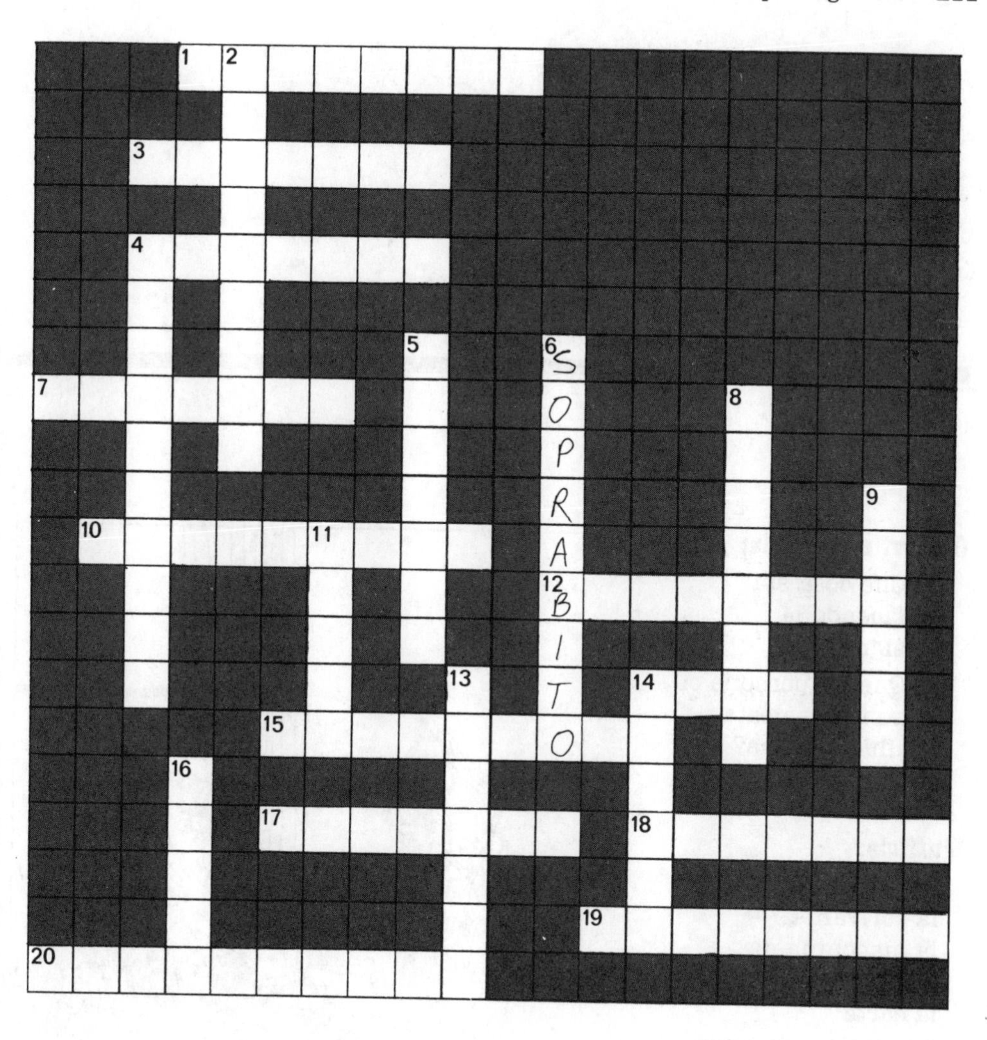

24

Osservi e risponda:

1. Che cosa sta facendo la signorina?
2. Quante persone ci sono in questa illustrazione?

L'ufficio:

il telefono
la scrivania
la macchina da scrivere
la carta
mi faccia una copia di questa richiesta
scrivere con il dito indice
civetta
la parrucca
le ciglia finte

Cercasi segretaria

Commedia in un atto

> Cercasi segretaria. Deve essere esperta in dattilografia e stenografia. Conoscenza lingue, contabilità e funzionamento macchine d'ufficio utile ma non necessaria. Si prega di presentarsi in persona presso gli uffici della compagnia di importazione ed esportazione di Gianni Gallina, Via Colombo 15.

la dattilografia *typing*
la conoscenza *knowledge*
la contabilità *bookkeeping*

Personaggi

ROSA FAGIOLO: Una giovane di 19 anni. Porta una parrucca bionda. È un po' distratta, mastica continuamente la gomma e fa la civetta.

DANIELA CIPOLLA: Una ragazza di 18 anni in minigonna. Porta le lenti a contatto perchè non ci vede bene senza gli occhiali.

ANGELA BEFANA: Una ragazza di 18 anni. Porta un numero esagerato di gioielli e delle ciglia lunghe e finte.

GIANNI GALLINA: Uomo distinto sui 35 anni, presidente della compagnia, vestito elegantemente.

GIOVANNA PIALLA: Donna sui 30 anni, poco attraente, senza trucco, vestita molto semplicemente.

masticare *to chew*
far la civetta *to flirt*
le lenti a contatto *contact lenses*
i gioielli *jewelry*
le ciglia *eyelashes*
finte = non vere

Scena

A destra, la sala d'aspetto della compagnia di Gianni Gallina. L'arredamento consiste di 5 poltrone e di un tavolino. A sinistra, l'ufficio del signor Gallina separato dalla sala d'aspetto per mezzo di una parete.

Sulla scena Rosa, Daniela ed Angela sono sedute nella sala d'aspetto. Gianni Gallina è nel suo ufficio e sta mettendo in ordine alcune carte.

30 ROSA (*aggiustandosi la parrucca*): Oh! Questa maledetta parrucca si è spostata un'altra volta. Proprio non so che farò se mi cade durante l'intervista.

DANIELA (*esaminandosi gli occhi allo spec-*
35 *chio*): Non preoccuparti. Con le mie lenti a contatto azzurre, sono sicura di ottenere il posto.

ANGELA (*ravvivandosi il trucco delle labbra, guarda le altre con un certo disprezzo*): Non siano tanto ottimiste. Mi basterà dire solamente una parola
40 ed otterrò l'impiego.

ravvivare *to touch up*
il trucco *makeup*
il disprezzo *scorn, contempt*

Si ode il rumore di una porta che si apre. Gianni Gallina appare sulla soglia del suo ufficio.

GALLINA (*facendo segno a Rosa*): Signorina, entri e si accomodi, per favore.

accomodarsi = sedersi

45 Rosa entra nell'ufficio. Il signor Gallina chiude la porta e si siede dietro la sua scrivania.

GALLINA: Il suo nome, prego.

ROSA: Rosa, Rosa Fagiolo. Però lei può chiamarmi Rosina. Posso chiamarla Gianni? È un nome
50 così romantico!

GALLINA (*visibilmente imbarazzato*): Beh, beh. Mi dica, signorina Fagiolo... Come scrive a macchina?

ROSA: Bene. Voglio dire così così. . .perchè mi con-
55 sidero più un'esperta in stenografia.

GALLINA: Molto bene. Scriva questo dettato. (*Le dà un blocchetto di appunti con una matita ed incomincia subito a dettare.*)

Signor Gino Bartali
60 Via Giuseppe Mazzini 16
0006 Roma, Italia

Egregio signore:
L'oggetto della presente. . .

ROSA: Mi scusi, Gianni. Ha detto «Signor Gino»?

65 GALLINA (*sorpreso perchè non ha ancora scritto la prima parola*): Va bene. Mille grazie, signorina Fagiolo. Aspetti fuori.

L'accompagna nella sala d'aspetto dove vede Daniela in ginocchio sul pavimento perchè sta cercando 70 una delle sue lenti a contatto.

GALLINA: Ha perduto qualche cosa, signorina?

DANIELA: No, niente.

GALLINA: Bene. Allora. . .entri lei. (*Daniela non vede molto bene con una sola lente a contatto.*) 75 Signorina, stia attenta al cestino!

DANIELA: Quale ces. . .? (*Incespica nel cestino e deve aggrapparsi al signor Gallina per non cadere.*)

GALLINA (*aggiustandosi la cravatta*): Signorina, sa battere a macchina?

80 DANIELA: Certamente.

GALLINA: Bene. Mi faccia una copia di questa richiesta. (*Si siede alla sua scrivania e comincia a leggere una lettera. Improvvisamente sente un rumore lento e monotono. . .tic. . .tac. . .tic. . .tac.* 85 *Alza lo sguardo e vede Daniela che con un occhio chiuso sta cercando i tasti giusti con il dito indice della mano destra*). Grazie, signorina. Aspetti fuori. (*Entra Angela che sta aprendo e chiudendo gli occhi eccessivamente*). Ha qualche cosa 90 nell'occhio, signorina?

ANGELA: Chi? Io? No. Perchè?

GALLINA: Non ci faccia caso. Non importa. Ha mai lavorato in un ufficio lei?

ANGELA: Sì, signore.

95 GALLINA: Eccole la lista per la spesa. Faccia la somma e calcoli il sei per cento d'imposta.

Passano cinque minuti.

ANGELA: Ecco. Sono esattamente $4,598.30.

GALLINA: Ma come è possibile? Il totale delle com-100 pere non e più di 300 dollari. (*Esamina la lista e dice fra sè:* Dio mio, questa cretina ha addizionato anche le date!) Grazie, signorina. Aspetti fuori. (*Solo, parlando con se stesso:* Che farò adesso? Ho bisogno di una segretaria per domani

---

attenta al cestino! *watch out for the basket!*

aggrapparsi *to hold on to*

la richiesta *order*

i tasti *keys (of the typewriter)*

fare la somma = addizionare

l'imposta *tax*

la cretina *fool*

105 e devo scegliere fra una cretina che scrive tre parole all'ora sotto dettatura, una idiota che batte a macchina con un dito solo ed una tonta che non conosce la differenza fra un prezzo ed una data.)

110 In questo momento si apre la porta ed entra Giovanna Pialla.

GALLINA (*la guarda e dice fra sè*): Oh, no! Ancora un'altra?

GIOVANNA: Vengo per l'annuncio sul giornale.

115 GALLINA: Quante parole al minuto scrive a macchina?

GIOVANNA: 75 o 80.

GALLINA (*sorpreso*): E conosce anche la stenografia?

GIOVANNA: Un po'. Solo 150 parole al minuto.

120 GALLINA (titubante): Vediamo la sua preparazione in matematica. Qual è il dodici per cento di $186.70? (*Prima che egli le possa dare un pezzo di carta, la signorina risponde.*)

GIOVANNA: $22.40.

125 GALLINA (*alzandosi*): Non dica altro. D'ora in poi lei lavorerà per Gianni Gallina.

GIOVANNA: Gianni Gallina? Mi scusi, ma credo di aver sbagliato piano. Io cercavo un altro ufficio. (*Esce correndo.*)

sbagliarsi = fare un errore

ESERCIZI

A. *Rispondere secondo le situazioni della lettura:*

1. Dove sono sedute le tre ragazze?
2. Come batte a macchina Daniela?
3. Che cosa ha calcolato Angela?
4. Perchè il signor Gallina vuole dare il posto a Giovanna Pialla?
5. Che cosa cercava Giovanna?

B. ***Rispondere secondo le situazioni personali:***

1. Si deve masticare la gomma durante un'intervista?
2. Preferisce un impiego che le piace oppure uno dove guadagna molti soldi?
3. Che cosa è più importante per una segretaria, l'intelligenza o la bellezza? Perchè?
4. Che cosa deve saper fare una buona segretaria?
5. Dove le piacerebbe lavorare?

C. ***Correggere gli errori nelle seguenti frasi:***

1. Il signor Gallina cerca lavoro.
2. Rosa scrive tutto il dettato senza nessun errore.
3. Il signor Gallina crede che Daniela sappia battere a macchina molto bene.
4. Il signor Gallina chiede ad Angela di addizionare le date.
5. Giovanna accetta subito il posto come segretaria.

D. ***Scegliere la parola inglese affine a quella italiana:***

1. il re	a. liberty
2. azzurro	b. regal
3. masticare	c. masticate
4. l'occhio	d. azure
5. il libro	e. mastery
	f. oculist
	g. library

E. ***Dialogo incompleto. Il signor Gallina cerca una segretaria e sta intervistando Gabriella. Completare il seguente dialogo facendo la parte di Gabriella:***

GALLINA: Ha mai lavorato come segretaria?

GABRIELLA: (Agree and say for how long.)

GALLINA: Che cosa sa fare meglio, battere a macchina o scrivere il dettato?

GABRIELLA: (Say that you know how to handle both.)

GALLINA: La mia segretaria deve conoscere anche la matematica.

GABRIELLA: (Say that this is not a problem.)

GALLINA: Va bene. Il posto è suo. Le posso offrire $300.00 alla settimana.

GABRIELLA: (Accept and ask when you can start.)

GALLINA: Benvenuta. Può cominciare domani.

GABRIELLA: (Thank Mr. Gallina and say that you'll do your best.)

F. ***Composition. You are looking for a job as a secretary. Write a letter in Italian to Mr. Pecora. The purpose of the letter is to convince Mr. Pecora that you are qualified for the job:***

Subtopics: who you are; your age; why you qualify for the job; how well you type; how well you know shorthand writing; your previous work experience; your willingness to work; your education; your plans for the future; your expectations.

Dateline: Il ____ ____ 19__
Salutation: Egregio Signor ____
Closing: Cordialmente

G. ***Parole incrociate. La segretaria:***

ORIZZONTALE

4. secretary
5. stenographer
7. talkative
9. charming
10. diligent
13. flirtatious
14. witty
15. beautiful
16. multilingual
17. elegant

VERTICALE

1. fast
2. organized
3. typist
6. serious
8. intelligent
11. amiable
12. sociable

[La soluzione è a pagina 302.]

25

Osservi e risponda:

1. Perchè Babbo Natale è arrabbiato?
2. Che cosa gli sta facendo il bambino?

Natale:

i giocattoli
i pattini
lo slittino
la bicicletta
la bambola
la palla
la mazza da baseball
il guanto
il regalo
staccare la barba finta dalla faccia
colpire
comportarsi bene (male)
portare regali
credere in Babbo Natale

Caro Babbo Natale

Sta nevicando su tutta la città. Le vie, le automobili e gli edifici sono coperti da un mantello bianco. È il 24 dicembre, la vigilia di Natale. Ma dov'è Babbo Natale? Domani dovrà portare i regali a tutti
5 i bambini buoni. Però oggi, lo sanno tutti i bambini del vicinato, Babbo Natale sta nel reparto giocattoli dei grandi magazzini. E se ne sta lì, seduto sul suo trono, con il suo vestito rosso, la lunga barba bianca e gli stivali neri.

10 —Zitti, bambini! Sentiamo cosa dice Babbo Natale!—

Proprio in questo momento arriva una signora con un bambino di circa sette anni. Ha molti gioielli e porta indosso una bella pelliccia di visone.

15 —Massimo, di' a Babbo Natale quello che desideri. Non vergognarti, bello di mamma!—

—Un momento—, esclama Babbo Natale. —Tutto dipende da come Massimo si è comportato durante l'anno passato e se ha fatto il bravo o il cattivo
20 perchè io porto i regali solo ai bambini buoni. Allora, bello. . .sei stato buono? Ah! Questa birba mi ha tirato un calcio negli stinchi. Ma che sei scemo! Perchè l'hai fatto?—

—Perchè te lo meriti. L'anno passato mi hai
25 portato dei giocattoli che non valevano nulla: un paio di pattini che non so neanche usare ed un trenino elettrico che non valeva niente e che non ha mai funzionato. E questo nonostante mi fossi preso il fastidio di scriverti una bella lettera. Eccola qua.
30 Ti ho portato una copia dell'originale così non potrai negarlo.

il vicinato *neighborhood*
il giocattolo *toy*
zitto! = silenzio!
la pelliccia di visone *mink coat*
vergognarsi *to be bashful, to be ashamed*
la birba = ragazzo cattivo
tirare un calcio *to kick*
gli stinchi *shins*
nonostante che *in spite of*
prendersi il fastidio *to take the trouble to, to bother*

Il 20 dicembre

Signor Babbo Natale
Polo Nord
35 Pianeta Terra

Caro Babbo Natale:

Quest'anno mi sono comportato
meglio dell'anno passato. Non
ho tirato la coda al mio cane — la coda *tail*
40 e non ho sputato fuori — sputare *to spit*
dalla finestra della mia camera.
Per questo voglio i seguenti
giocattoli:

1) una bicicletta rossa e verde,
45 2) un guantone e una mazza da baseball, — il guantone *glove*
3) un pallone (da calcio) con divisa e scarpette, — le scarpette *soccer shoes*
4) un sacchetto di biglie
50 di vetro colorato,
5) uno slittino azzurro. — lo slittino *sled*

Saluti,
Massimo Cornacchia

P.S.: Acqua in bocca con — acqua in bocca *mum's the word*
55 i miei genitori.

—Lo vede com'è furbo mio figlio? È proprio come suo padre che è avvocato! Cura sempre tutti i dettagli.—

—Bene, Minimo, volevo dire Massimo—, risponde Babbo Natale. —Dal momento che sei così furbo, forse è meglio che questo Natale te li compri tu stesso i regali. Sono stanco di portarteli io con la mia slitta di renne.—

volevo dire *I mean*

la renna *reindeer*

La prossima cliente è una bambina di sei anni che
65 sta discutendo con la mamma.

—Ma mamma, io non ci voglio andare. Non credo in Babbo Natale. Quel signore si veste di rosso e lavora qui durante le feste natalizie. È un impiegato del negozio che prende in giro tutti i bambini.—

70 —Su, su! Vai vicino a Babbo Natale, bambina mia. Non devi parlare così. Devi avere fede. Solo così i tuoi sogni diventeranno realtà.—

diventare realtà *to come true*

La bambina si siede sulle ginocchia di Babbo Natale e mentre egli le sta parlando, improvvisa-
75 mente gli afferra la barba e gliela tira con tutta la sua forza, gridando: —Guarda, mammina! Lo vedi? È proprio come ti dicevo io! Quest'uomo è un impostore. Vedi come gli si stacca la barba dalla faccia. È una barba finta!—

80 Così dicendo salta giù dalle ginocchia di Babbo Natale per andarsene con la mamma.

Mentre Babbo Natale cerca di riappiccicarsi la barba, un gruppo di ragazzi passa ridendo e prendendolo in giro.

85 —Lo vedete il pancione?—

il pancione *fat man*

—Non riuscirà mai a passare per il camino. È meglio che incominci a fare la dieta.—

fare la dieta *to go on a diet*

—Ma perchè non si toglie quel cuscino che si nasconde sotto la casacca?—

90 Babbo Natale non crede ai propri orecchi.

—Che insolenti! Questa nuova generazione non rispetta nessuno. Bisogna dar loro una buona lezione.—

In questo momento compare un ragazzo povero e
95 malvestito che gli si avvicina.

—Questo ragazzo sembra un monello—, pensa Babbo Natale. —Glielo si legge in faccia. Però non mi lascio prendere in giro ancora una volta. Basta con questo «Oh, oh, oh». Bisogna difendersi. . . E
100 adesso, che cosa vuoi? Ti sei comportato bene durante l'anno? Credo di no. Ma ora vuoi i regali, eh? Molti regali! Penso che non sei stato contento di quello che hai ricevuto l'anno passato.—

il monello *brat*

—Oh, no, Babbo Natale! Io non sono venuto a
105 chiederti niente. Ho una buona salute ed i miei
genitori sono meravigliosi e mi vogliono tanto bene.
Ho anche una nuova sorellina che è arrivata la
settimana scorsa. Non si può chiedere di più. Sono
venuto a dirti grazie, Babbo Natale, e ad augurare
110 Buon Natale anche a te.—

—Buon Natale, figliuolo, Buon Natale! Che Dio ti
benedica!—

Ma. . .ma che succede? Babbo Natale ha le lagrime
agli occhi? È possibile che Babbo Natale possa
115 piangere? Che sarà mai? Si sarà preso un raffreddore.
Sì, sarà proprio il raffreddore. Come tutti sappiamo,
fa molto freddo al Polo Nord e bisogna stare attenti
alle correnti d'aria. È facile prendere il raffreddore
quando si viaggia di notte nella neve su una slitta
120 trainata dalle renne.

il raffreddore *cold*

ESCERCIZI

A. ***Rispondere o completare secondo le situazioni della lettura:***

1. Che tempo fa? (a) Sta piovendo. (b) Fa caldo. (c) Tira vento. (d) Sta nevicando.
2. Massimo è arrabbiato perchè (a) si è comportato bene tutto l'anno. (b) non crede in Babbo Natale. (c) il Natale passato non ha ricevuto i regali che voleva. (d) non sa andare in bicicletta.

3. Alcuni ragazzi prendono in giro Babbo Natale perchè (a) è un pancione. (b) il suo vestito rosso sembra ridicolo. (c) porta la barba finta. (d) sta seduto sul trono.
4. Il ragazzo povero (a) è un monello. (b) ha una salute malferma. (c) vuole un trenino elettrico. (d) desidera ringraziare Babbo Natale.

B. *Rispondere secondo le situazioni personali:*

1. Quali regali ricevette il Natale passato?
2. Perchè si dice «è meglio dare che ricevere»?
3. È necessario il denaro per godersi il Natale?
4. Dove preferisce passare le vacanze di Natale?
5. Che cosa farà lei il primo giorno di vacanza?

C. *Scegliere il sinonimo di ognuna delle parole:*

1. il vicinato	a. dare retta
2. ascoltare	b. il dono
3. il regalo	c. contento
4. soddisfatto	d. ragazzo cattivo
5. monello	e. il quartiere

D. *Scegliere il contrario di ognuna delle parole:*

1. prima di	a. ridere
2. a buon mercato	b. l'originale
3. piangere	c. dopo di
4. la copia	d. il futuro
5. il passato	e. caro

E. *Vocabolario. Babbo Natale ha lasciato i seguenti regali in casa Rossi. Dare il dono appropriato ad ogni persona:*

1. un guantone da baseball	a. il nonno
2. una bambola	b. la nonna
3. un osso	c. il padre
4. una bicicletta per bambine	d. la madre
5. un topo di plastica	e. Maria (10 anni)
6. un aspirapolvere	f. Giorgio (16 anni)
7. un sacchetto di biglie colorate	g. Caterina (6 anni)
8. un rasoio elettrico	h. Carletto (5 anni)
9. una maglia di lana (color marrone)	i. Spinone (il cane)
10. una pipa	j. Regina (la gatta)

F. ***Parole analoghe. Scegliere la parola italiana affine a quella inglese:***

1. The lecture at the university was an *edifying* experience.
2. The park is located in the *vicinity* of the school.
3. The clergyman removed his *vestments* at the conclusion of the ceremony.
4. Many *pelts* were needed to make the fur coat.
5. The mayor *advocated* a lowering of taxes.
6. Do you eat a *fortified* cereal for breakfast?
7. The acrobat hurt his back while doing a *somersault.*
8. After the third offense, his driver's license was *revoked.*
9. The letter included the usual *salutation.*
10. The *petition* contained the names of many prominent people.

a. piede
b. avvocato
c. editore
d. pelle
e. forte
f. edificio
g. voce
h. revocato
i. vestire
j. petizione
k. saluti
l. saltare
m. vicinato

G. ***Fare un riassunto della lettura usando i seguenti gruppi di parole:***

1. Babbo Natale / lavorare / i grandi magazzini
2. Massimo / soddisfatto / lista di giocattoli
3. Un gruppo di ragazzi / commentare / prendere in giro
4. Un ragazzo povero / apparire / malvestito / chiedere
5. Babbo Natale / piangere / raffreddore

H. ***Dialogo incompleto. Teresa dice alla mamma quello che vuole per questo Natale. Completare il dialogo facendo la parte di Teresa:***

LA MAMMA: L'anno scorso ricevesti una bambola. Che cosa vuoi quest'anno?

TERESA: (Ask for a green bicycle.)

LA MAMMA: In casa non c'è posto per una bicicletta.

TERESA: (Ask for a pair of skates.)

LA MAMMA: Ma tu non sai pattinare. Cadrai sicuramente.

TERESA: (Express disappointment or disagreement.)

LA MAMMA: Va bene. Scriveremo una letterina a Babbo Natale.

TERESA: (Say that Santa is not a real person.)

LA MAMMA: Ma sicuro che esiste. Non lo vedemmo ieri nei grandi magazzini?

TERESA: (Agree but say that you will not write the letter.)

I. ***Reading comprehension. Below the following passage, there are five questions. For each question, choose the response that best answers the question according to the content of the passage:***

il tetto *roof*
il sacco *sack*
pieno di *full of*
la cappa del camino *cowl of the fireplace*
il torroncino *little nougat*
il carbone *coal*
la babbuccia *slipper*

In Italia, Babbo Natale non è un personaggio così popolare come in tante altre parti del mondo.

Nel folklore italiano c'è la Befana. È una donna vecchia e brutta che cammina sui tetti delle case portando sulle spalle un sacco pieno di regali per i bambini buoni. I bambini credono che essa scenda per la cappa del camino per portare i doni nella notte dell'Epifania.

Ai bambini buoni lascia giocattoli, caramelle e torroncini; ai bambini cattivi dà cenere e carboni.

La sera del cinque gennaio, tutti i bambini appendono la calza alla cappa del camino oppure lasciano le loro babbucce vicino al focolare. La mattina dopo essi si alzano presto e corrono a vedere se la Befana ha lasciato qualcosa. Tutti aprono i pacchi chiedendo: —Che cosa ti ha portato la Befana?—

1. Chi è la Befana?
   (a) Una bella ragazza.
   (b) Babbo Natale.
   (c) Una vecchia brutta.
   (d) Un sacco di patate.
2. Che cosa porta nel suo sacco?
   (a) Regali.
   (b) Niente.
   (c) Milioni di dollari.
   (d) I bambini cattivi.
3. Che cosa dà ai bambini cattivi?
   (a) Pane e mortadella.
   (b) Cenere e carboni.
   (c) Biscotti e caramelle.
   (d) Libri e cartoline.

4. Quando viene la Befana?
   (a) Il 24 dicembre.
   (b) La notte del 5 gennaio.
   (c) Il 31 dicembre.
   (d) Il giorno di San Valentino.
5. Che cosa aprono i bambini il giorno dell'Epifania?
   (a) I regali.
   (b) I libri.
   (c) La porta.
   (d) Una bottiglia di vino.

J. *Parole incrociate. Aspettando Natale:*

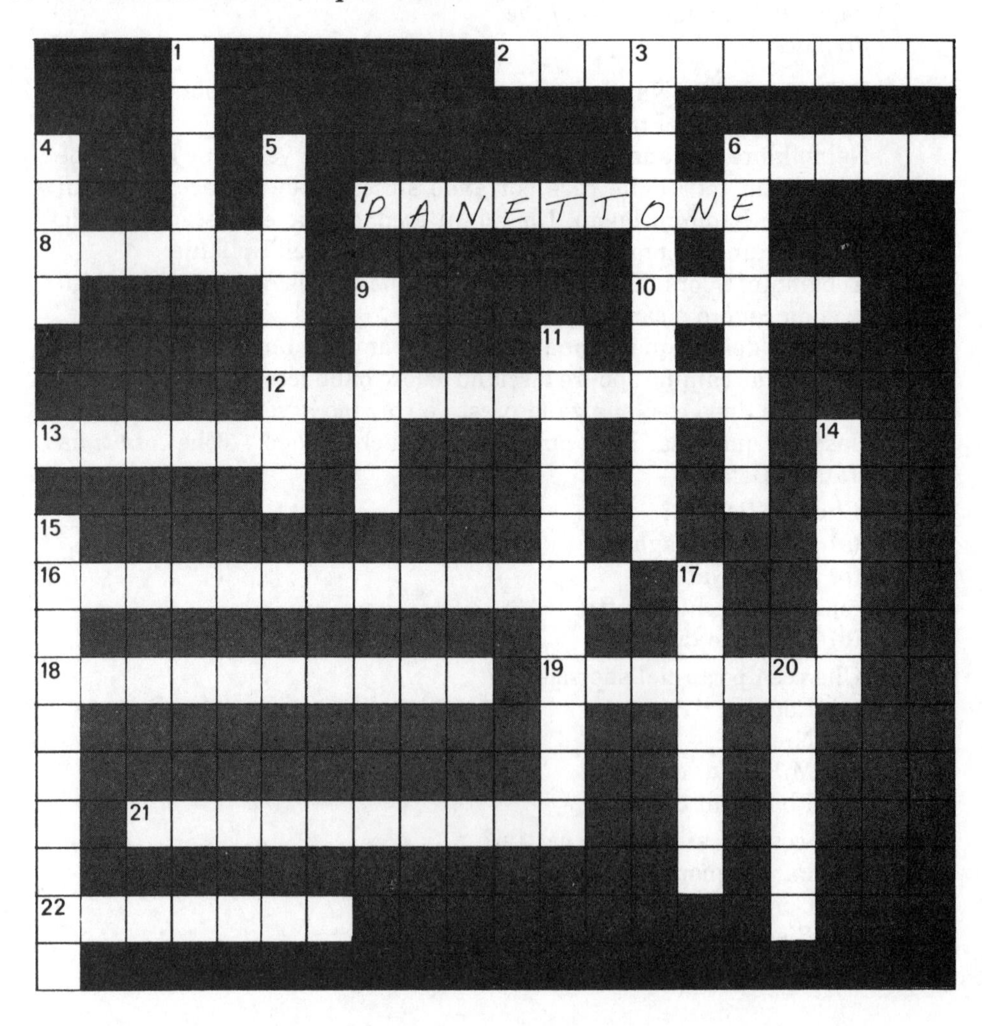

ORIZZONTALE

2. traditions
6. holiday
7. (Milanese) cake
8. visits
10. friends
12. preparations
13. gifts
16. (Christmas) lights
18. bagpipes
19. nougats
21. confusion
22. letters

VERTICALE

1. sounds
3. (Christmas) decorations
4. snow
5. Nativity scene
6. happiness
9. expenses
11. Santa Claus
14. season's greetings
15. toys
17. relatives
20. stores

[La soluzione è a pagina 302.]

26

Osservi e risponda:

1. Che cosa si vede in questa illustrazione?
2. Di che cosa staranno discutendo?

La classe di storia:

il mondo
l'emisfero
il continente
il Paese
le Nazioni Unite
risolvere i disaccordi internazionali
ricreare in classe un modello delle Nazioni Unite
l'assemblea
il delegato
il rappresentante

Guerra o pace?

OSSERVATORI NON ALLINEATI
RIPORTANO MOVIMENTI DI TRUPPE
NEL MEDITERRANEO

Portavoci della NATO hanno dichiarato che la situazione è peggiorata.
5 Le forze armate dei Paesi coinvolti nel conflitto sono state messe all'erta contro possibili attacchi aerei...

L'INQUINAMENTO HA RAGGIUNTO
UN LIVELLO PERICOLOSO

(Oslo) Scienziati di tutto il mondo riunitisi nella capitale scandinava
10 hanno dichiarato che se non si fanno i passi necessari immediatamente, le riserve di acqua pura e di aria pulita finianno durante questa decade.
Queste dichiarazioni sono state rilasciate dopo la scoperta di un enorme numero di pesci ed uccelli morti che galleggiavano vicino alle coste....

15 **RAPIDO AUMENTO DI CRIMINI**
COMMESSI DA GIOVANI DELINQUENTI

I sindaci delle dieci città nordamericane più grandi stanno cercando di trovare una soluzione al problema della delinquenza giovanile. Le ultime statistische dimostrano che i giovani tossicodipendenti commettono
20 un numero enorme di furti e di assalti...

—In che mondo viviamo! Ogni giorno che passa sembra che a poco a poco ci avviciniamo di più all'annientamento totale del nostro pianeta: guerre distruttrici, invasioni, rivoluzioni, l'inquinamento

la guerra *war*
il portavoce *source, spokesman*
la NATO = North Atlantic Treaty Organization
peggiorare = deteriorare
l'inquinamento *pollution*
galleggiare *to float*
l'aumento *increase*
il sindaco *mayor*
l'annientamento *annihilation*

25 dell'ambiente ed il mal uso delle nostre risorse naturali. Ma il problema principale è la mancanza di comunicazione fra i vari popoli del mondo. Non c'è un modo in cui la razza umana potrà vivere in pace? Così il professore Bentivoglio parla alla sua 30 scolaresca durante l'ora di Storia Mondiale.

l'ambiente *environment*
la mancanza *lack of*

—Signor professore—, interrompe una voce giovanile.

—Dimmi Anselmo. Che soluzione puoi offrire?—

—Mi sembra che noi, da esseri intelligenti, do- 35 vremmo essere capaci di trovare una soluzione ai nostri problemi senza dover ricorrere alla forza. E se già esiste l'Organizzazione delle Nazioni Unite. . . perchè non si possono risolvere questi disaccordi internazionali in una maniera civile?—

l'essere *(human) being*

il disaccordo *disagreement*

40 —Molto bene. Abbiamo già discusso l'O.N.U. ed abbiamo in progetto una gita scolastica per osservare come funziona. Ma per farsi un'idea dei suoi problemi, oggi cercheremo di ricreare qui in classe un modello delle Nazioni Unite e svolgeremo il ruolo 45 dei delegati dei Paesi soci.—

svolgere il ruolo = fare la parte

Ogni alunno sceglie il Paese che vuole rappresentare. Si fanno le elezioni: Giuseppina viene eletta Segretaria Generale e Maurizio viene eletto Presidente dell'Assemblea Generale.

50 MAURIZIO: Bisogna tenere una conferenza sulla questione del disarmo e bisogna affrontare questo problema davanti a quest'Assemblea.

Prende la parola il delegato degli Stati Uniti.

prendere la parola *to have the floor*

NICOLA (*delegato degli S.U.*): Signor Presidente e 55 signorina Segretaria. Il mio Paese ha sempre sostenuto gli sforzi di questa organizzazione per conseguire una pace duratura attraverso il disarmo. Pertanto proponiamo che i rappresentanti delle cinque grandi potenze si riuniscano 60 in una città neutrale per discutere ed approvare un accordo.

sostenere *to favor*
duratura *lasting*
attraverso il = per mezzo del

VIRGILIO (*delegato della Francia*): Crediamo che il luogo ideale per questa conferenza sia «la città delle luci», Parigi.

65 GINA (*delegata dell'Italia*): Ci sembra che Roma, «la città eterna», la culla della civiltà romana, sia il luogo ideale per una conferenza di questo genere.

la culla *cradle*

MAURIZIO: Ora ha la parola il rappresentante della 70 Repubblica del Ghana.

ORLANDO (*rappresentante del Ghana*): Parlando a nome dei Paesi in via di sviluppo, crediamo che il continente africano sarebbe un luogo eccellente. I Paesi europei non potranno mai restare 75 neutrali come noi.

lo sviluppo *development*

ORTENSIA (*rappresentante della Svizzera*): Il nostro Paese ha sempre mantenuto una politica di neutralità. Inoltre, a Ginevra, si sono tenute diverse conferenze internazionali. Non solo pos- 80 siamo offrire ai partecipanti tutte le comodità possibili, ma abbiamo anche una magnifica sala per le conferenze, con un tavolo quadrato, appositamente preparato per queste occasioni.

mantenere *to maintain, support*
tenere *to carry out*

quadrato = con quattro lati uguali

DIEGO (*rappresentante della Russia*): Signor Pre- 85 sidente, protesto. Tutti sappiamo che il tavolo nel grande salone di Ginevra è quadrato. La Russia domanda che il tavolo sia rotondo per far trovare tutti i Paesi in condizioni di uguaglianza.

90 Quando Diego dice questo, si ode un clamore generale nell'aula.

—Signor Presidente! La Repubblica d'India si oppone.—

—Il delegato del Giappone non è d'accordo.—

95 —La Gran Bretagna insiste che bisogna servire il tè durante i momenti di pausa.—

—La Svezia è più neutrale della Svizzera.—

Nel frattempo suona la campana. Prima che gli studenti possano uscire dall'aula, il professore Ben- 100 tivoglio, fa un'ottima osservazione: —Mi sembra che adesso possiate avere un'idea più chiara circa quanto succede quando cerchiamo di risolvere i nostri problemi. Le cose non sono poi così facili come sembrano. È chiaro comunque che quando visiteremo l'O.N.U. 105 vedremo i delegati assumere un atteggiamento più serio quando affrontano i problemi del mondo in cui

frattempo = intanto, in questo momento

viviamo e non perdono tempo in discussioni inutili.—
Il venerdì della settimana dopo, durante la loro visita al palazzo delle Nazioni Unite, gli studenti del professor Bentivoglio seguono attentamente gli
110 sviluppi di un dibattito nell'Assemblea Generale.
—Non accettiamo un tavolo quadrato.—
—Proponiamo una città neutrale.—
—I Paesi in via di sviluppo vogliono uguaglianza.—
115 —È un'attitudine tipicamente imperialistica.—
Eccetera. . .eccetera. . .eccetera.

ESERCIZI

A. ***Rispondere secondo le situazioni della lettura:***

1. Perchè il professore di Storia Mondiale è così pessimista?
2. Perchè gli studenti vanno a visitare le Nazioni Unite?
3. Quanti Paesi sono rappresentati nella classe di storia?
4. In quale continente si trova il Ghana?
5. Secondo il professore, che atteggiamento assumono i vari delegati?

B. ***Rispondere secondo le situazioni personali:***

1. In quale città si trova l'O.N.U.?
2. Come possiamo evitare un'altra guerra mondiale?
3. Quali dei seguenti Paesi non hanno porti marittimi?
   Svezia / Svizzera / Bolivia / Italia / Russia / Nigeria / Egitto
4. Che cosa devono fare tutte le nazioni per combattere l'inquinamento del nostro ambiente?
5. Qual è la prima cosa che farebbe se lei fosse il Presidente degli Stati Uniti?

C. ***Completare con la parola o la frase più appropriata:***

1. Quando non ci sono nè guerre e nè battaglie, allora c'è _____.
2. Una _____ è un breve viaggio fatto da un gruppo di persone.

3. Tutti gli uomini appartengono alla ____ umana.
4. Il capo dell'amministrazione di una città è il ____.
5. I ____ rappresentano i loro Paesi in una organizzazione.

D. ***Scegliere l'espressione che meglio completa ciascuna frase:***

1. Il problema principale è. . .
2. Ogni studente sceglie. . .
3. Prende la parola. . .
4. Vogliamo una tavola rotonda per. . .
5. Gli studenti ascoltano. . .

a. mantenere l'uguaglianza fra i Paesi.
b. il delegato della Francia.
c. la mancanza di comunicazione.
d. lo sviluppo del dibattito.
e. il Paese che vuole rappresentare.

E. ***Scegliere la frase che meglio descrive il contenuto di ciascuna vignetta:***

1. Si ode un clamore generale in aula.
2. Anselmo offre una soluzione.
3. I rappresentanti delle cinque grandi potenze si riuniscono.
4. Gli alunni fanno la parte dei delegati.
5. Gli alunni visitano le Nazioni Unite.

F. ***Dialogo incompleto. Due amici, Antonio e Peppino, discutono i problemi mondiali di oggi. Completare il seguente dialogo facendo la parte di Antonio:***

PEPPINO: Sembra che i problemi diventino più gravi di giorno in giorno.

ANTONIO: (Agree and say that you are afraid of war.)

PEPPINO: È un peccato che debba esserci sempre il pericolo della guerra.

ANTONIO: (Say that all nations should work together.)

PEPPINO: Ma molte nazioni non vogliono seguire i suggerimenti delle Nazioni Unite. Come possiamo obbligarle?

ANTONIO: (Suggest a solution.)

PEPPINO: Credi che ci sarà mai pace in questo mondo?

ANTONIO: (Express your opinion.)

PEPPINO: È più facile parlare che trovare soluzioni.

ANTONIO: (Disagree and tell why.)

G. ***Parole incrociate. Sinonimi dei verbi:***

ORIZZONTALE

4. assalire
6. decidere, chiarire
8. portare di nuovo, rapportare
10. trascinare altri in una situazione grave o pericolosa
13. stare a galla, emergere
14. dibattere, disputare
15. fare (cattive azioni)
16. conoscere
17. guardare attentamente

VERTICALE

1. supporre, essere persuaso
2. mettersi contro, contraddire
3. fermare (temporaneamente)
5. farsi vicino
7. spiegare, delucidare, chiarire
9. trattare, sviluppare, spiegare
10. indagare, investigare, esplorare
11. mettere in libertà, concedere
12. chiarire, spiegare

[La soluzione è a pagina 302.]

1
2
3
4 AFFRONTARE
5
6
7
8
9
10
11
12
13
14
15
16
17

27

Osservi e risponda:

1. Quante persone ci sono in questa illustrazione?
2. Stanno discutendo? Di che cosa stanno parlando?

Il lavoro:

la banca
la cassa
la professione
la rinuncia
il presidente
il salario
l'impiego
l'aumento
i soldi
arrivare in ritardo
non riuscirai mai ad essere qualcuno

Padrone. . . Io ti pianto!

Drin!. . .drin!. . .drin!. . .rin!. . .rin!. . .rin!. . .

—Mannaggia! Mannaggia la miseria!—, grida Stefano ancora mezzo addormentato, mentre cerca di afferrare la sveglia che lo ha svegliato da un sonno profondo.

È l'inizio di un altro giorno, un giorno come tutti gli altri. Stefano non vuole andare a lavorare, ma non c'è rimedio. Scende dal letto e piano piano va verso il bagno. Automaticamente, senza nessuna voglia, ripete le stesse azioni di ogni mattina: farsi la doccia fredda, farsi lo shampoo, lavarsi i denti, farsi la barba, vestirsi con cura e sedersi a tavola per fare colazione. Mangia sempre le stesse cose: una tazza di caffelatte con due fette di pane abbrustolite.

Mentre beve il caffè si accorge che si è già fatto tardi e deve affrettarsi per prendere il treno. Se non si sbriga farà ritardo un'altra volta e questa sarà la terza volta questa settimana. Esce correndo dal suo appartamento e a malapena riesce a salire sulla metropolitana. Una volta seduto, si mette a leggere il giornale. Oggi però non legge gli articoli di fondo, bensì la «Piccola Pubblicità» per le offerte impiego e lavoro.

piantare *to quit (a job)*
mannaggia! *darn it!*

non c'è rimedio *there's no avoiding it*

la doccia *shower*

abbrustolito *toasted*

la metropolitana *subway*
mettersi a *to begin to*
impiego e lavoro *job*

25 **Falegname esperto.** Magnifica opportunità per uomo giovane. Ferri del mestiere utili ma non necessari. Presentarsi o telefonare al 324-1579 per appuntamento ore ufficio. Carpenteria Broccoli, Piazzale dei Caduti 9. (30)

il falegname *carpenter*

Due posteggi per tassì. Lavoro immediato. Paga iniziale di $3, $4, $5 o più l'ora. Recarsi personalmente presso l'autorimessa «LA RUOTA» a due traverse dalla stazione ferroviaria. (35)

l'autorimessa *garage*

Imbianchino. Lavorare con la più grande ditta della città. Paga secondo le tariffe sindacali. Telefonare 778-6566. (40)

l'imbianchino *house painter*

le tariffe sindacali *union wage scales*

Cercasi giovanotto ambizioso. Prospettive di carriera come **idraulico.** Con o senza esperienza. Paga oraria di $5.75 con scatti paga garantiti. Telefonare al «Gruppo Tirreno» 756-3143. (45)

l'idraulico *plumber*

lo scatto paga *pay raise*

Occorre **meccanico esperto** con conoscenza auto sportive. Deve avere attrezzi propri. Referenze necessarie. Salario $350 settimanali. Spedire «Casella Postale» 78. (50)

l'auto sportiva *racing car*

casella postale *P.O. box*

Stefano pensa fra sè: —Quanto sono cretino! Che vita è questa! Tutti i giorni durante gli ultimi anni ho fatto sempre lo stesso lavoro: contare, sottrarre, addizionare, calcolare tassi d'interesse, riscuotere cambiali, depositare enormi somme di denaro nella (55)

cassaforte della banca. . . Perchè? Ci sono tante altre
60 possibilità d'impiego e tutto un mondo nuovo da scoprire. Potrei fare il carpentiere, per esempio. Essi guadagnano benino e possono vedere il risultato del loro lavoro. Non hanno un impiego così monotono e noioso come il mio. Potrei anche diventare un vigile
65 del fuoco. Questo sì che è un lavoro eccitante. Ogni giorno ci sono nuove avventure e magari potrei anche salvare delle belle ragazze dalle fiamme del fuoco. Oppure potrei diventare marinaio e viaggiare per tutto il mondo visitando luoghi esotici. Ah, che
70 cosa non farei per cambiare il mio impiego con qualsiasi altro lavoro! Farei l'idraulico, lo spazzino, il sarto. Proprio non m'importa più niente. Farei volentieri molte ore di straordinario tanto di giorno quanto di notte. Non andrei mai in sciopero ed
75 accetterei un salario minimo. Scommetto che non potrà essere meno di quanto guadagno adesso. Tanti anni con la stessa banca e senza nessuno aumento di salario. Questo è quello che succede quando si lavora per un padrone che è un taccagno. Si sta
80 approfittando di me perchè ho un carattere docile. Però d'ora innanzi le cose cambieranno. Tutti vedranno come questo gatto diventerà una tigre! Sarà divertente vedere la faccia che faranno tutte le segretarie quando annuncerò le dimissioni. Sì, si-
85 gnore! Entrerò nell'ufficio e dirò: Da questo momento smetto di lavorare! Ti pianto e me ne vado.—

Stefano ha veramente preso una decisione irrevocabile. Quando arriva in banca, si dirige verso l'ufficio del direttore e si piazza diritto davanti alla
90 scrivania.

—Stefano! Che fai qui? Perchè non stai lavorando alla cassa? Di questo passo non riuscirai mai ad essere qualcuno. Sono già le nove passate. Vattene a lavorare. . .subito! E prima che mi dimentichi. . .
95 Non scordarti di portare un regalino alla mamma stasera. È il suo compleanno, lo sai?—

—Sì, papà!—

il vigile del fuoco *fireman*
salvare *to rescue*
il marinaio *sailor*
lo spazzino *sanitation man*
il sarto = persona che fa i vestiti
volentieri *willingly*
ore di straordinario *overtime*
andare in sciopero *to strike*
scommetto che *I bet that*
l'aumento di salario *raise*
taccagno *stingy*
diventare *to become*
di questo passo *at this rate*
riuscire ad essere *to become*
sono le nove passate *it's past nine*
dimenticarsi di *to forget to*

ESERCIZI

A. ***Rispondere secondo le situazioni della lettura:***

1. Che sonno stava dormendo Stefano?
2. Che cosa fa tutte le mattine?
3. Perchè non gli piace lavorare in banca?
4. Che genere di lavoro vuole fare?
5. Che tipo d'uomo è il padre, secondo Stefano?

B. ***Rispondere secondo le situazioni personali:***

1. Di solito, che cosa mangia lei a colazione?
2. Quale sezione del giornale le interessa di più?
3. Quale mezzo di trasporto usa lei per venire a scuola?
4. Che cosa pensa di fare dopo aver ricevuto il diploma?
5. Le piacerebbe lavorare con suo padre? Perchè (no)?

C. ***Vero o falso? Leggere le seguenti frasi e dire se sono vere o false. Se falsa, dare la risposta esatta:***

1. Stefano si sveglia con tanta voglia di lavorare.
2. Il «Gruppo Tirreno» cerca un idraulico.
3. Stefano cerca un lavoro eccitante ed avventuroso.
4. Stefano pensa di smettere di lavorare.
5. Il padrone per cui lavora Stefano è un suo parente.

D. ***Unire la professione all'azione espressa dal verbo:***

1. Spegnere il fuoco (un incendio).	a. un meccanico
2. Aggiustare il bagno o il lavandino della casa.	b. uno spazzino
	c. un marinaio
3. Riparare un'automobile.	d. un pompiere
4. Essere a capo di una ditta (un negozio).	e. un cassiere di banca
5. Guidare una macchina.	f. un carpentiere
6. Dare e ricevere soldi.	g. un idraulico
7. Costruire un mobile.	h. un sarto
8. Viaggiare con la nave.	i. un autista
9. Fare un vestito.	j. un dirigente
10. Pulire le strade.	

E. ***Scegliere il sinonimo di ognuna delle parole:***

1. lentamente	pian piano / in fretta / sicuro / finalmente
2. impiego	lavoro / stipendio / sezione / banco
3. riscattare	avere bisogno / presentare / vedere / ricomprare

4. sbrigarsi — avere cura / addormentarsi / annoiarsi / far presto
5. fuoco — ferramenta / incendio / gelo / suolo
6. elegante — minimo / esotico / fine / straccione

F. ***Scegliere il contrario di ognuna delle parole:***

1. l'inizio — il principio / il diploma / l'impiego / la fine
2. uguale — stesso / diverso / nuovo / stimolante
3. annoiato — divertito / seduto / minimo / taccagno
4. addormentato — contento / affamato / sveglio / allegro
5. tardi — triste / bagnato / seduto / presto

G. ***Dialogo incompleto. Paolo va all'ufficio di collocamento*** *(employment agency)*. ***Il signor Pizzico lo intervista. Completare il seguente dialogo facendo la parte di Paolo:***

IL SIGNOR PIZZICO: Vediamo un po'. . . Lei ha il diploma di scuola media superiore. . . Che cosa potrebbe fare lei?

PAOLO: (Say what you would like to do.)

IL SIGNOR PIZZICO: Mi spiace, ma c'è un posto da meccanico.

PAOLO: (Say that you don't have any experience.)

IL SIGNOR PIZZICO: Non ha bisogno nè di ferri propri nè d'esperienza. All'inizio guadagnerebbe $175 dollari alla settimana.

PAOLO: (Ask if there is another job available.)

IL SIGNOR PIZZICO: L'unica cosa che ci sarebbe e pagherebbero più di $200 dollari è lavorare come imbianchino però dovrebbe avere esperienza.

PAOLO: (Say that you can handle it.)

IL SIGNOR PIZZICO: Magnifico! Eccole l'indirizzo ed il nome della ditta. . .e buona fortuna.

H. ***Situations. Dare una risposta appropriata in italiano:***

1. È estate. La scuola è chiusa e lei vorrebbe lavorare. Va all'Ufficio di Collocamento. L'impiegato dice: Che cosa desidera? Lei risponde:
2. Durante l'intervista il datore di lavoro le chiede: Che tipo di lavoro le interessa? Lei risponde:
3. Lei ha finalmente trovato il lavoro che le piacerebbe avere. Il direttore le chiede: Perchè pensa di essere la persona più qualificata per questo lavoro? Lei risponde:
4. Lei ha appena ricevuto un'offerta d'impiego. Il direttore dice: Posso offrirle solo $135 dollari alla settimana. Lei risponde:
5. Lei non è contenta del suo lavoro. Proprio non le piace più restare. Entra nell'ufficio del direttore e dice:

I. *Parole incrociate. Bisogna lavorare:*

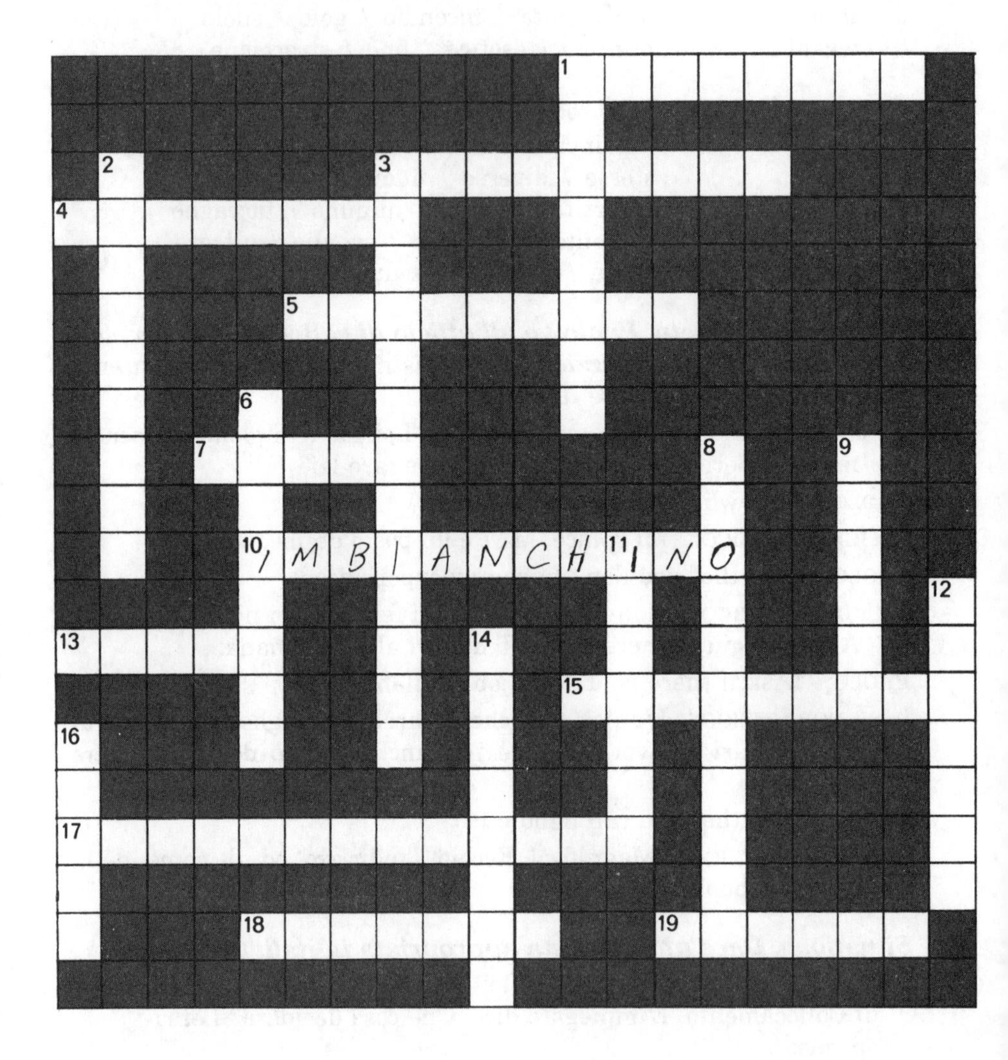

ORIZZONTALE

1. strike; walkout
3. darn it!
4. to quit
5. plumber
7. tailor
10. house painter
13. bank
15. to become
17. overtime
18. silly
19. gift

VERTICALE

1. sanitation man
2. workers' union
3. subway
6. sailor
8. to bet
9. shower
11. job
12. alarm clock
14. stingy
16. teller's window

[La soluzione è a pagina 302.]

28

Osservi e risponda:

1. Dove sono le persone?
2. Come le sembra l'assistente di volo?

Il volo spaziale:

la nave spaziale
i passeggeri
l'assistente di volo
la pillola alimentare
il segnale luminoso
la Linea Interplanetaria
decollare
atterrare
dopo il decollo
snello
calvo
abbassare la poltrona

Volo senza ritorno

—Preghiamo i signori passeggeri di osservare il segnale luminoso di NON FUMARE e di ALLACCIARSI LE CINTURE DI SICUREZZA. Grazie. Alcuni minuti dopo il decollo potranno fumare e
5 slacciarsi le cinture. Auguriamo a tutti un felice viaggio e. . .—

allacciarsi (le cinture) *to fasten (the belts)*
il decollo *takeoff*

Per Atanasio Ottuso queste parole valevano più di quell'annunzio abituale dell'assistente di volo. Era la realizzazione del più grande sogno della sua
10 vita. Atanasio non si trovava su una nave spaziale qualsiasi, bensì su una di quelle navi spaziali della Linea Interplanetaria diretto verso Marte, il pianeta rosso.

l'assistente di volo *flight attendant*
diretto verso *headed for*

La nave spaziale poteva trasportare circa due mila
15 passeggeri più l'equipaggio. C'erano anche alloggi privati per ognuno dei passeggeri e varie sale di ricreazione. Tutto era stato disegnato con il proposito di rendere i lunghi viaggi il più comodo possibile.

l'equipaggio *crew*
disegnare *to design*
il proposito *purpose*

Adesso, quando solo alcuni minuti lo separavano
20 dal decollo, i ricordi della sua fanciullezza gli affollavano la mente: il lancio della prima capsula spaziale; il primo volo spaziale di andata e ritorno; ed, infine, l'inaugurazione della rotta commerciale che univa tutti i pianeti del sistema solare.

la fanciullezza *childhood*
il lancio *launch*
infine *lastly*

25 Per arrivare fresco e rilassato, Atanasio decise di abbassare la poltrona e di schiacciare un pisolino. Il viaggio proseguì senza nessun problema. Questo

schiacciare un pisolino *to take a nap*

era naturale dal momento che le scoperte tecnologiche degli ultimi trenta anni erano state incredibili. Le nuove navi spaziali viaggiavano ad una velocità più rapida della velocità della luce. I nuovi satelliti artificiali potevano essere recuperati cinque o dieci anni dopo essere stati lanciati in orbita e gli astronauti sopravvivevano nello spazio grazie a delle tute speciali.

recuperare *to regain*
sopravvivere *to survive*

Quando, dopo un'ora, aprì gli occhi, Atanasio vide l'assistente di volo e la chiamò. La ragazza che gli rispose era abbastanza carina. Le compagnie aeree interplanetarie avevano scelto come assistenti di volo degli esemplari della razza umana dell'anno 2087. Era alta e snella, completamente calva e senza denti. Stava succhiando una pillola alimentare, una di quelle pasticche che contengono tutte le vitamine e gli elementi nutritivi per un mese e che, allo stesso tempo, combattono la forfora, l'alito cattivo e la caduta dei denti.

snella *slender*
calva *bald*
succhiare *to suck*
alimentare *nutritious*
l'alito cattivo *bad breath*

—Signorina, quanto tempo c'impiegheremo prima di arrivare a destinazione?—

—Siccome viaggiamo a dieci volte la velocità della luce, dovremmo arrivare fra alcuni minuti.—

In quel momento si udì la voce del comandante: —Signore e signori, stiamo per incominciare la discesa attraverso l'atmosfera di Marte. Sono pertanto pregati di rimanere seduti e di osservare il segnale luminoso di NON FUMARE e di ALLACCIARSI LE CINTURE. Atterreremo su Marte fra una ventina di minuti secondo l'orario terrestre. Grazie per la cortese attenzione e buona permanenza su Marte.—

Quando entrarono in contatto con l'atmosfera di Marte, si udì una esplosione ed il cristallo di uno dei finestrini andò in frantumi. A causa della perdita di pressione dentro la cabina, subito comparvero le maschere d'ossigeno. Durante la discesa, degli strani rumori provenienti dalla fusoliera causarono un grande panico fra i passeggeri. Improvvisamente le meteoriti incominciarono ad apparire da tutte le

andare in frantumi *to break into fragments*

parti. Sembrava che la nave spaziale fosse bombardata da tutte le parti da un nemico invisibile.
70 Bambini ed adulti cominciarono a gridare. Atanasio non poteva credere ai suoi occhi. Già stava preparandosi al peggio, quando sentì toccarsi la spalla.

—Atanasio. . .Atanasiooo, svegliati, dormiglione! Sono già le sette e farai ritardo a scuola!—

ESERCIZI

A. ***Completare secondo le situazioni della lettura:***

1. Durante il decollo della nave spaziale, i passeggeri non dovevano ____.
2. Dopo aver fatto il pisolino, Atanasio chiamò ____.
3. La donna dell'anno 2087 era ____.
4. Quando cominciarono ad apparire le meteoriti, i passeggeri ____.
5. La voce della mamma gli fece capire che stava ____.

B. ***Scegliere l'espressione che meglio completa ciascuna frase:***

1. Preghiamo i signori passeggeri di osservare ____
2. Tutto era stato disegnato con il proposito di ____
3. Gli astronauti ____
4. Le hostess sono esemplari ____
5. Svegliati altrimenti ____

a. della razza umana.
b. il segnale luminoso di non fumare.
c. rendere comodi i lunghi viaggi.
d. farai ritardo a scuola.
e. sopravvivono nello spazio.

C. ***Rispondere secondo le situazioni personali:***

1. Le piacerebbe essere astronauta? Perchè?
2. Quali persone lavorano sull'aereo?

3. Qual è il pianeta più vicino alla terra?
4. Come si chiama il satellite del nostro pianeta?
5. Perchè l'uomo vuole esplorare lo spazio?

D. ***Vocabolario. Scegliere la parola appropriata per completare ciascuna frase:***

1. ____ serve i pasti ai passeggeri sull'aereo.
2. Le persone che lavorano sull'aereo o su una nave formano ____.
3. ____ da Nuova York a Los Angeles dura cinque ore.
4. Una persona maggiorenne è ____.
5. Non ha neppure un capello sul capo; è completamente ____.

a. il pilota / l'assistente di volo
b. i passeggeri / l'equipaggio
c. il volo / il decollo
d. un adulto / un cavaliere
e. snello / calvo

E. ***Dialogo incompleto. Lei è uno dei passeggeri su un volo transatlantico New York-Roma e sta parlando con la persona che le sta seduta vicino. Completare il dialogo:***

LA SIGNORA: Questo è il mio primo viaggio in Europa e sono nervosissima.

LEI: (Tell her not to worry.)

LA SIGNORA: Quanto tempo c'impiegheremo ad arrivare?

LEI: (Tell her how long.)

LA SIGNORA: Io ho già fame. Spero che il mangiare sia buono.

LEI: (Tell her that the meals are usually good and why.)

LA SIGNORA: Avrei bisogno di un cuscino. Come potrei averne uno?

LEI: (Make a suggestion.)

LA SIGNORA: Che c'è scritto sul segnale luminoso? Non ho gli occhiali e non riesco a leggere.

LEI: (Tell her what the sign reads.)

F. ***Situations. Dare una risposta appropriata in italiano:***

1. Lei è all'aeroporto. Non sa l'orario di partenza del suo volo. Si avvicina all'impiegato e chiede:
2. Lei vuole comprare i biglietti all'aeroporto. Si avvicina allo sportello e chiede:
3. Lei è sull'aereo. Non c'è nessuno seduto nel sedile accanto. Lei guarda e dice:

4. L'assistente di volo si avvicina e le chiede: Come le sembra il viaggio? Lei risponde:
5. Alla dogana, il doganiere le chiede: Che cosa ha in questa valigia? Lei risponde:

G. ***Mettere le seguenti frasi in ordine cronologico:***

1. Atanasio si sveglia.
2. L'assistente di volo dà le istruzioni.
3. Parla con la hostess.
4. Arrivano sul pianeta rosso.
5. C'è un grande panico fra i passeggeri.

H. ***Scegliere l'espressione che meglio descrive il contenuto di ciascuna vignetta:***

1. La nave trema ed i finestrini si rompono.
2. Atanasio chiama l'assistente di volo.
3. La nave spaziale decolla.
4. La madre sveglia Atanasio.
5. Atanasio dorme un po'.
6. Si ode la voce del comandante.___

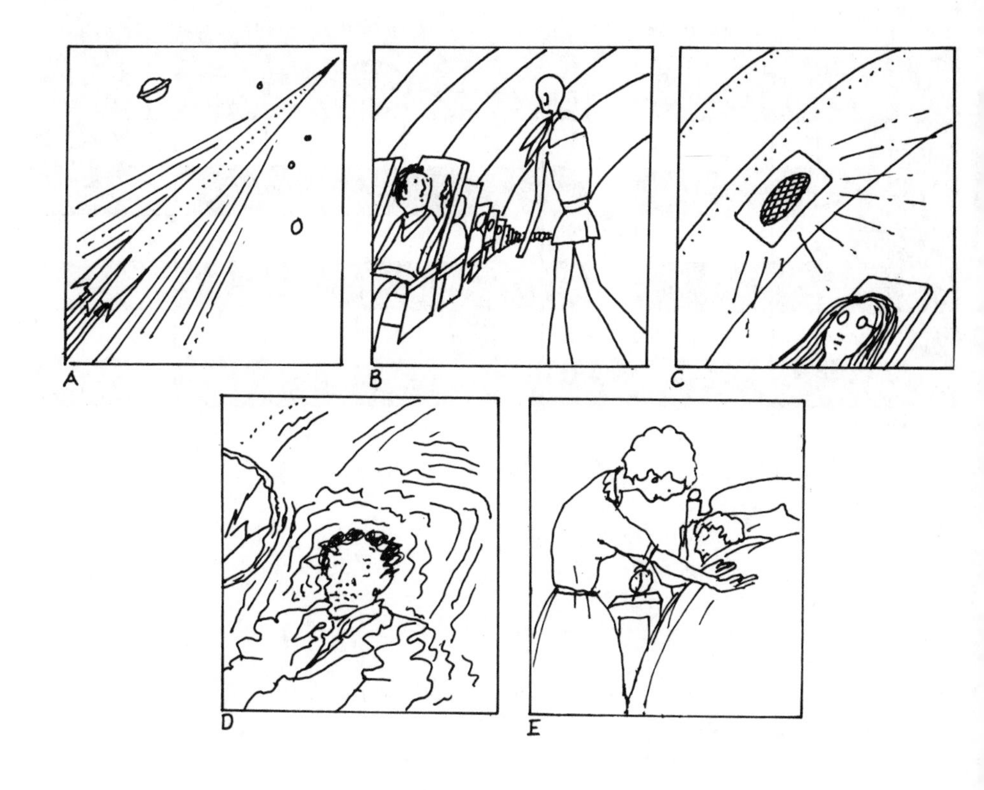

I. *Parole incrociate. Realtà o sogno?*

ORIZZONTALE

5. to observe
6. velocity, speed
8. spaceship
9. crew
10. solar system
11. fasten seatbelts
12. flight attendant
14. commercial route
15. nourishing pill
16. to land
17. satellite

VERTICALE

1. passengers
2. voice
3. interplanetary line
4. Mars
7. no smoking
13. school

[La soluzione è a pagina 302.]

Il mondo sottosopra:

lo spazzino
l'imbianchino
il vigile del fuoco
il poliziotto
il ladro
il ragazzo
il cane
l'uccello
l'aspirapolvere
l'auto
la ruota
la scala portatile
le torte
l'orologio
la lancetta dell'orologio
i pattini
lo stivale
la pistola
l'ombrello
il semaforo
l'aereo
il sole
il marciapiede
il segnale di alt
pulire
correre dietro a
pattinare

Ripasso e giochi IV

A. ***Descrivere quello che succede nel disegno.***

B. ***Può trovare i quindici errori che ci sono nel disegno?***

C. ***Listening comprehension. Listen to your teacher read aloud twice in succession a question and passage in Italian. Then the teacher will pause while you choose the best suggested answer to the question. Base your answer on the content of the passage:***

1. Perchè la signorina non ha trovato lavoro?
   a. Ha dimostrato di essere una persona molto competente.
   b. Il capoufficio le ha fatto un ottimo rapporto.
   c. Fa sempre lo straordinario.
   d. Non è bella.
2. Che cosa è questo?
   a. È un oroscopo.
   b. È un annuncio scientifico.
   c. È un annuncio di lavoro.
   d. È una vendita promozionale.
3. Quale moda preferiscono le donne moderne?
   a. Quella classica e raffinata.
   b. Quella pratica e semplice.
   c. Quella francese.
   d. Quella nuova e sexy.
4. Quale cambio si è verificato nella società moderna?
   a. Non ci sono più automobili.
   b. L'uomo ha conquistato lo spazio.
   c. L'uomo ha sviluppato le ali.
   d. La gravità terrestre non lo fa muovere.
5. Dov'è il ragazzo?
   a. In città.
   b. Al parco.
   c. A scuola.
   d. In giro.

D. ***Dialoghi incompleti. Completare i seguenti dialoghi:***

1. Cristina e la sorella stanno per andare a fare la spesa. Sono sul punto di uscire di casa.

   LA SORELLA: Che cosa ha detto la mamma stamattina? Te lo ricordi? Mi sembra che abbiamo bisogno del latte e . . . di che cos'altro?

   CRISTINA: (Name something.)

LA SORELLA: Ma dove hai messo la lista della spesa?
CRISTINA: (Tell where.)
LA SORELLA: Ma che fai? Ancora non sei pronta? Sbrigati! Non abbiamo molto tempo.
CRISTINA: (Say what you are doing.)
LA SORELLA: Che sbadata! Mi son dimenticata la borsetta con i soldi!
CRISTINA: (Tell her not to worry and why.)
LA SORELLA: Menomale! Non ho neppure la chiave per riaprire la porta.
CRISTINA: (Tell her that you have it.)

2. Lei cerca lavoro e parla con il direttore di una ditta.
IL DIRETTORE: Cerca un posto di lavoro?
LEI: (Agree and tell why.)
IL DIRETTORE: Qual è la sua qualifica? Che cosa sa fare?
LEI: (Tell what.)
IL DIRETTORE: Dove ha svolto questo lavoro? Quando?
LEI: (Tell where and when.)
IL DIRETTORE: Va bene. Il posto è suo. Le posso offrire solamente $6 dollari all'ora.
LEI: (Accept and give your reaction.)
IL DIRETTORE: Quando vorrebbe iniziare a lavorare?
LEI: (Tell when.)

E. ***Situations. Listen to your teacher read aloud twice in succession a situation in Italian. Then the teacher will pause to allow you to give an appropriate response in Italian. Sentence fragments as well as complete sentences, questions, or commands in Italian may be used as answers, but only if they are in keeping with the situation. Numerals may not be used. Write out the number if the answer includes a date, time, telephone number, amount of money, or the like. Use each response only once.***

F. ***Reading comprehension. Below each of the following passages, there is a question. For each question, choose the expression that best answers the question according to the content of the passage:***

1. Ai ragazzi italiani piace moltissimo giocare a pallone. Il campo sportivo, la piazza del paese o il cortile del palazzo sono i punti d'incontro dei ragazzi subito dopo la scuola.

   Ed i vecchi italiani, come passano il tempo libero? Essi si fanno la partita a carte perchè amano giocare a scopa, a briscola o a tressette. Ma il loro sport preferito è giocare a bocce. Un gruppetto di vecchi amici s'incontra ai giardini pubblici, ai campi di bocce oppure in un luogo qualsiasi dove c'è un po' di spazio libero. Si gioca fra due giocatori o fra due squadre. Vince chi manda le proprie bocce più vicino al boccino e chi accumula più punti. Questo è un gioco eccitante perchè ognuno parla, misura, dà suggerimenti, si muove, fa una bocciata e ride felice quando colpisce la boccia dell'avversario o il boccino.

Qual è il passatempo preferito dai vecchi italiani?

a. Giocare a carte.
b. Giocare a bocce.
c. Giocare a pallone.
d. Giocare a mosca cieca.

2. Oggi nevica. I fiocchi di neve vengono giù leggermente e lentamente. Tutto è silenzio. Gli alberi, le case e le strade si coprono di neve. Oggi però c'è qualche cosa di diverso nell'aria. Il vento soffia piano piano e compone una dolce musica con i rami degli alberi, quasi suonasse un'arpa misteriosa. Si può dire che Natale è alle porte. I ragazzi sono pieni di gioia. Vengono fuori, gridano, corrono sulla neve, saltano, usano lo slittino ed improvvisano giochi. Sono felici. Essi fanno il fantoccio di neve e tirano palle di neve.

Quali feste si celebreranno subito?

a. Le feste pasquali.
b. La festa dell'Epifania.
c. Le feste natalizie.
d. Il cenone di capo d'anno.

G. ***Slot Completion. In the following passage, there are five blank spaces numbered 1 through 5. Each blank space represents a missing word or expression. For each blank space, five possible completions are provided. Only one of them makes sense in the context of the passage. First read the entire passage to determine its general meaning. Then read it a second time and choose the completion that makes the best sense:***

Scienziato del futuro

Durante la lezione di scienze, uno studente che crede di saperla lunga osserva attentamente la rotta seguita dagli astronauti per andare sulla luna ed ha alcuni dubbi.

LO STUDENTE: Professore, perchè quando gli __(1)__ vanno sulla luna fanno mesi e mesi di preparazione?

IL PROFESSORE: Per abituarsi ad un ambiente diverso.

1. (a) professori
(b) studenti
(c) uomini politici
(d) astronauti
(e) ragazze

LO STUDENTE: È vero che non c'è aria sulla luna?
IL PROFESSORE: Sì, è vero. C'è il ___(2)___ perchè manca l'atmosfera.
LO STUDENTE: Perchè la capsula gira prima intorno alla terra e poi intorno alla luna?
IL PROFESSORE: Gli astronauti girano prima intorno alla terra per verificare se tutto funziona bene e ___(3)___ girano intorno alla luna per entrare a poco a poco nel raggio di attrazione lunare.
LO STUDENTE (*guarda la spirale che la capsula forma e. . .*): Professore, mi scusi!
IL PROFESSORE: Che cosa c'è? Ha qualche domanda?
LO STUDENTE: Questi scienziati, proprio non li capisco!
IL PROFESSORE: Ha qualche idea nuova?
LO STUDENTE: Sì. Penso di sì. Questi scienziati rendono tutto così difficile, anche se tutto è così ___(4)___! Se si attacca un lunghissimo cavo d'acciaio alla nave spaziale si potrebbe, facilmente, legare la luna alla terra. Si eviterebbero così tanti giri e rigiri. Si potrebbe costruire un ___(5)___ per andare su e giù terra-luna e luna-terra, in linea diretta. E si risparmierebbero tempo e benzina, nevvero?

2. (a) pieno
   (b) vuoto
   (c) nuovo
   (d) vino
   (e) acqua

3. (a) poi
   (b) ieri
   (c) in fretta
   (d) esitanti
   (e) a salti

4. (a) terribile
   (b) semplice
   (c) triste
   (d) nuvoloso
   (e) senza luce

5. (a) scala
   (b) casa
   (c) ascensore
   (d) slitta
   (e) bicicletta

H. ***Writing. Write a well-organized letter or note in Italian of at least 10 clauses. A clause must contain a verb, a stated or implied subject, and additional words to convey meaning. You may either use the suggested subtopics or put in your own ideas:***

1. Mr. Rossi has always promised to sell you his sport car if you get a driver's license. You have just passed the road test. Write him to ask about his car. The purpose of the letter is to get information about the car.

   Subtopics: who you are; why you are writing the letter; identify the car; ask if the car is still for sale; its running condition; its color; its sale price.

   Dateline: Il ____ ____ 19__
   Salutation: Egregio ____
   Closing: Cordialmente

2. Your birthday party is near. Write a note to your best friend convincing him/her to come even though you had a previous argument. The purpose of the letter is to convince your friend to come to the party.

   Subtopics: it is your sixteenth birthday; a lot of old friends are coming; his/her favorite musical group will be performing; the party is at his/her favorite restaurant; the menu includes the food he/she likes; you still love him/her very much.

   Dateline: Il ____ ____ 19__
   Salutation: Caro(a) ____
   Closing: Affettuosamente

3. You have made an important discovery during a science experiment. Write a letter to a famous scientist asking him/her about the validity of your discovery. The purpose of the letter is to obtain more information about similar experiments.

   Subtopics: who you are; why you are writing; your experiment; what happened; your discovery; were similar experiments performed before and by whom?; your expectations.

   Dateline: Il ____ ____ 19__
   Salutation: Egregio ____
   Closing: Cordialmente

I. ***Parole mascherate. Sei ancora sveglio?***

Below there are 31 English expressions. Can you find their Italian equivalents in the puzzle?

ASSEMBLY
BADLY DRESSED
BEARD
CAPE
CLIENT
DELEGATE
DISCOTEQUE
DREAM
TO FASTEN
(FLIGHT) ATTENDANT
GIFTS
IMPOSTER
JOB
LITTLE BOY
MANAGER
PANTS
POLLUTION
TO PROTEST
SALARY
SALE
SALES REP
SANTA CLAUS
SEATBELT
SHOWER (BATH)
SOLUTION
SPACESHIP
STRIKE
SUBWAY
TABLET (PILL)
TOYS
VITAMINS
WARDROBE

E T N E T S I S S A T F B M X N A V M E O R M V C G
N W G T G U C T Y M E A W S Z L S O L U Z I O N E T
X E E X I I Z M M N B B A N L W T L L X I V D O Y T
Z D T N R S O E V B D T O A T Q B E Y E Q I D K M U
T U X N O R R C O C I L C U O C G Q C O S I E N V S
Z P N X E R Z N A D X C D E F R K W R C F I O D H S
T V T F M I A H N T I O D R R R H X O B P P V A L S
C L S X Q T L E N A T B U A W B P T V A Z I N D B S
B Q F V A V V C R C W O P Q R V E K N I H A K G Q I
B B E L S J Y E M N T P L U S C F T Z R T F E B T K
P S E R V E S T I A R I O I A C A L B I E A Z R N D
I M P O S T O R E E W P M C Z L I S L A C G M H H O
K K B G O T I T S E V L A M O P T O S I R B A I L S
C I N T U R A E I J B T N N I B P A P E P B P L N K
O L T A O S N Z M R M T I I A O S T N E M T A H I E
Z Y E N F T J W X A M Z N R R V C U H N R B J G R S
P P G C A P N F B O N Q V T C Q E K D R R O L N D A
X M E N D L G W E P U T E D K F A S U A C T C E I U
C K T G A O T Z L I P M E U S A N W P G V I Y C A P
K E G V G M T A N M U L A L A L R X E A Q S C B P R
P R O T E S T A R E E P I L L O L A S Z Z O B T A S
D R R Z E K M S A G S O O X A I X C C Z D I Z Q H P
O G H T M E G Z A F X W N Q R E N L G I Q O A X C H
I I X V N G W T T Q O G Y G I N C A D N W F M L D F
Q W Y T X K O B Q A M A B F O Q V A T O F Y M C E N
I J O K T M E R O T T E R I D S F O E W J Q G Z H R

[La soluzione è a pagina 303.]

Vocabolario italiano-inglese

a to
abbacchio (l', gli) spring lamb
abbandonare to abandon
abbastanza rather, enough, sufficiently
abbigliamento: negozio di abbigliamento (il, i) clothing store
abbracciarsi to embrace
abbronzare to tan
abbronzatura (l') suntan
abbrustolito toasted
abisso (l', gli) abyss
abitante (l', gli) resident, inhabitant
abitare to live
abitazione (l', le) house, residence
abito (l', gli) suit, dress; **mettere l'abito** to dress up
abituale habitual, usual
abituarsi to get used to
abitudine (l', le) habit, way of; **abitudine alimentare** eating habit
accadere to happen
accampamento (l', gli) camp
accanto a near, next to
accelerare to accelerate, to speed up
acceleratore (l', gli) accelerator
accendere to turn on
accessorio (l', gli) appliance
accettare to accept
acchiappare to grab
accidentalmente accidently
accidenti! darn it!
accomodarsi to make oneself comfortable
accompagnare to accompany
accordo (l', gli) agreement; **d'accordo** agreed; **mettersi d'accordo** to come to an understanding
accorgersi, accorgersene to notice, to become aware, to realize
accumulare to accumulate
acqua (l', le) water; **acqua minerale** mineral water; **acqua in bocca!** keep it under your hat!
acquario (l', gli) aquarium
Acquario Aquarius
acquisto (l', gli) purchase
acquolina (la, le) drizzle; **con l'acquolina in bocca** with (his) mouth watering
acrobata (l', gli) acrobat
acustica, segnalazione acustica no beeping
acuto serious, acute
ad to
addentare un boccone to grab a bite
addizionare to add
addormentarsi to fall asleep; **mezzo addormentato** half-asleep
addossare to lean against
addossato against
addosso on, upon
adesso now
adorare to worship
adulto (l', gli) adult
affacciarsi to lean out of the window
affamato hungry
affare (l', gli) bargain; **si faccia gli affari suoi** mind your own business
affatto at all; **niente affatto** not at all (or nothing at all)

afferrare to grab
affetto (l', gli) love
affettuosamente affectionately, lovingly
affilato sharp
affinchè so that, in order that, that
affine similar, analogous
affittare to rent
affitto (l', gli) rent
affogare to drown
affrettarsi to hurry up
affrontare to face
agente (l', gli) police officer
aggirarsi to move around
aggiungere to add
aggiustare, aggiustarsi to fix
aggrapparsi to cling, to hold on to
agitato agitated, excited
aglio (l', gli) garlic
aiuola (la, le) lawn, grass, flower bed
aiutare to help
aiuto (l', gli) help; **aiuto!** help!
ala (l', le) wing
albero (l', gli) tree
alcuno some
alfine di in order to
alimentare nutritious
alito (l', gli) breath
allacciare to fasten
allegro happy
allineato aligned
alloggio (l', gli) lodging, quarters
allontanarsi to go away
allora then
allungarsi to stretch
almeno at least
alquanto somewhat, a little, a bit, rather
alt stop sign
alternare to alternate
alternativa (l', le) alternative
alto tall, high
altro another
alzacristalli elettrici power windows
alzare to lift, to raise
alzarsi to get up
amante (l', gli) lover
amaro sour
ambedue both
ambiente (l', gli) environment, atmosphere
ambizioso ambitious
ambulanza (l', le) ambulance
ambulare to walk
ambulatorio (l', gli) doctor's office
ammaestrato trained
ammazzare to kill
ammettere to admit
amputare to amputate
analisi (l', le) analysis; **analisi critica** critical analysis
anche also, even, too
ancora still
andamento (l', gli) development
andare to go
andarsene to go away
andata e ritorno round-trip
anello (l', gli) ring; **anello di fidanzamento** engagement ring
angelo (l', gli) angel
angolo (l', gli) corner
angoscioso distressing, painful
anima (l', le) soul
anitra (l', le) duck, drake
annegare to drown
annientamento (l') annihilation
anno (l', gli) year; **avere . . . anni** to be . . . years old
annuire to shake the head in agreement; **annuire in assenso** to nod in assent
annuncio (l', gli) advertisement; **annuncio pubblicitario** commercial
annusare to sniff
annuvolato cloudy
ansimare to pant
ansioso anxious
anzi on the contrary
anzichè instead of
aperitivo (l', gli) aperitif, appetizer
apparecchiare la tavola to set the table
apparire to appear
appartamento (l', gli) apartment
appassionato keen, fond
appello: fare l'appello to call the roll
appena just, as soon as
appendere to hang
appetito (l') appetite
appetitoso appetizing, tempting
applicare to apply
appositamente purposely

apprendere to learn
apprestarsi to get ready
approfittare to profit from, to take advantage of
appropriato suitable, appropriate
appuntamento (l', gli) appointment
aprire to open
aragosta (l', le) lobster
arancia (l', le) orange
aranciata (l', le) orangeade
arare to plow
aratro (l', gli) plow
arcobaleno (l', gli) rainbow
argomento (l', gli) subject, affair
aria (l', le) air; darsi le arie to put on airs; **aria condizionata** air conditioning
arieggiata airy
Ariete Aries
arma (l', le) weapon
armadio (l', gli) closet; **armadio a muro** wall closet
arrabbiato angry
arredamento (l', gli) furniture
arredato furnished
arricchire to enrich
arrivare to arrive
arrivo (l', gli) arrival
arrosto (l', gli) roast
articolo (l', gli) article; **articolo di fondo** editorial, lead article
ascensore (l', gli) elevator
ascoltare to listen
asino (l', gli) donkey
aspettare to wait for
aspetto (l', gli) appearance, look; **dall'aspetto trascurato** shabby looking; **l'aspetto esteriore** appearance, look
aspirapolvere (l') vacuum cleaner
assaggiare to taste
assai a lot
assalire to assault, to jump
assalto (l', gli) assault
assassinio (l', gli) murder, killing
assegnare to assign
assenso (l', gli) assent, approval
assente absent
assetato thirsty
assicurare to assure
assicurazione (l', le) insurance
assistente di volo (l', le) stewardess
assolutamente absolutely
assumere to hire, to assume
atmosfera (l', le) atmosphere
attaccare to attach, to attack
attacco (l', gli) attack; **attacchi aerei** air strikes, attacks
atteggiamento (l', gli) attitude
attendere to wait
attentamente attentively, carefully
attento: stare attento to be careful
attenzione (l', le) attention; **attirare l'attenzione** to get someone's attention
atterrare to land
attimo: in un attimo in no time
atto (l', gli) act
attorno a around the
attraente attractive, charming
attraversare to pass through, to cross
attraverso through, across
attrezzare to supply with tools
attrezzata furnished
attrezzo (l', gli) tool
attuale actual, present
augurare to wish
augurio (l', gli) wish; **auguri!** best wishes!
aula (l', le) classroom
aumentare to increase
aumento (l', gli) increase; **in aumento** on the increase; **aumento di salario** raise; **aumento di stipendio** salary increase
autista (l', gli) driver
auto sportiva (l', le) racing car
autolinea (l', le) bus route
automaticamente automatically
automobilista (l', gli) motorist
autorimessa (l', le) workshop
autostrada (l', le) highway
avanti! come in!
avanzare to remain, to be left over
avere to have
avventura (l', le) adventure
avversario (l', gli) opponent, adversary
avvertire to warn
avvicinarsi to get close to, to approach
avvisare to warn

avviso (l', gli) warning, notice
avvocato (l', gli) lawyer; **avvocato difensore** defense lawyer
avvocatucolo (l', gli) poor laywer
azione (l', le) action; **fare cattive azioni** to do bad deeds
azzuffarsi to come to blows, to quarrel
azzurro blue

Babbo Natale Santa Claus
babbuccia (la, le) slipper
baccalà (il, i) dried cod
bacio (il, i) kiss; **baci perugina** *Italian sweets*
bagnante (il, i) bather
bagnare to wet
bagnino (il, i) lifeguard
bagno (il, i) bathroom; **fare il bagno** to take a bath
bagno-schiuma (il, i) bubble bath
baia (la, le) bay, harbor
balletto (il, i) (dancing) show
balzo (il, i) jump; **dare un balzo** to jump
bambino (il, i) child
banco (il, i) seat; **banco dei testimoni** witness stand
bancone (il, i) counter
banda (la, le) group
bandito banished
barattolo (il, i) can
barba (la, le) beard; **farsi la barba** to shave
barberia (la, le) barbershop
barbiere (il, i) barber
barella (la, le) stretcher
barista (il, i) bartender
basare to base
base (la, le) base; **a base di** with
basette (la, le) sideburns
basso short, low
basta! enough! stop it!
battaglia (la, le) battle, fight
battere to hit; **in un batter d'occhio** in the blink of an eye, suddenly; **battere a macchina** to type
batteria (la, le) battery
becco (il, i) mouth, beak
Bel Paese *Italian cheese*
bellezza (la, le) beauty
bello nice, handsome
bello addormentato (il, i) sleeping beauty
Ben di Dio (il) all sorts of good things
bene well, good; **far bene** to do good; **sentirsi bene** to feel well
benedire to bless; **che Dio ti benedica!** may God bless you!
bensì but, rather
benzinaio (il, i) gasoline distributor; **passare dal benzinaio** to go to the gas station
bere to drink
bevanda (la, le) drink, beverage
biancheria (la) linen, underwear
bianco white
bibita (la, le) beverage, drink
bicchiere (il, i) (drinking) glass
bicicletta (la, le) bicycle
biglia (la, le) marble
bigliettino (il, i) short note
biglietto (il, i) ticket; **biglietto da visita** business card
Bilancia Libra
biologia (la) biology
bionda blond
birba rascal
birra (la, le) beer; **birra alla spina** beer on tap
biscotto (il, i) biscuit, cookie
bisogno (il, i) need; **avere bisogno** to need
bistecca (la, le) beefsteak
bloccare to block
blocchetto di appunti notepad
blu blue
bocca (la, le) mouth; **a bocca aperta** astonished
boccata (la, le) mouthful
boccia (la, le) ball; **bocce** bocce (*Italian game*); **fare una bocciata** to hit
bocconcino (il, i) tidbit
boccone (il, i) mouthful
borgata (la, le) neighborhood
borsa (la, le), borsetta (la, le) handbag
bosco (il, i) woods, forest
botteghino (il, i) ticket window
bottiglia (la, le) bottle

bottone (il, i) button; **attaccar bottone** to talk, to rap, to start an argument
bracciata (la, le) stroke; **quattro bracciate** a few strokes
braccio (il, le) arm
brace: alla brace (cooked) on charcoal
breve short
brillantina (la, le) brilliantine
brillare to shine
briscola (la, le) *Italian card game*
brodo (il, i) broth
brontolare to grumble
bruttina (rather) ugly
brutto ugly
bucato flat
budino (il, i) pudding
bue (il, i) ox
buio (il) dark
buono good
burro (il) butter
bussare to knock
buttare to throw

cabina telefonica (la, le) telephone booth
caccia (la, le) hunt; **caccia al tesoro** treasury hunt
cacciare to drive out, to expel
cadavere (il, i) corpse
cadere to fall down
caffè (il, i) coffee
caffettiera (la, le) coffeepot
cagnaccio (il, i) big and nasty looking dog
calamari (i) squid
calcio (il, i) kick, soccer; **tirare un calcio** to kick
calcolare to calculate
caldo hot
calma! cool it!; take it easy!
calmare to calm
calo (il, i) diminution, drop
calore (il) heat, warmth
caloria (la, le) calorie
calpestare to step on, to trample
calvo bald
calza (la, le), calzino (il, i) sock
cambiale (la, le) bill
cambiamento (il, i) change
cambiare to change
cambiarsi to change clothes
camera (la, le) room; **camera da letto (la, le)** bedroom
cameriere (il, i) waiter
camice (il, i) apron
camicia (la, le) shirt
camion (il, i) truck
camionista (il, i) truck driver
camminare to walk
campanello (il, i) bell
campionato del mondo (il, i) world championship
campione (il, i) champ
campo (il, i) field; **campo sportivo (il, i)** soccer field
canale (il, i) channel
cancellare to erase
cancellino (il, i) eraser
Cancro Cancer
cane (il, i) dog
canottiera (la, le) undershirt
cantare to sing
capello (il, i) hair
capellone (il, i) person with long hair
capitare to happen
capo (il, i) head; **con a capo Stefano** with Stefano as a leader
capofamiglia (il, i) head of the family
capolavoro (il, i) masterpiece
capoufficio (il, i) manager
cappa del camino (la, le) cowl of the fire place
cappello (il, i) hat
cappotto (il, i) coat
cappuccino (il, i) cappuccino
capra (la, le) goat
Capricorno Capricorn
capsula (la, le) capsule
caramella (la, le) candy, sugar drop
carattere (il, i) character, disposition; **ho un carattere docile** I'm an easy going person
caratteristico characteristic
carbone (il, i) coal
carcere a vita (il) life imprisonment
caricare to load
carina beautiful, cute
carne (la, le) meat; **carne macinata** ground meat
caro dear, expensive

carpentiere (il, i) carpenter
carrello per la spesa (il, i) shopping cart
carriera (la, le) career
carroarmato (il, i) tank
carta igienica (la) sanitary paper
carte da gioco (le) playing cards
cartella clinica (la, le) medical form
cartellino (il, i) label
cartello (il, i) sign
cartolina (la, le) picture postcard
cartoni animati (i) cartoons
casa (la, le) house, home
casacca (la, le) coat, jacket
casella postale (la, le) P.O. box
casereccio homemade
caserma dei pompieri (la, le) fire station
caso (il, i) chance; **per caso** by chance
cassa (la, le) case, safe
cassaforte (la, le) safe
cassata (la, le) cake studded with candied fruits; **cassata siciliana** *kind of Sicilian cake*
casseruola (la, le) casserole
cassetta postale (la, le) mail box
cassiera (la, le) ticket seller
castano brown
castigo (il, i) punishment
cattedra (la, le) desk
cattivo bad
catturare to capture, to seize
causa (la, le) cause; **a causa di** because of
causare to cause
cavallo (il, i) horse; **andare a cavallo** to go horseback
cavare, cavarsela to handle
cavarsela to get off
cavolo (il, i) cabbage
cazzotto (il, i) blow of the fist, punch
ceffone (il, i) smack in the face; **mollare un ceffone** to smack
celebrare to celebrate
cenare to have supper
cenone di Capodanno (il, i) New Year's eve dinner
centro, centrocittà (il, i) downtown
cercare to look for; **cercare di** to try to
cerimonia nuziale (la, le) wedding ceremony
cerimonia religiosa (la, le) religious ceremony
certamente certainly
cervello elettronico (il, i) computer
cestino (il, i) basket
che that, who
che? what?
chi? who?
chiacchierare to chat
chiacchiere (le) cheap talk
chiamare to call
chiamata (la, le) call
Chianti (il) Chianti
chiara d'uovo (la, le) egg white
chiarire to clarify
chiaro light, clear
chiasso (il) noise; **far chiasso** to make noise
chiave (la, le) key
chicco (il, i) grain
chiedere to ask
chiedersi to wonder
chiesa (la, le) church
chilo (il, i) kilogram
chimica (la) chemistry
chinotto (il, i) *soft drink*
chirurgo (il, i) surgeon
chissà! I wonder! maybe!, goodness knows!
chiudere to close
ciao hi, see you later
ciarlatano (il, i) quack (doctor)
ciascuno every
cicatrice (la, le) scar
ciclismo (il) cycling
ciglia (le) eyelashes
cimitero (il, i) cemetery
cinema (il, i) movies
cinematografo (il, i) movie theater
cintura (la, le) seatbelt
cioccolato (il) chocolate
ciò that, this, it
cipolla (la, le) onion
circa about
circo (il, i) circus
città (la, le) city
cittadino (il, i) citizen
clacson (il, i) horn; **suonare il clacson** to blow the horn
classe (la, le) class

coda (la, le) tail
codice (il, i) rule
cognome (il, i) last name
coinvolgere to involve
colazione (la, le) breakfast; **la colazione al sacco** hot lunch, picnic
colla (la, le) glue, paste
collo (il, i) neck
collocamento: ufficio di collocamento (l', gli) employment office
colloquio di lavoro (il, i) job interview
colmo full; **questo è il colmo!** that beats everything!, that tops it!
colonna (la, le) column
colorato colored
colpa (la, le) fault
colpetto (il, i) little knock, little blow
colpire to hit
colpo di telefono (il, i) quick telephone call
coltello (il, i) knife
coltivare to cultivate
comandare to rule; **comandi!** at your service!
combattere to fight
combinare to put together, to do
come as; **come al solito** as usual; **come no** certainly
commedia (la, le) comedy
commerciante (il, i) businessman, merchant
commettere to commit, to do
commissariato (il, i) police station
comodo comfortable
compagnia d'assicurazione (la, le) insurance company
compagno (il, i) classmate
comparire to appear
competente competent
compiere to finish, to complete; **compiere gli anni** to have a birthday
compilare to fill out
compito (il, i) homework
compleanno (il, i) birthday
completo complete, whole, entire
comporre to compose
comportarsi (bene) to behave (well)
comprare to buy
comune common
con with
concedere to allow
concessionario (il, i) agent
concorso (il, i) contest
condannare to condemn; to sentence
condensato condensed, powdered
condire to season, to flavor
condividere to share
condizionare to condition
condominio (il, i) condominium; **condomini di lusso** luxury condos
condurre to lead toward
conflitto (il, i) conflict
confronto (il, i) comparison
confusione (la) confusion
congelato frozen
coniugale conjugal
conoscenza (la) knowledge
conoscere to know
conquistare to win s.o.'s love; to conquer
conserva di pomodoro (la, le) tomato sauce
considerare to consider
consigliabile advisable
consigliare to warn, to suggest, to advise
consigliere (il, i) counselor; **consigliere scolastico (il, i)** guidance counselor
consiglio (il, i) advice, suggestion
consistere to consist of
consommè in tazza (il) cup of broth
constare di consist of
contabilità (la) bookkeeping
contadino (il, i) farmer
contare su to count on
contemplare to contemplate
contenere to contain
contenuto (il, i) content
continuare to continue
continuo continuous
conto (il, i) bill; **fare i conti** to calculate; **per conto mio** on my behalf; **in fin dei conti** in conclusion
conto: rendersi conto to realize
contorno (il, i) trimming, side dish
contrariare to contradict
contrario (il, i) antonym
contravvenzione (la, le) traffic ticket
contro against; **mettersi contro** to go against

controllare to check; to examine
conversazione (la, le) conversation
convincere to convince
coperta (la, le) blanket
coppetta (la, le) ice-cream cup
coppia (la, le) couple
coprire to cover; **coprirsi** to cover oneself
coraggiosamente courageously, bravely
cordialmente cordially, friendly
coriandolo (il, i) streamer
cornetta (la, le) (telephone) receiver; **alzare la cornetta** to pick up the receiver.
cornetto (il, i) ice-cream cone
corpo (il, i) body
correggere to correct
corrente (la, le) current
correre to run
corretto appropriate
corridoio (il, i) hallway
corsa (la, le) race, run; **di corsa** running
cortesia (la, le) courtesy, kindness; **fare la cortesia** to be kind to
cortesemente kindly
cortile (il, i) courtyard
corto short
così so; **così . . . che** so . . . that; **così . . . come** as . . . as
costare to cost; **costare un occhio** to be very expensive
costituire to constitute
costoletta (la, le) cutlet, chop
costoso expensive
costringere to compel, to force
costume da bagno (il, i) bathing suit
cotone (il, i) cotton
cotta (la, le) passion, crush; **prendersi la cotta** to have a crush
cotto in love
cranio (il, i) skull
cravatta (la, le) tie
creare to make
credere to believe
crema (la, le) cream, cream soup
crema solare (la, le) suntan lotion
crescere to grow
crescita (la, le) growth
cretino (il, i) idiot, fool; **avere una faccia da cretino** to look like a fool
crimine (il, i) crime
cristallo (il, i) crystal
cronologico chronological
crostino (il, i) crouton
cucchiaio (il, i) spoon
cucina (la, le) kitchen
cucinare to cook
cui which, whom, whose
culla (la, le) cradle
cuoco (il, i) cook
cuoio capelluto (il) scalp
cuore (il, i) heart; **mal di cuore** heart disease
curarsi to take care (of)
curiosare to look with curiosity
curiosità (la, le) curiosity
curva (la, le) curve
cuscino (il, i) pillow

da from, by, since
dannato damned
dappertutto all over, everywhere
dare to give; **che film danno oggi?** what's showing today?; **dare sul** to face
darsi to give oneself
data (la, le) date; **data di nascita** date of birth
dattilografia (la) typing
davanti in front of; **davanti a** facing, across from
debole weak
decade (la, le) decade
decappottabile convertible
decidere to decide
decisione (la, le) decision; **prendere una decisione** to decide
decollare to take off
decollo (il, i) takeoff
delegato (il, i) representative, delegate
delicatamente gently
delinquenza (la) delinquency, criminality
delitto (il, i) crime
deliziosamente deliciously
delizioso delicious
delucidare to clarify

deluso disappointed, frustrated
denaro (il, i) money; **denaro in contanti** cash
denso heavy
dente (il, i) tooth; **mettere sotto i denti** to have a bite to eat
dentista (il, i) dentist
dentro in, inside
depositare to deposit
depresso depressed
descrivere to describe
deserto (il, i) desert
desiderare to wish, to want; **desiderano?** what can I do for you?
desiderio (il, i) desire
destra right; **a destra** to the right
determinato definite, fixed
detersivo in polvere (il, i) (powder) cleanser
dettaglio (il, i) detail
dettare to dictate
dettato (il, i) dictation
dettatura (la, le) dictation; **scrivere sotto dettatura** to write from dictation
devoto affectionate, sincere
diavolo (il, i) devil; **ma che diavolo sta facendo?** what the devil is he doing?
dibattere to debate
dichiarare to declare
dichiarazione (la, le) declaration
didietro behind
diecina (about) ten
dieta (la, le) diet; **a dieta** on a diet
dietro in back of, behind
difetto (il, i) defect
difficile difficult
diffidare to have no confidence, to distrust
digerire to digest
dilemma (il, i) dilemma
diligenza (la, le) stagecoach
dimenticare to forget
dimenticarsi di to fail to
dimissione (la, le) resignation; **annunciare le dimissioni** to resign
dimostrare to show
dinamico dynamic
dire to say, tell; **dire fra sè** to say to oneself; **per meglio dire** rather
diretto verso in the direction of
direttore (il, i) manager
dirigente (il, i) manager
dirigersi to go toward
diritto straight
disaccordo (il, i) disagreement
discesa (la, le) descent
discutere to discuss
disegnare to design
disegno (il, i) sketch
disfare unpack
disgraziato (il, i) miserable, wretched
disilluso disappointed
disoccupazione (la) unemployment
disperatamente desperately
dispiacere to dislike, to be sorry
disporre to place, to arrange
disposizione (la, le) disposition; **a disposizione** available, at one's disposal
disprezzo (il) scorn, contempt
disputare to argue
distanza (la, le) distance
distinguere to distinguish
distinto distinguished; **distinti saluti** best regards
distinzione (la, le) distinction
distrattamente absentmindedly
distratto absentminded
distrazione (la, le) diversion, distraction
distribuire to hand out, to give out
distruttrice destructive
disturbare to disturb
dito (il, le) finger; **dito accusatore** accusing finger
divampare to burst into flame
diventare to become
diverso several
divertente amusing, entertaining
divertirsi to have a good time
divertito amused
dividersi to separate
divieto (il, i) prohibition; **divieto di accesso** no entry; **divieto di sosta** no standing
divisa (la, le) uniform
divo del cinema (il, i) movie star
divorare to devour
doccia (la, le) shower; **fare la doccia** to take a shower
docile gentle

documentario (il, i) documentary
dogana (la, le) customs
doganiere (il, i) customs officer
dolce sweet
dolciume (il, i) sweet
dollaro (il, i) dollar
dolorante aching
dolore (il, i) pain
domenica (la, le) Sunday
donna (la, le) woman, lady
dopo after; **dopodomani** the day after tomorrow; **dopotutto** after all
doppio double, two
dorato golden
dormire to sleep
dove where
dovere to have to
dovere (il, i) duty
dozzina (la, le) dozen
dramma (il, i) drama
drizzare to straighten
dubbio (il, i) doubt
due two; **a due a due** two by two
durante during
duraturo lasting

ebbene well
eccessivamente excessively
eccitante exciting
ecco here; **ecco!** here it is! **eccoti** here you have; **eccola qua!** here it is!; **eccoli!** there they are!
economia (l') economy; **economia domestica** home economics
edicola (l', le) newspaper stand
edificio (l', gli) building
editore (l', gli) editor
educare to educate
effetto (l', gli) effect
efficacia (l') efficiency
Egitto Egypt
egregio eminent, distinguished, dear
elaborato carefully prepared
elegante elegant
eleganza (l') elegance
elettrico electric
elettrodomestici (gli) electrical household appliances
elettronicamente electronically
eliminare to eliminate, to get rid of
eloquente loquacious
enorme big, large
equipaggio (l', gli) crew
erba (l', le) grass
esagerato exaggerated
esaminare to examine
esattamente exactly
esclamare to exclaim
esercitare to exercise, to train
esercito (l', gli) army
esimia distinguished, lovable
esotico exotic
esperienza (l', le) experience
esperto experienced, expert
esporre to expose
esportazione (l', le) export
esprimere to express
essenziale essential
essere to be; **l'essere** (human) being; **c'erano** there were; **c'è** there is; **ci siamo!** here we are!
estate (l') summer
estero (l') foreign
etichetta (l', le) label
evitare to avoid, to prevent

fa ago
fabbrica (la, le) shop, factory
faccia (la, le) face; **una faccia da schiaffi** (an) impudent looking face
facile easy
fagiolino (il, i) string bean; **fagiolini al burro** buttered string beans; **fagiolini verdi** green beans
falegname (il, i) carpenter
fame (la) hunger; **avere fame** to be hungry; **avere una fame da lupi** to be as hungry as a horse; **morire di fame** to starve
familiari (i) relatives
fanciullezza (la) childhood
fango (il, i) mud
fannullone (il, i) bum
fantasma (il, i) ghost
fantastico fantastic
fantoccio (il, i) snowman
fare to make, to do; **ce l'ha fatta sotto il naso** he made a fool of us; **fare la bambina** to act like a baby
farsi to become

farfalla (la, le) butterfly
farina (la) flour
farmacista (il, i) druggist, pharmacist
far niente (il) idleness
faro (il, i) headlight
fastidio (il) trouble; **dar fastidio** to bother, to annoy
fattoria (la, le) farm
favore: per favore please!
favorevole favorable
favorire to favor, to aid, to help, to promote
fazzoletto (il, i) handkerchief
febbre (la) fever
fede matrimoniale (la, le) wedding band
felice happy
ferito (il, i) wounded
fermare, fermarsi to stop, to halt; **fermare temporaneamente** to interrupt
fermata (la, le) stop; **fermata d'autobus** bus stop
ferramenta hardware store
ferro (il, i) tool; **ferro di cavallo** horseshoe
festa (la, le) feast
festeggiare to celebrate
fetta (la, le) slice
fiamma (la, le) flame
fianco (il) side; **a fianco** near, next to
fiasco (il, i) failure; **essere un fiasco** to be a flop
fiato (il) breath; **con tutto il fiato che aveva in corpo** at the top of his lungs
fidanzamento (il, i) engagement
fidanzata (la, le) girlfriend, fiancée
fidanzato (il, i) boyfriend
fidarsi to trust
fiducia: avere fiducia to trust
fifa (la) fear; **avere fifa** to be afraid; **avere una grande fifa** to be scared to death
fifone (il, i) coward, chicken
figurarsi to imagine, to think
figurino (il, i) (male) fashion model
fila (la, le) row; **aspettare in fila** to wait in line
filare, filare veloce to speed
filo (il, i) thread; **fare il filo a** to flirt with
finale (il, i) the end
finale final, conclusive
finalmente finally
finanziario financial
finchè till, until, as long as
finire to finish; **finire a gambe all'aria** to fall headlong; **finisce sempre col dirsi . . .** she always winds up saying to herself . . .
fino a till, up to
finto false
fiocco (di neve) (il, i) (snow) flake
fioraio (il, i) florist
fiore (il, i) flower
fiorentino Florentine
firmare to sign
fischio (il, i) whistle
fisica (la) physics
fisico physical
focolare (il, i) fireplace
foglia (la, le) leaf
folla (la, le) crowd
fondo (il) bottom; **in fondo** at the bottom; **in fondo all'aula** in the back of the classroom
fontana (la, le) fountain
forbici (le) scissors
forchetta (la, le) fork
forfora (la) dandruff
formaggio (il, i) cheese
formare, formarsi to form
formica (la, le) ant
formicaio (il, i) anthill
forno (il, i) oven
forse maybe
forte strong
fortuna (la) luck; **per fortuna** thank goodness
forza (la, le) strength, force; **a forza** by force; **le forze armate** the armed forces
fra between, among; **fra quindici minuti** in fifteen minutes
fragola (la, le) strawberry
francese French
frantume (il, i) fragment
frappè (il, i) shake
frattempo: nel frattempo meanwhile
freccia (la, le) arrow, directional

signal; **mettere la freccia** to put on the directional signal
freno (il, i) break
frequentare to associate with; to frequent
fresco fresh
fretta (la) hurry; **avere fretta** to be in a hurry; **in fretta** quickly; **darsi fretta** to hurry
frigorifero (il, i) refrigerator
frittata (la, le) omelet
frittura (la, le) fry, fried food
frizione (la, le) massage
fronte (la, le) forehead
frullato (il, i) shake
frutta (la) fruit; **frutti di mare** (i) seafood
fuggire to run away
fulmine: colpo di fulmine (il, i) love at first sight
fumare to smoke
fumeggiante steaming
funzionamento (il, i) running, working
fuori out(side)
furbo cunning, shrewd
furia: andare su tutte le furie to fly off the handle
furgoncino (il, i) small van
furto (il, i) theft
fusoliera (la, le) fuselage
fusto (il, i) trunk; "hunk"

gabbia (la, le) cage
galla: stare a galla to emerge, to float
galleggiare to float
galleria (la, le) gallery, balcony
gallina (la, le) chicken
gallo (il, i) rooster
galoppare to gallop
gamba (la, le) leg
gamberetto (il, i) prawn, shrimp
gara (la, le) contest
garage (il, i) garage
garanzia (la, le) guaranty, warranty
gas: andare a tutto gas to run at full speed
gatto (il, i) cat
gelato (il, i) ice cream
gelo (il, i) frost
Gemelli Gemini
generalità (le) personal data
generalmente usually
genere (il, i) kind, type
genio (il, i) genius
genitore (il, i) parent
gente (la, le) people
gentile nice, courteous
gesso (il, i) chalk
gesto (il, i) act, gesture
gettare to throw away
ghiottone (il, i) glutton
già already
giacca (la, le) jacket
giallo yellow; **giallo (il, i)** thriller, mystery
giardino (il, i) garden; **giardino pubblico** public park; **giardino zoologico** zoo
gilè (il, i) vest
ginocchio (il, le) knee
giocare to play
giocattolo (il, i) toy
giocherellone (il, i) clown
giocoliere (il, i) juggler
gioco (il, i) game
gioiello (il, i) jewel
giornale (il, i) newspaper
giorno (il, i) day
giovanotto (il, i) young man
giradischi (il, i) record player
girare to turn; **girare alla larga** to steer off
girarsi to turn around
giro (il, i) turn, tour; **nel giro di qualche giorno** in a few days; **giri e rigiri** winding in and out; **prendere in giro** to tease
gita in campagna (la, le) picnic
giudice (il, i) judge
giungere to join; **è giunto il tempo di** it's time to
giurato (il, i) juror
giuria (la, le) jury
giusto right
giù down
goccia (la, le) drop
godere, godersi to enjoy
gola (la, le) throat
goloso greedy
gomma (la, le) tire

gonfio swollen
gonna (la, le) skirt
gorgonzola (il) *Italian cheese*
gradevole pleasant
graffio (il, i) scratch
grande big
granita (la, le) shaved ice
granturco (il) corn
grappolo d'uva (il, i) bunch of grapes
grassottello plump
gratis free (of charge)
grave serious, dangerous
gravità (la) gravity
grazie thank you
grembiule (il, i) apron
gridare to shout
grido (il, le) cry, shout, scream; **l'ultimo grido della moda** the latest fashion
grigio gray
griglia (la) grill; **alla griglia** grilled
grosso big
grossolano rude, impolite
grotta (la, le) grotto, cave
gruppetto (il, i) small group
gruppo sanguigno (il, i) blood type
guaio (il, i) trouble, difficulty, misfortune
guancia (la, le) cheek
guanto (il, i) glove; **guanti di pelle** leather gloves; **guantone (il, i)** baseball glove
guardare to look at; **guardare a bocca aperta** to stare in awe; **guardare attentamente** to look carefully; **guardare fisso** to gaze
guardaroba (il, i) wardrobe
guardia giurata (la, le) security guard
guarire to cure
guerra (la, le) war
gufo (il, i) owl
guida (la, le) guide
guidare to drive
gustare to enjoy (food)
gusto (il, i) taste
gustoso tasty

identico exactly alike, identical
idraulico (l', gli) plumber
ignorare to ignore
illudersi to deceive oneself
illuso deceived; **l'illuso** daydreamer
imbarazzato embarrassed
imbecille (l', gli) imbecil, idiot
imbianchino (l', gli) house painter
imboccare to enter
immergersi to plunge; to dive
imparare to learn
impasto (l', gli) mixture
impaziente impatient
impazienza (l') impatience
impazzire to go crazy
imperialistico imperialistic
impiegare to employ, to engage; **quanto tempo c'impiegheremo?** how long will it take us?
impiego (l', gli) job
imporre to impose, to set
importanza (l') importance; **darsi importanza** to think highly of oneself
importazione (l', le) import
imposta (l', le) tax
impostore (l', gli) imposter, swindler
improvvisamente suddenly
improvviso sudden; **all'improvviso** suddenly
in in
inaspettato unforeseen
inavvertitamente inadvertently
incantare to enchant
incantevole charming, lovely
incapace incapable
incaricarsi to take upon oneself; **io m'incarico delle decorazioni** I'll take care of the decorations
incendio (l', gli) fire
incerto uncertain, doubtful
incespicare to stumble
inciampare to stumble
incidente (l', gli) accident
includere to include
incominciare to begin, to start
incontrare to meet
incontro (l', gli) match
incredibile unbelievable
incrocio (l', gli) intersection
incubo (l', gli) nightmare
indagare to investigate
indicare to show

indimenticabile unforgettable
indirizzo (l', gli) address
indossatore (l', gli) (male) model
indosso: portare indosso to wear
indubbiamente undoubtedly
infallibile infallible, unfailing
infatti in fact, as a matter of fact
infelicità (l') unhappiness
infermiera (l', le) nurse
infermiere (l', gli) hospital attendant
infine finally, lastly
informazione (l', le) information
infuori out; **all'infuori** sticking out
infuriato mad
ingessare to put in a cast
ingoiare to swallow
ingorgo di traffico (l', gli) traffic jam
ingrediente (l', gli) ingredient
ingresso (l', gli) entrance
iniezione (l', le) injection; **fare un'iniezione** to give an injection
iniziare to begin, to start
inizio (l', gli) beginning; **dall'inizio** from the beginning; **dare inizio** to start
innestare la marcia to shift into forward gear
inoltre moreover
inquilino (l', gli) tenant
inquinamento (l') pollution
insalata (l', le) salad
insegna (l', le) sign
inseguire to chase
insicuro unsure
insieme together
insistere to insist
insoddisfatto disatisfied
insolente impudent
installare to install
insultare to insult
insuperabile insuperable
intendersi to be an expert in
interno (l', gli) inside
interrogare to cross-examine
interrogatorio (l', gli) cross-examination
interrompere to interrupt
intervallo (l', gli) intermission
intervenire to intervene
intervento (l', gli) operation
intervista (l', le) interview
intrattenersi to stop
invasione (l', le) invasion
invece on the contrary, instead of
investigare to investigate
investire to run over
inviperito irate, angry
invitato (l', gli) guest
irrevocabile irrevocable
isolato (l', gli) block (of houses)
istantaneo instantaneous, immediate
istituto (l', gli) high school

labbra (le) lips
lacca (la, le) hair spray
ladro (il, i) thief
lago (il, i) lake
lagrima (la, le) tear
lamentarsi to complain
lamento (il, i) complaint
lampada da tavola (la, le) lamp
lampadina (la, le) lightbulb; **lampadina tascabile** flash light
lana (la) wool
Lancia (la, le) *Italian car*
lanciare to launch
lancio (il, i) launch
lasciare to let go, to allow, to leave; **lasciare in pace** to leave someone alone
lato (il, i) side; **a lato di** next to
latte (il) milk
lattina (la, le) can
lattuga (la) lettuce
lavaggio (il, i) wash(ing)
lavagna (la, le) blackboard
lavandino (il, i) sink
lavastoviglie (la) dishwasher
lavorare to work
lavoratore (il, i) worker
leale faithful, loyal
leggere to read
leggero light
legittimo lawful, legitimate
lente a contatto (la, le) contact lens
lentiggini (le) freckles
lento slow
Leone Leo
lesione (la, le) lesion, wound
letterina (la, le) short note/letter
levare to take away
lì there
liberare to free

libero available, free
libertà (la, le) freedom; **mettere in libertà** to free
libretto di cirolazione (il, i) registration card
liceo-ginnasio (il, i) high school
lievito in polvere baking powder
limite (il, i) limit
limonata (la, le) lemonade
limone (il, i) lemon
linea (la, le) line
lingua (la, le) tongue
liscia smooth
listino (il, i) list
litigare to argue
litigio (il, i) quarrel
litro (il, i) liter
livello (il, i) level
locale (il, i) place
localmente locally
lontananza (la) distance
lontano far
lottare to fight
lozione (la, le) lotion
luce (la, le) light; **fare luce** to shed light
lucidare to shine
lumaca (la, le) snail; **andare come le lumache** to move like snails
luminoso bright, shining
luna (la, le) moon; **luna di miele** honeymoon
lunario (il, i) almanac; **sbarcare il lunario** to live from hand to mouth
lunatica lunatic, absentminded
lungo long; **a lungo** a long time
luogo (il, i) place; **avere luogo** to take place
lupo (il, i) wolf; **lupo mannaro** werewolf
lusso luxury
lussuoso luxurious, rich

ma but; **ma va!** come on!
macchè! are you kidding!, I don't believe it!, no way!
macchina (la, le) car; **fare un giro in macchina** to go for a ride
macchina da scrivere (la, le) typewriter
macchinetta (la, le) coffee machine
macedonia di frutta (la) fresh fruit salad
macellaio (il, i) butcher
maestra main
magari perhaps, maybe
magazzino (il, i) store
maggioranza (la, le) majority, most
maggiorenne (il, i) adult, grown-up
magro slim, thin
mai ever, never
maiale (il, i) pig
mal curato untreated
malapena, a malapena hardly
malattia (la, le) sickness
male bad; **meno male** thank goodness; **fare male** to hurt; **sentirsi male** to feel bad
malfermo poor, delicate, shaky
malinteso (il, i) misunderstanding
malizioso mischievous, sly
malvestito badly dressed, shabby
mancanza (la) lack; **sentire la mancanza** to miss
mancare to be lacking
mancia (la, le) tip
mancino underhanded
manetta (la, le) handcuff; **mettere le manette** to handcuff
mangiare to eat; **dar da mangiare** to feed
maniera (la, le) manner, way
mannaggia la miseria! darn it!
mano (la, le) hand; **dare una mano** to lend a hand, to help; **di seconda mano** used
manopola (la, le) TV button
manovra (la, le) maneuver
mantellina (la, le) cape
mantello (il, i) mantel, cape
mantenere to keep, to preserve, to maintain, to support
manutenzione (la) maintenance
manzo (il, i) beef
marca (la, le) brand, mark
marcia (la, le) gear
marciapiede (il, i) sidewalk
marciare to march
mare (il, i) sea
marinaio (il, i) sailor
marito (il, i) husband
mascalzone (il, i) rascal
maschera (la, le) usher, mask

mascherato masked, hidden
massaggiare to massage
massaggio (il, i) massage
masticare to chew
matematica (la) mathematics
materia (la, le) subject, topic
mattina (la, le) morning
mattinata (la) morning (hours)
mazza (la, le) bat
medico (il, i) doctor
meglio better; **per meglio dire** to be more exact (or rather)
memoria (la) memory; **a memoria** by heart
meno (di) less (than)
mensile monthly
mente (la, le) mind
mentre while
meraviglia (la, le) wonder
meravigliato astonished, amazed
meraviglioso wonderful, marvelous
mercato (il, i) market; **a buon mercato** cheap, inexpensive, cheaply
mescolare to mix; to blend
mese (il, i) month
mestiere (il, i) trade, craft
mestolo (il, i) wooden spoon, ladle
meta (la, le) goal, objective
metereologo (il, i) meteorologist
metropolitana (la, le) subway
mettere to put
mettersi to put on; **mettersi a** to begin to
mezzo half; **in mezzo** in between
mezzo (il, i) mean
mezzogiorno (il) midday, noon
mezzoretta (la, le) (about) half hour
mica: non . . . mica not (at all)
miele (il) honey
migliorare to better
migliore better
milione (il, i) million
mille one thousand
minestrina (la, le) soup
minorenne (il, i) underage
miracolo (il, i) miracle
miseria (la) misery, poverty; **porca miseria, per la miseria!** darn it!
mistero (il, i) mystery
misto mixed
misurare to measure, to check
mite mild
mobile (il, i) furniture
moda (la, le) fashion; **di moda** in style
modello (il, i) pattern, model
moderato moderate
modifica (la, le) change
modificare to modify
modo (il, i) way; **ad ogni modo** at any rate, anyhow
moglie (la, le) wife
molestare to disturb, to bother
mollare to let go, to give in/up
moltitudine (la, le) multitude, crowd
molto a lot, much
momento (il, i) moment; **dal momento che** since
monelletto (il, i) little rascal
monello (il, i) brat
monocamera (la, le) single room
monotono monotonous, tedious
montagne russe (le) roller coaster
moquette (la, le) wall to wall carpet
morbidezza (la) softness
morbido soft
morbillo (il) measles
morire to die
mormorare to whisper, to mumble
mortadella (la, le) *large Bologna-type sausage*
mosca (la, le) fly
motivo reason
mostrare to show
mostro (il, i) monster
moto: mettere in moto to start (the car)
motocicletta (la, le) motorcycle
movimento (il, i) movement
multa (la, le) fine
mungere to milk
municipale municipal
muovere to move
murale (il, i) murals
musicista (il, i) musician
mutanda (la, le) brief
mutare to change

nascita (la, le) birth
nascondere, nascondersi to hide
nasino (il, i) little nose
naso (il, i) nose

nato: essere nato to be born
natura (la, le) nature
naturale natural
nave (la, le) ship; **nave spaziale** spaceship
ne of it, of them, of him/her
nè . . . nè neither . . . nor
neanche not even
necessario necessary
necessitare to be in need of
negozio (il, i) store
nemmeno not even
neppure not even
nero black
nervosamente nervously
nervosismo (il, i) nervousness
nervoso nervous
nessuno nobody
neve (la, le) snow
nevicare to snow
nido (il, i) nest
niente nothing
nocciolina americana (la, le) peanut
noia (la, le) boredom, tedium; **è una noia** it's a nuisance, it's boring
nome (il, i) name; **a nome di** in behalf of
nonno (il, i) grandfather
nonostante che in spite of
nossignore no, sir
notare to notice
notizia (la, le) news
notte (la, le) night; **di notte** at night
novelli sposi (i) newlyweds
nozze (le) wedding
nulla nothing
numero (il, i) number; **fare il numero** to dial the number
nuotare to swim
nuotatore (il, i) swimmer
nuovo new; **di nuovo** again; **buone nuove** good news
nutrizione (la) nutrition
nuvola (la, le) cloud
nuvolosità (la) cloudiness
nuvoloso cloudy

obbligo (l', gli) obligation; **avere l'obbligo** to be obliged to
obesità (l') obesity
obiezione (l', le) objection
oca (l', le) goose
occasione d' oro (l', le) (excellent) golden opportunity
occhiali (gli) eyeglasses
occhiata (l', le) glance; **dare un' occhiata** to glance at
occhio (l', gli) eye; **con gli occhi sbarrati** with (his) eyes wide open
occorrere to be necessary
occuparsi to occupy oneself (with something), to take care
offerta (la, le) offer; **offerta di lavoro** job opening
offrire to offer
oggetto (l', gli) object; **l'oggetto della presente** the purpose of (my/this) letter
oggi today; **da oggi in poi** from now on
ogni every; **in ogni modo** anyway
ohimè! darn it!, oh!
olfatto (l') smell
olio (l', gli) oil
ombrellone (l', gli) beach umbrella
onda (l', le), ondata (l', le) wave; **andare in onda** to be broadcast
onomastico (l', gli) name day
onorario (l', gli) doctor's fee
opera (l', le) work; **all' opera!** let's get started!; **opera d'arte** masterpiece; **mettere in opera** to put into action
opporre to oppose
opporsi to be opposed to
oppure or
opuscolo (l', gli) booklet
ora (l', le) hour, now; **d'ora innanzi** from now on; **un' ora fa** an hour ago
orario (l', gli) timetable, time, schedule
ordine (l', gli) order
orecchio (l', gli) ear; **prestare orecchio** to listen
orecchioni (gli) mumps
oretta: fra un'oretta within the hour
orfano (l', gli) orphan
orgoglio (l') pride; **provare orgoglio** to take pride
orgoglioso proud
originale (l', gli) original
originario original

ormai already
oroscopo (l', gli) horoscope
orrore (l', gli) horror
osare to dare
oscurità (l') darkness
ospedale (l', gli) hospital
osservare to observe
osservatore (l', gli) observer
osso (l', le) bone
ostacolo (l', gli) obstacle
ottimo excellent
ottuso obtuse

pacco (il, i) package
pace (la) peace
padrone (il, i) landlord, owner
paesano rustic, rural
paese (il, i) country
pagamenti rateali payments by installments
pagare to pay
pagella (la, le) report card
pagliaccio (il, i) clown
paio (il, le) pair
palazzo (il, i) building
palestra (la, le) gymnasium
pallavolo (la) volleyball
pallido pale
palloncino (il, i) balloon
pallone (il, i) ball
palmo (il) palm
pancione (il, i) man with a big belly
panettone (il, i) *kind of Italian cake*
panico (il) panic
panino imbottito (il, i) hero sandwich (stuffed)
panna (la, le) whipped cream
pantalone (il, i) pants
papà (il, i) daddy
papera (la, le) duck
pappa (la, le) mush; **è sempre la stessa pappa** it's always the same nonsense
pappagallo (il, i) parrot, silly person
paragonare to compare
parcheggiare to park
parente (il, i) relative
parere to think
parere (il, i) opinion
parete (la, le) wall
Parmigiano Parmesan; **Parmigiano-Reggiano (il)** *Parmesan cheese*
parola (la, le) word; **prendere la parola** to have the floor
parrucca (la, le) wig
parrucchiere (il, i) hairdresser
parte (la, le) part; **la maggior parte** the majority
partecipare to take part
partita (la, le) game
passaggio a livello railroad crossing
passante (il, i) passerby
passare to spend, to pass by; **passarla liscia** to get away with it
passeggero (il, i) passenger, traveller
passeggiare to walk, to stroll
passeggiata (la, le) walk
passo (il, i) step; **fare un passo** to take a step; **di questo passo** at this rate; **a passo d'uomo** at a snail's pace
pasta dentifricia (la, le) toothpaste
pasta (la, le) pastry
pasticca (la, le) pill, tablet
pasticceria (la, le) pastry shop
pasto (il, i) meal
patata (la, le) potato
patente di guida (la, le) driver's license
patita lover, fan; **essere una patita di** to be mad about
patrocinatore (il, i) sponsor
pattinare to skate
paura (la, le) fear; **fare paura** to frighten
pauroso frightening
pazienza (la) patience; **avere pazienza** to be patient
paziente (il, i) patient
peccato (il, i) sin, pity
pecora (la, le) sheep
pedone (il, i) pedestrian
peggiorare to worsen
peggiore worse
pelle (la, le) skin, leather
peloso hairy
penna (la, le) pen, feather
pensare to think
pensiero (il, i) thought
pentirsi to regret
penzolare to dangle
pepe (il) pepper

peperonata (la, le) *peppers with onions and tomatoes*
per for, in order to, through
perbacco! darn it!
perchè because, why
perciò so, therefore, for this reason
percorrere to cover
perdere to lose, to waste
perdersi to get lost
pericolo (il, i) danger; **mettere in pericolo** to endanger, to jeopardize
pericoloso dangerous
periferia (la, le) outskirts
periodico (il, i) magazine
periodico periodical
permanente (la, le) perm
permanenza (la, le) stay
permettere to allow; **permesso?** may I come in?
però but
personaggio (il, i) character
pertica rod, pole
pesante heavy
pesce (il, i) fish
Pesci Pisces
peso (il, i) weight
pessimista pessimist
petalo (il, i) petal
petizione (la, le) petition
pettinare to comb
pettinarsi to comb one's hair
pettine (il, i) comb
pezzetto (il, i) little piece, scrap; **fare a pezzetti** to tear into pieces
piacere to like
piacere (il, i) pleasure; **per piacere** please; **far piacere** to please
piacevole nice
pialla (la, le) plane, flat
pianeta (il, i) planet
piangere to cry, to weep
piano (il, i) floor, plan, project, program
piantare to quit (a job)
piantarla to stop
piantina (la, le) map (of the city)
piatto flat
piatto (il, i) dish
piccolo small
piede (il, i) foot; **andare a piedi** to walk
piegare to bend
pieno full; **pieno zeppo** packed
pieno: fare il pieno to fill up
pietanza (la, le) dish, (main) course
pietra (la, le) stone
pigiama (il, i) pajamas
pillola (la, le) pill, tablet
pilota (il, i) pilot
pioggia (la, le) rain; **piogge sparse** scattered showers
pipa (la, le) pipe
pirata (il, i) pirate; **pirata della strada** hot-rodder
pisolino (il, i) nap; **schiacciare un pisolino** to take a nap
pistola (la, le) pistol, handgun
piuttosto rather
più more
pizzico (il, i) pinch
plastica (la, le) plastic
pneumatico (il, i) tire
poco little; **a poco a poco** little by little
polenta (la, le) cornmeal mush
polizia (la) police; **polizia in pattuglia** police patrol
poliziotto (il, i) policeman
pollo (il, i) chicken; **pollo alla cacciatora** stewed chicken
poltrona (la, le) chair
polvere (la, le) dust, powder
pomeriggio (il, i) afternoon
pomodoro (il, i) tomato
pompiere (il, i) fireman
popolare popular
porco (il, i) pig
porre to put
portabagagli (il, i) luggage rack, porter
portacenere (il, i) ashtray
porta (la, le) door; **essere alle porte** to be near
portare to carry, to take, to lead to, to bring
portavoce (il, i) source, spokesman
portiere (il, i) doorman
porto (il, i) port, harbor
porzione (la, le) portion
posate (le) silverware
possedere to possess
possibile possible

possibilità (la, le) possibility, probability
postale: ufficio postale (l', gli) Post Office
posteggiare to park
posteggio (il, i) parking place
posto (il, i) seat, place, job
potere to be able to, can
povero poor
pranzare to dine, to have dinner
pranzo (il, i) lunch
pratica (la) practice, experience; **mettere in pratica** to practice
pratico practical
prato (il, i) meadow
precedente previous
preferire to prefer
pregare to pray; **si prega di . . .** you are asked to . . .
prego yes, please, what would you like?, you're welcome
prematuro premature
premiazione (la, le) award(s)
premere to press, to push
prendere to take, pick up, to grab
prenotazione (la, le) reservation
preoccuparsi to worry
preparare to prepare
prepararsi to get ready
prescrizione (la, le) (medical) prescription
presentare to present
presente present
presenza (la, le) appearance
preside (il, i) school principal
pressi: nei pressi di in the area of, near
pressione (la, le) pressure
prestare to lend
presto, al più presto possibile as soon as possible
prete (il, i) priest
previsioni del tempo (le) weather forecast
prezzo (il, i) price; **a buon prezzo** at a good price; **prezzi ridottissimi** very low prices
prigioniero (il, i) prisoner
prima first, before; **prima o poi** sooner or later
primavera (la, le) springtime
primo (il, i) first
principio (il, i) beginning
proboscide (la, le) elephant's trunk
processo (il, i) trial; **processo alla partita** commentary, game analysis
procuratore (il, i) district attorney
prodotto (il, i) product
professione (la, le) profession
professoressa (la, le) teacher
profondo deep
profumo (il, i) smell, fragrance
progettare to plan
programma di studio (il, i) program
progressista progressive
prolungare to prolong, to extend
promettere to promise
promosso promoted
pronto! hello!
proposito (il, i) purpose, reason
proprietario (il, i) owner
proprio just, exactly, really, quite, own
propulsore (il, i) propeller
prosciutto (il, i) ham
proseguire to continue; **proseguire diritto** to continue ahead
prospettiva (la, le) prospect, possibility
prossimo next
proteggere to protect
protestare to protest
provare to try, to prove
provviste (le) supplies, provisions, food; **fare provviste** to go shopping
prudente prudent, cautious
prudenza (la) caution
pubblicità (la, le) advertising
pubblico ministero (il) public prosecutor
pugilato (il) boxing
pugno (il, i) fist
pulce (la, le) flea
pulcino (il, i) chick
pulire to clean
pulito clean
pungere to sting
punire to punish
punizione (la, le) punishment
puntare to point
puntata (la, le) episode (of a TV series)

punto (il, i) point; **mettere a punto** to organize; **essere sul punto di** to be about to
puntura (la, le) injection
pure please, of course
puro pure
puzzare to stink

quadrato (il, i) square
quadro (il, i) painting
qualche some
qualcosa something
qualcuno somebody
quale who
qualsiasi cosa anything
quando when
quanto how much
quartiere (il, i) neighborhood
quello that
questo this
qui here
quiete (la) quiet

raccogliere to pick up, to gather
raddoppiare to double
radio (la, le) radio
radioso radiant, bright, beaming
radunarsi to gather
raffinato refined
raffreddore (il, i) cold; **prendere un raffreddore** to catch a cold
ragazza (la, le) girl
ragazzo (il, i) boy
raggiungere to reach
ragione (la, le) reason; **avere ragione** to be right
ragionevole reasonable
ramanzina (la, le) scolding; **fare una ramanzina** to scold
rapido swift, quick
rapporto (il, i) relation, report
rappresentante (il, i) salesperson
rappresentare to represent
rasoio (il, i) shaver, razor
ravvivare, ravvivarsi to touch up
razza (la, le) race
realizzabile accomplishable, reachable
realizzare to realize
realtà (la, le) reality; **diventare realtà** to come true
reazione (la, le) reaction
recitare to act, to recite
recuperare to regain
refettorio (il, i) cafeteria
regalare to give, to present, to make a present of
regalino (il, i) small gift
regalo (il, i) gift
regina (la, le) queen
reginetta (la, le) little queen
regno (il, i) kingdom
regola (la, le) rule
relativo regarding, concerning
rendere noto to state, to declare
renna (la, le) reindeer
reparto (il, i) department
reputazione (la, le) reputation
requisito (il, i) qualification
resistere to resist
respirare to breathe
restare to remain
restituire to return, to give back
resto (il) change (of money), remainder
rete (la, le) (TV) network
retromarcia (la) reverse
retta: dare retta a to pay attention to, to listen to
revocato revoked
riassunto (il, i) summary
ricambiare to reciprocate
ricciolo (il, i) curl
ricco rich
ricettario (il, i) recipe book, prescription book
ricevere to receive
richiesta (la, le) order (purchase)
ricomprare to buy back
riconoscente grateful
riconoscere to recognize
ricordare, ricordarsi to remember
ricorrere to resort, to have recourse
ridere to laugh; **mettersi a ridere** to burst out laughing
ridicolo ridiculous
ridurre to reduce
riempire to fill
riferire to report
rifiuto (il, i) garbage; **gettare i rifiuti** to litter

riflettere to reflect, to think
rigore (il, i) rigor, severity
rilasciare to release, to free
rilassare to relax
rimanere to remain, to stay
rimedio (il, i) remedy, cure
rinfresco (il, i) refreshment
ringraziare to thank
rinvenire to find
rione (il, i) neighborhood
ripetere to repeat
riportare to report
riposare to rest
riposo (il, i) rest
riprendersi to recover
riscaldare to warm up
riscattare to ransom, to redeem
riscuotere to collect
riserva (la, le) supply, reserve, reservoir
risolvere to resolve
risorsa (la, le) resource
risparmiare to save
rispettabile respectable
rispetto (il) respect
rispettosamente respectfully
rispondere to answer
ristorante (il, i) restaurant
risultare to result
risultato (il, i) result, outcome
ritardo (il, i) delay; **in ritardo** late
ritorno (il) return
riunirsi to gather, to get together
riuscire, riuscire a to be able to
riva (la, le) shore
rivestire to cover
rivolgersi to turn toward
roba (la, le) stuff, thing(s)
romanzo (il, i) novel; **romanzo d'amore** love story
rompere to break
rosa (la, le) rose
rosetta (la, le) *small round bread*
rosso red
rotondo round
rotta (la, le) route, line
rubare to steal
rubrica (la, le) *kind of TV program*
ruggire to roar
rumore (il, i) noise
ruolo (il, i) part, role
ruota (la, le) wheel
rustico rustic, rural

sabato (il, i) Saturday
sabbia (la, le) sand
saccarina (la) saccharin(e)
sacchetto (il, i) little bag
sacco (il, i) sack
saetta (la, le) arrow; **come una saetta** quickly (as fast as an arrow)
Sagittario Sagittarius
sala (la, le) room: **sala da gioco** playroom; **sala da pranzo** dining room; **sala giochi** recreation room; **sala d'aspetto** waiting room
salario (il, i) wage(s), pay
salsiccia (la, le) sausage
saldo (il, i) sale; **saldo di fine stagione** end of season sale
sale (il, i) salt
salire to go up
salone (il, i) large hall, reception room; **salone dell'usato** used cars
salotto (il, i) living room
saltare (giù) to jump (down)
salutare to salute, to greet
salute (la) health
salvare to rescue, to save
salvietta (la, le) napkin
salvo safe; **portare in salvo** to bring to safety
sangue (il) blood
sano healthy; **sano e salvo** safe and sound
santo (il, i) saint
sapere to know
sapientone (il, i) wise guy
sapone (il, i) soap
saponetta (la, le) soap bar
sarto (il, i) tailor
sasso (il, i) stone
sazio full
sbadato, che sbadato! how thoughtless!
sbagliato wrong, incorrect
sbagliarsi to be mistaken
sbattere to beat, to bang, to knock
sbrigarsi to hurry up
scagliarsi contro to throw oneself against
scala (la, le) ladder, staircase; **scala musicale** musical scale

scandinavo scandinavian
scantinato (lo, gli) basement
scapolo (lo, gli) single (unmarried) man, bachelor
scappare to run; **scappare via** to run away
scaricare to throw
scarpa (la, le) shoe
scarpetta (la, le) soccer shoe
scarpone (lo, gli) boot
scatola (la, le) box, can; **rompere le scatole** to annoy, to bother
scattare fotografie to take pictures
scatto (lo, gli) jerk; **scatto paga** pay raise
scavare to dig
scegliere to choose, to select
scemo, (lo, gli) silly, crazy
scena (la, le) scenery, stage
scenario (lo, gli) view
scendere to go down, to get off
sceneggiato (lo, gli) TV series
schermo (lo, gli) screen
scherzo (lo, gli) joke; **giocare brutti scherzi** to play dirty tricks
schiaffo (lo, gli) slap
schiamazzare to squawk, to make noise
schiena (la, le) back
sciarpa (la, le) scarf
scienziato (lo, gli) scientist
scimmia (la, le) monkey; **scimmietta (la, le)** little monkey
sciocco silly
sciopero (lo, gli) strike; **andare in sciopero** to go on strike
scodella (la, le) bowl
scolaresca (la, le) group of students, class
scolastico (anno) school (year)
scommettere to bet
scontato reduced
scontro (lo, gli) car accident
scopa (la, le) broom
scoperta (la, le) discovery
scopo (lo, gli) aim
scoppiare to burst, to explode
scoprire to discover
scordare to forget
Scorpione Scorpio
scorso past
scortese impolite
scrivere to write
scuotere to shake
scuro dark
scusa (la, le) pretext, excuse; **chiedere scusa** to apologize
scusarsi to apologize
sdraiarsi to lie down
seccato annoyed
secolo (il, i) century
secondo second, according to
sedativo (il, i) sedative
sedersi to sit
sedia (la, le) chair
sedile posteriore (il, i) backseat
seduzione (la) seduction
segnale (il, i) signal
segno (il, i) feature, sign; **fare segno a** to point to
segreteria (la, le) school administration, school office
seguente following
seguire to follow
selvatico wild
semaforo (il, i) traffic light
sembrare to seem, to appear
semestre (il, i) term (school)
semplice simple
sempre always
senape (la) mustard
senso (il, i) sense; **senso unico** one-way
sentire to hear, feel; **nel sentire** on hearing; **non me la sento di** . . . I don't feel like . . . ; **sentir dire che** to hear that, to learn
senza without
separare to separate
serata, sera (la, le) evening; **buona sera** good evening
sereno clear
seriamente seriously
servire to serve
servizio (il, i) errand; **fare servizi** to run errands; **prestare servizio** to work
sesso (il, i) sex
seta (la, le) silk
sete (la) thirst
settimana (la, le) week
severo severe
sfogliare to glance through (a book), to page through

sfollare to disperse
sfortunatamente unluckily, unfortunately
sguardo (lo, gli) look, glance; **dare uno sguardo** to look at
siccome since, because, as
sicuramente certainly
sicurezza (la, le) security
sicuro certainly, sure
sigaretta (la, le) cigarette
significare to mean, to signify
signorina (la, le) miss, unmarried woman
silenzio (il, i) silence; **silenzio!** keep quiet!
simpatico nice
sindacato (il, i) union
sindaco (il, i) mayor
sinistra left; **a sinistra** to the left
sinonimo (il, i) synonym
sipario (il, i) curtain
sirena (la, le) siren
sissignore certainly, yes sir!
situazione (la, le) situation
slitta (la, le) sleigh
slittino (lo, gli) sled
smettere to stop
snello slim, slender
soddisfatto satisfied, pleased
sodo hard
soffiare to blow
soffice soft
soffrire to suffer
soglia (la, le) threshold
sognare to dream
sogno (il, i) dream; **brutto sogno** nightmare
solamente only
soldatino (il, i) little soldier
soldo (il, i) coin, money
sole (il) sun
soleggiato sunny
solitario solitary
solito usual; **come al solito** as usual
sollevare to raise
solo only, alone
soltanto only
soluzione (la, le) solution
somma (la, le) sum, amount of money; **fare la somma** to add
sommare to add
sonno (il, i) sleep; **avere sonno** to be sleepy
sopportare to tolerate
sopra above, on, upon
soprabito (il, i) overcoat
sopravvivere to survive
sorbetto (il, i) ice cream
sorella (la, le) sister
sorellina (la, le) little sister
sorprendersi to be surprised
sorridente smiling
sorridere to smile
sorriso (il, i) smile
sorte (la, le) destiny, fortune
sospetto (il, i) suspect
sospirare to sigh
sostenere to favor
sostituire to substitute
sotto under, underneath
sottosopra upside down
sottrarre to subtract
spaccare to break
spalla (la, le) shoulder; **voltare le spalle** to turn one's back
spalmarsi to smear
sparire to disappear
spasso (lo) amusement, fun; **andare a spasso** to go for a walk
spaventapasseri (lo, gli) scare sparrows
spaventato scared
spazioso spacious, roomy
spazzino (lo, gli) sanitation man
spazzolare to brush
specchio (lo, gli) mirror
spedire to mail
spendere to spend
sperare to hope
sperimentare to experiment
spesa (la, le) shopping; **andare a fare la spesa** to go shopping
spesso often
spettabile respectable; **spettabile ditta Bianchi** Messrs. Bianchi
spettacolo (lo, gli) show
spezzare to break
spiacere to be sorry, to regret
spiaggia (la, le) beach
spiccicare (parola) to utter a word
spiegare to explain
spina (la, le) thorn
spingersi to push oneself

spiritoso witty
spogliarsi to undress
sporcarsi to get dirty
sporcizia (la, le) garbage
sporco dirty
sportivo sporting
sposa (la, le) bride
sposarsi to get married
sposini (gli) newlyweds
spostare, spostarsi to move
spruzzare to spray
sputare to spit
squadra (la, le) team
squadrare to examine
squisito delicious
stabilire to establish, to determine
staccare to detach
staccarsi to move away
stagione (la, le) season
stalla (la, le) barn
stamattina this morning
stampo (lo, gli) mold
stanco tired
stanotte tonight
stare to be, to remain; **stando alle . . .** according to the . . .
starnutire to sneeze
stasera this evening
stato (lo, gli) state
statura (la, le) height
stazione (la, le) station; **stazione di servizio** gas station; **stazione ferroviaria** train station
steccato (lo, gli) fence
stella (la, le) star
stellare stellar
stendere to spread
stenografia (la) shorthand, steno
stesso same
stetoscopio (lo, gli) stethoscope
stimolante stimulating
stimolare to stimulate
stinco (lo, gli) shin
stipendio (lo, gli) salary
stivaletto (lo, gli) ankle boot
stomaco (lo) stomach
storcere to twist
storia (la, le) story
straccione (lo, gli) ragman
strada (la, le) street, road
strano strange
straordinario (lo) overtime
strappare to snatch; to pluck
stretto narrow, clinched
stridore (lo, gli) screeching
strillare to shout
stringere to hold tight
strisce zebrate (le) crosswalk
studiare to study
studioso studious
stufa (la, le) stove
stufo annoyed, bored, fed up, tired
stupendo wonderful
stupido stupid
su up, about, on; **su e giù** up and down
subito at once, immediately
succedere to happen
successo: avere successo to be successful
successivo after, following
succhiare to suck
succo (il, i) juice, nectar
sudare to sweat
sudore (il) perspiration
suggerire to suggest
sugo (il, i) gravy
suonare to sound, to play (music)
superare to bypass
supporre to assume, to suppose
surgelato (il, i) frozen (food)
sussultare to beat fast
sussurrare to whisper
svago (lo, gli) relaxation, diversion
svaligiare to rob
svantaggio (lo, gli) disadvantage, drawback
svegliare, svegliarsi to wake up
sveglio alert
svenire to faint
svestirsi to undress
Svezia Sweden
svignarsela to sneak away
sviluppare to develop
sviluppo (lo, gli) development
Svizzera Switzerland
svolgere, svolgersi to develop, to carry out
svuotare to empty out

tabella (la, le) chart
taccagno stingy
taccuino (il, i) memo (book)

taciturno reserved
taglio (il, i) cut; **taglio di capelli** haircut
tale such
talento (il, i) talent
talora sometimes, now and then
tamponamento a catena (il, i) pileup
tante volte many times
tanto so much, as; **tanto . . . quanto** as . . . as (and/or both . . . and . . .)
tanto per just to
tappeto (il, i) carpet
tardi late
tariffa (la, le) price
tasca (la, le) pocket
tasso d'interesse (il, i) interest rate
tasto (il, i) key (of the typewriter)
tavolinetto (il, i) little table
tavolo (il, i) table
tazza (la, le) cup
tazzina (la, le) demitasse
teatro (il, i) theatre
telefonata (la, le) telephone call
telegiornale (il, i) news
telegramma (il, i) telegram
telenovela (la, le) soap opera
televisione (la, le) television; **guardare la televisione** to watch TV
telone (il, i) curtain
temere to fear
tempo (il) weather, time; **a tempo** on time
temporaneamente temporarily
tenebra (la, le) darkness
tenere to carry out
tentazione (la, le) temptation
tergicristallo (il, i) wiper
terminare to terminate, to end
termine: portare a termine to complete
terra (la, le) land
terrazzo (il, i) terrace
terrestre terrestrial
terribilmente terribly
terrore (il, i) terror
tesoro dear, my darling
tessuto (il, i) cloth, fabric
testa (la, le) head; **avere la testa tra le nuvole** to have one's head in the clouds
testimone (il, i) witness; **testimone oculare** eyewitness
tetto (il, i) roof
timballo (il, i) kettledrum, timbale
tinta (la, le) dye; **a tinta unita** in one color
tintinnare to tinkle
tipo (il, i) type; **essere un tipo strano** to have a strange personality
tirare to pull; **tirar (fuori)** to pull (out), to stick out
tiro (il, i) trick; **un brutto tiro** a nasty prank; **fare tiri** to play pranks
titubante hesitating
toccare to touch
toccarsi to touch each other
togliere to take away
togliersi to take off
tomba (la, le) grave, tomb
topo (il, i) mouse
torcere to twist
tornare to return
Toro Taurus
toro (il, i) bull
torroncino (il, i) little nougat
torrone (il, i) nougat
torta (la, le) cake, pie
torvo grim
tosse (la) cough
tossicodipendente (il, i) drug addict
tossire to cough
totale (il, i) total
tovaglia da tavola (la, le) tablecloth
tradire to betray
traffico (il, i) traffic
trainare to drag
tramezzino (il, i) sandwich (made with white bread)
tranne but
transistor: radio a transistor (la, le) portable radio
transitabile practicable
trarre vantaggio to take advantage
trascinare to pull, to drag
trascorrere to spend, to pass, to go by
trascurare to neglect

trasferire to transfer
trasformare to transform
trasgredire to violate, to disobey
traslocare to move
trasmettere to broadcast
trasporto (il, i) transportation
trattare to treat, to deal with, to discuss
trattenere to hold back, to refrain from
tratto (il, i) stretch, short distance; **ad un tratto** all of a sudden, suddenly
traversa (la, le) crossroad
tremare to shake, to quiver
tremendo awful, terrible
treno (il, i) train
tressette *Italian card game*
tribunale (il, i) court (of justice)
triste sad
trono (il, i) throne
troppo much, a lot
trovare to find
trovarsi to be
trovata (la, le) expedient
trucco (il) makeup
truppa (la, le) troop
tuffarsi to plunge
tuono (il, i) thunder
tuorlo (il, i) yolk
tutt'e due both
tuttavia nevertheless
tutti everybody; **tutti in coro** all together
tutto all, everything; **tutto fatto!** all done!, that's it!

uccello (l', gli) bird
udire to hear
ufficio (l', gli) office
uguale equal, same
ultimo last
unico unique, only
unire to link, to join, to combine
uomo (l', gli) man
uovo (l', le) egg
urlare to scream, to shout
urlo (l', gli) shout, scream
urtare to bump
usare to use
uscire to go out, to exit; to leave
uscita (l', le) exit
utile useful

vacanza (la, le) vacation; **andare in vacanza** to go on vacation
vacca (la, le) cow
vaiolo (il) smallpox
valere to be worthwhile
valigia (la, le) suitcase; **fare le valigie** to pack
valutare to value, to estimate
vampiro (il, i) vampire
vaniglia (la) vanilla
vantaggio (il, i) advantage, benefit
vario various
vasca (la, le) bathtub
vasetto (il, i) jar
vassoio (il, i) tray
vasto wide, vast, large
vecchio old
vedere to see
veicolo (il, i) vehicle
veloce fast
velocità (la, le) velocity, speed
vena: essere in vena di to be in the mood of
vendetta (la, le) revenge
vendicarsi to revenge oneself
vendita promozionale promotional sale
venditore (il, i) seller
venerdì Friday
veneziani citizen of Venice
venire to come
vento (il, i) wind
veramente really
verde green
verdetto (il, i) verdict; **dare il verdetto** to bring in a verdict
verdura (la, le) vegetable
Vergine Virgo
vergognarsi to be bashful, to be ashamed, to be embarrassed
vera true, real
versare to pour
verso: fare il verso to make faces, to imitate
verso towards, about
vescicola (la, le) blister

vespa (la, le) wasp
veste, in veste di in (his/her) capacity as
vestiario (il) clothing
vestire to dress up
vestirsi to get dressed
vestito (il, i) suit
vetrina (la, le) display window
vetro (il, i) glass
via (la, le) way, road; **essere sulla via** to be on the way; **mettere via** to put away
viaggiare to travel
viaggio (il, i) trip
viale (il, i) avenue, boulevard
vicepreside (il, i) assistant principal
vicinanze, nelle vicinanze around there
vicinato (il, i) neighborhood
vicino near; **farsi vicino** to come close, to get close
vicolo (il, i) alley
video registratore (il, i) VCR
vietare to forbid
vigile (il, i) policeman; **vigile del fuoco** fireman
vigilia (la) eve
vignetta (la, le) sketch
villetta (la, le) small villa
villino (il, i) cottage, small villa
vincere to win
vino (il, i) wine
violetta (la, le) violet
visibilità (la) visibility
visibilmente clearly
visitare to visit
visone (il, i) mink; **pelliccia di visone (la, le)** mink coat
vista (la) sight
vita (la, le) life
vitello (il, i) veal
vittima (la, le) victim
vittoria (la, le) victory
vivanda (la, le) food, dish
vivere to live
vivo alive; **farsi vivo** to appear
voce (la, le) voice; **a bassa voce** in a low voice
voglia (la, le) desire, wish; **avere voglia di** to feel like
volante (il, i) steering wheel
volentieri willingly
volere to want; **voler bene** to love, to be fond of; **voler dire** to mean
volpe (la, le) fox
voltare to turn
volto (il, i) face
voto (il, i) grade
vuoto empty

wurstel (il, i) frankfurter

zampogna (la, le) bagpipe
zeppo full, crammed; **pieno zeppo** completely crammed
zingara (la, le) gipsy
zitella (la, le) maid
zitto! silence!
zucchero (lo, gli) sugar
zuppa (la, le) soup

Vocabolario inglese-italiano

able: be able potere
accelerate accelerare
accident incidente (l', gli)
actor attore (l', gli)
advertisement annuncio (l', gli)
air aria (l')
air conditioning aria condizionata
airy arieggiata
alarm clock sveglia (la, le)
alley vicolo (il, i)
always sempre
ambulance ambulanza (l', le)
amiable affabile
animal animale (l', gli)
annoy dare fastidio
ant formica (la, le)
apartment appartamento (l', gli)
aperitif aperitivo (l', gli)
appointment appuntamento (l', gli)
apron grembiule (il, i)
assembly assemblea (l', le)
astrology astrologia (l')
attack attaccare
attention attenzione (l', le)

back schiena (la, le)
backache mal di schiena (il)
backseat sedile posteriore (il, i)
badly: badly dressed malvestito
bagpipe ciaramella (la, le), cornamusa (la, le)
bakery panetteria (la, le)
balloon palloncino (il, i)
bank banca (la, le)
barn stalla (la, le)
basement scantinato (lo, gli)
basket cestino (il, i)
bat pipistrello (il, i)
bathroom bagno (il, i)
be . . . years old avere . . . anni
bear orso (l', gli)
beard barba (la, le)
beautiful bello
become diventare
before davanti a
begin cominciare, incominciare
behalf conto
behind dietro a
bell campanello (il, i)
belt cintura (la, le)
birthday compleanno (il, i)
bison bisonte (il, i)
blanket coperta (la, le)
blood sangue (il)
blows botte (le)
bra reggiseno (il, i)
brat monello (il, i)
bread pane (il)
breakfast colazione (la, le)
bride sposa (la, le)
broom scopa (la, le)
building palazzo (il, i)
bull toro (il, i)
bump inciampare
butcher shop macelleria (la, le)
butterfly farfalla (la, le)

cake torta (la, le); (Milanese) **cake** panettone (il, i)
call chiamare
camel cammello (il, i)
can (*food*) scatoletta (la, le)

candle candelina (la, le)
cape mantellina (la, le)
cast: put in a cast ingessare
cat gatto (il, i)
catch up with raggiungere
cemetery cimitero (il, i)
change cambio (il, i); cambiare
character personaggio (il, i)
charming carino
chat chiacchierare
chatter chiacchiera (la, le)
chocolate cioccolata (la, le)
city città (la, le)
client cliente (il, i)
coat cappotto (il, i)
cocoa cacao (il)
coffeepot caffettiera (la, le)
cold raffreddore (il, i)
come venire
commit commettere
complaint lamentela (la, le)
computer cervello elettronico (il, i)
confusion confusione (la)
conquer conquistare
convertible decappottabile (il, i)
cook cucinare; cuoco (il, i)
cool: keep cool stare calmo
corpse cadavere (il, i)
countryside campagna (la, le)
cow vacca (la, le)
crew equipaggio (l', gli)
crime delitto (il, i)
crocodile coccodrillo (il, i)
cross *(street)* attraversare
cross-examination interrogatorio (l', gli)
crosswalk strisce zebrate (le)
customer cliente (il, i)

darn it! porca miseria!, per la miseria!
dark buio (il)
deceive oneself illudersi
decoration decorazione (la, le)
defendant imputato (l', gli)
delegate delegato (il, i)
delicatessen store salumeria (la, le)
demitasse tazzina (la, le)
deodorant deodorante (il, i)
dig scavare
diligent attenta
directional signal freccia (la, le)
disappear sparire
disappointed deluso
discoteque discoteca (la, le)
dish piatto (il, i)
dishwasher lavastoviglie (la, le)
district attorney procuratore (il, i), pubblico ministero (il)
doctor's office ambulatorio (l', gli)
dog cane (il, i)
drama dramma (il, i)
dream sogno (il, i), sognare
drink bere; bibita (la, le)
driver's license patente (la, le)
dry asciutto, secco

eagle aquila (l', le)
ear orecchio (l', le)
eat mangiare
egg uovo (l', le)
electric appliance elettrodomestico (l', gli)
electronically elettronicamente
elegant elegante
elephant elefante (l', gli)
emergency emergenza (l', le)
engagement fidanzamento (il, i)
enter entrare
enthusiasm entusiasmo (l', gli)
error errore (l', gli)
even: not even neppure
evening sera (la, le), serata (la, le)
everybody tutti
examination: medical examination visita medica (la, le)
exclaim gridare
expense spesa (la, le)
eyeglasses occhiali (gli)

failure fiasco (il, i)
fall cadere
farm fattoria (la, le)
farmer contadino (il, i)
fast veloce
fasten allacciare, allacciarsi
feast festa (la, le)
fiancée fidanzata (la, le)
fill out compilare
fill up fare il pieno

first primo
fish store pescivendolo (il, i)
flight attendant assistente di volo (l', le)
flirtatious civetta
floor piano (il, i)
flower fiore (il, i)
food provvista (la, le)
foot piede (il, i)
following seguente
fork forchetta (la, le)
forget scordare
form: medical form cartella clinica (la, le)
fox volpe (la, le)
friend amico (l', gli)
frozen (food) surgelato (il, i)
fruit store fruttivendolo (il, i)

gas benzina (la); **step on the gas** premere l'acceleratore
gas station stazione di servizio (la, le)
get ready prepararsi
ghost fantasma (il, i)
gift regalo (il, i)
giraffe giraffa (la, le)
girdle busto (il, i)
girl ragazza (la, le)
glass bicchiere (il, i)
go out uscire
go up the stairs salire
goose oca (l', le)
grab, grasp at afferrare, afferrarsi
guest invitato (l', gli)
grocery store genere alimentare (il, i)
guidance counselor consigliere scolastico (il, i)

hallway corridoio (il, i)
handbag borsetta (la, le)
happiness felicità (la, le)
hat cappello (il, i)
here qui, qua
high alto
high school liceo-ginnasio (il, i)
highway autostrada (l', le)
hippopotamus ippopotamo (l', gli)
holiday festa (la, le)
hors d'oeuvre antipasto (l', gli)
horse cavallo (il, i)
hospital ospedale (l', gli)
hot-rodder pirata della strada (il, i)
hungry: be hungry avere fame
hurry up sbrigarsi
hurt far male
husband marito (il, i)

ice cream gelato (il, i); **ice-cream store** gelateria (la, le)
imposter impostore (l', gli)
intelligent intelligente
infraction infrazione (l', le)
ingredient ingrediente (l', gli)
interplanetary route linea interplanetaria (la, le)
intersection intersezione (l', le)
injection iniezione (l', le)

jacket giacca (la, le)
job impiego (l', gli)
judge giudice (il, i)
jump saltare
jury giuria (la, le)

kiss bacio (il, i); baciare
kitchen cucina (la, le)
knife coltello (il, i)
know sapere; **know it all** saperla lunga

lake lago (il, i)
lamp lampada (la, le)
land atterrare
landlord padrone (il, i)
late in ritardo
lawyer avvocato (l', gli)
leave: leave alone lasciare in pace
leg gamba (la, le)
leopard leopardo (il, i)
letter lettera (la, le)
light luce (la, le); **traffic light** semaforo (il, i)
like piacere
limit limite (il, i)
lion leone (il, i)
liquor store liquori, negozio di liquori (il, i)

listen ascoltare
little poco
living room salotto (il, i)
look gaurdare; **look for** cercare
loquacious loquace
lot: a lot parecchio
love: in love innamorato
lover amante (l')

mad: go mad impazzire
man uomo (l', gli)
manager direttore (il, i)
married: get married sposarsi
matrimony matrimonio (il, i)
Mars Marte
matter: it doesn't matter non importa
meat carne (la, le)
million milione (il, i)
milk latte (il)
mix mescolare
mold stampo (lo, gli)
moment momento (il, i)
monkey scimmia (la, le)
mouth bocca (la, le)
mouthful boccone (il, i)
move muovere
multilingual poliglotta
mumps orecchioni (gli)
murder assassinio (l', gli)
music musica (la, le)

napkin salvietta (la, le)
Nativity scene presepio (il, i)
nerve nervo (il, i)
nervous nervoso
news telegiornale (il, i)
nobody nessuno
nose naso (il, i)
no, sir nossignore
note biglietto (il, i), nota (la, le)
notice accorgersi, accorgersene
nougat torrone (il, i)
nourishing pill pillola alimentare (la, le)
now adesso, ora
nurse infermiera (l', le)

observe osservare
oil olio (l', gli)
omelet frittata (la, le)
open aperto
opinion opinione (l', le)
organized organizzato
otherwise altrimenti
outside fuori
oven forno (il, i)
overcoat soprabito (il, i)
owl gufo (il, i)
ox bue (il, i)

package pacco (il, i)
pain dolore (il, i)
painter: house painter imbianchino (l', gli)
panda panda (il, i)
pants pantalone (il, i)
pajama pigiama (il, i)
park parcheggiare
parrot pappagallo (il, i)
passenger passeggero (il, i)
pastry pasta (la, le); **pastry shop** pasticceria (la, le)
peacock pavone (il, i)
pepper pepe (il)
picnic gita in campagna (la, le)
pig porco (il, i)
pileup tamponamento a catena (il, i)
pin: on pins and needles sulle spine
pollution inquinamento (l')
posted esposto
preparation preparativo (il, i)
principal preside (il, i); **assistant principal** vicepreside (il, i)
product prodotto (il, i)
program programma (il, i)
protest protestare
pull out tirare fuori
puma puma (il, i)
punch pugno (il, i)
put mettere

quack ciarlatano (il, i)

radio radio (la, le)
rain pioggia (la, le); **raindrop** goccia di pioggia (la, le)
rat ratto (il, i)

reason: for this reason perciò
record player giradischi (il, i)
refrigerator frigorifero (il, i)
registration (car) libretto (il, i)
relative parente (il, i)
remember ricordare
reputation reputazione (la, le)
return ritornare
resist resistere
ring anello (l', gli)
robe vestaglia (la, le)
role ruolo (il, i), parte (la, le)
room sala (la, le)
rooster gallo (il, i)
route rotta (la, le); **commercial route** rotta commerciale (la, le)
run over investire

sad triste
sailor marinaio (il, i)
salad insalata (l', le)
salary salario (il, i), stipendio (lo, gli)
salesman commesso, venditore (il, i)
sanitation man spazzino (lo, gli)
Santa Claus Babbo Natale
satellite satellite (il, i)
say dire
scarf sciarpa (la, le)
scenery paesaggio (il, i)
school scuola (la, le)
seafood frutti di mare (i)
seal foca (la, le)
season's greeting augurio (l', gli)
seatbelt cintura di sicurezza (la, le)
secretary segretaria (la, le)
see vedere
sell vendere
seller venditore (il, i)
serious serio
sharp affilato
shirt camicia (la, le)
shoe(s) scarpa (la, le)
shriek grido (il, le)
shower doccia (la, le)
signal (traffic) segnale (il, i)
sight vista (la, le)
silly cretino
silverware posate (le)
siren sirena (la, le)
sit (down) sedersi
skirt gonna (la, le)
slip sottoveste (la, le)
smoking: no smoking non fumare
snail lumaca (la, le)
snake serpente (il, i)
snow neve (la, le)
sociable socievole
sock(s) calzino (il, i)
solar solare
solution soluzione (la, le)
somebody qualcuno
sound suono (il, i)
soup minestra (la, le)
spaceship nave spaziale (la, le)
speak parlare
speed velocità (la, le)
specialty specialità (la, le)
spring primavera (la, le)
stage scena (la, le)
stagecoach diligenza (la, le)
stairs scale (le)
steering wheel volante (il, i)
stenographer stenografo (lo, gli)
stingy taccagno
stomach stomaco (lo, gli)
stop alt; smettere
store negozio (il, i)
strike sciopero (lo, gli)
stumble inciampare
subject materia (la, le)
subway metropolitana (la, le)
such (a) tale
suddenly improvvisamente
suffer soffrire
sugar zucchero (lo, gli)
suit vestito (il, i)
sun sole (il)
surgeon chirurgo (il, i)
surprise sorpresa (la, le)
system sistema (il, i)

table tavolo (il, i)
tablecloth tovaglia (la, le)
tablet pasticca (la, le)
tailor sarto (il, i)
take prendere
television televisione (la, le)
talkative loquace
tenant inquilino (l', gli)
think credere, pensare
throat gola (la, le)
thunder tuono (il, i)

ticket window botteghino (il, i)
tidbit bocconcino (il, i)
tie cravatta (la, le)
tiger tigre (la, le)
time volta (la, le)
timetable orario (l', gli)
toaster tostapane (il, i)
toward verso
toy giocattolo (il, i)
tradition(s) tradizione (la, le)
traffic traffico (il, i)
tranquilizer tranquillante (il, i)
transmission trasmissione (la, le)
trial processo (il, i)
trip gita (la, le)
turn on accendere
turtle tartaruga (la, le)
type tipo (il, i)
typist dattilografo (il, i)

undershirt canottiera (la, le)
underwear mutande (le)
unfortunately sfortunatamente
unscrupulous lawyer avvocatucolo (l', gli)

vacuum cleaner aspirapolvere (l', gli)
vampire vampiro (il, i)
vegetable contorno (il, i)
velocity velocità (la, le)
verdict verdetto (il, i)
vest gilè (il, i)
visit visita (la, le)
vitamin vitamina (la, le)
voice voce (la, le)

wait aspettare
waiter cameriere (il, i)
wake up svegliarsi
walkout sciopero (lo, gli)
want desiderare, volere
wardrobe guardaroba (il, i)
way: no way macchè!
whale balena (la, le)
wife moglie (la, le)
window finestra (la, le); **teller's window** botteghino (il, i)
wine vino (il, i)
wineshop enoteca (l', le)
wiper tergicristallo (il, i)
witness testimone (il, i)
witty spiritoso
wolf lupo (il, i)
word parola (la, le)
work lavorare
worker's union sindacato (il, i)
worse peggiore
write scrivere

yes, sir sissignore, certamente
yesterday ieri

zebra zebra (la, le)

Soluzioni

1 MAL DI SCHIENA, 2 SPIRITOSO, 3 AFFILATO, 4 AMBULATORIO, 5 TIPO, 6 ORECCHIONI, 6 ORECCHIO, 7 CARTELLA CLINICA, 8 INFERMIERA, 9 NASO, 10 DOLORE, 11 SPALLA, 12 FARMALE, 13 GAMBA, 14 SOFFRIRE, 15 CIARLATANO, 16 VICOLO, 17 PIEDE, 18 SCHIENA, 19 SANGUE, 20 STOMACO

Page 9

1 DESERTO, 1 DESIDERARE, 2 PERFAVORE, 3 INIZIO, 4 INCUBO, 5 SENTIRE, 6 ACCANTO, 7 ANDARE, 8 TERRORE, 9 OSCURITA, 10 MOLTO, 11 SPETTACOLO, 12 AMBEDUE

Page 17

1 PADRONE, 1 PALAZZO, 2 PIANO, 3 SALIRE, 4 DOCCIA, 5 CUCINA, 6 BUIO, 7 IMPROVVISAMENTE, 8 SCANTINATO, 9 ARIEGGIATA, 9 APPARTAMENTO, 10 INQUILINO, 11 SCALE, 12 LUCE, 13 SCENDERE, 14 BAGNO, 15 CERCARE, 16 CORRIDOIO, 17 URLO

Page 25

1 VENIVATE, 2 VOLEVI, 3 METTEVA, 4 ERO, 5 DISFACEVA, 6 CENAVAMO, 7 TROVAVANO, 8 VEDEVAMO, 9 ERAVAMO, 10 AVEVO, 11 FACEVO

Page 34

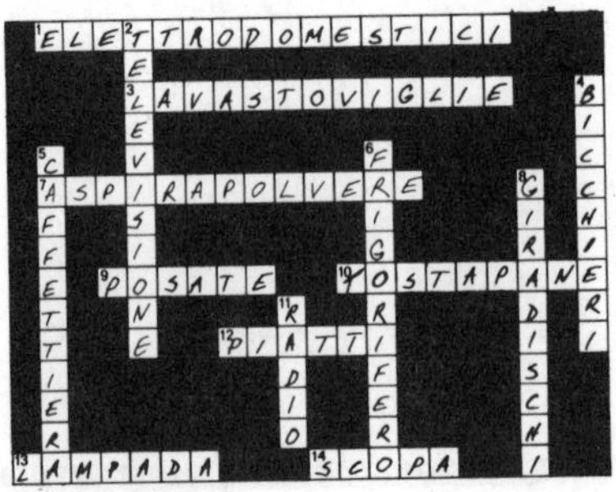

Page 42

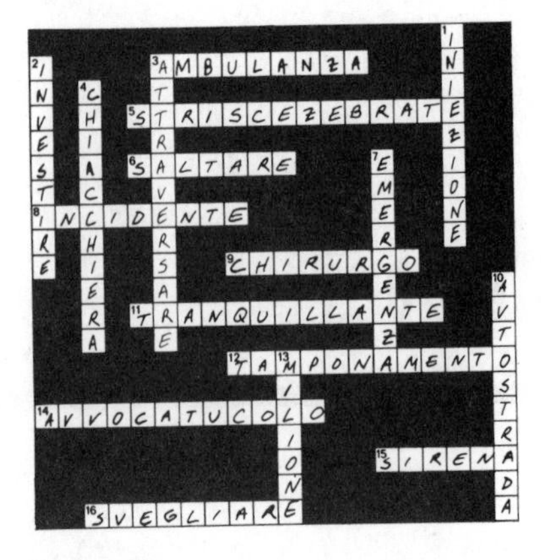

Page 50

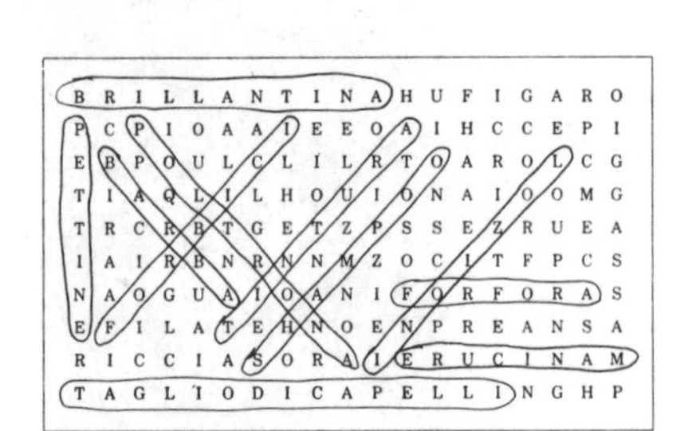

Page 58

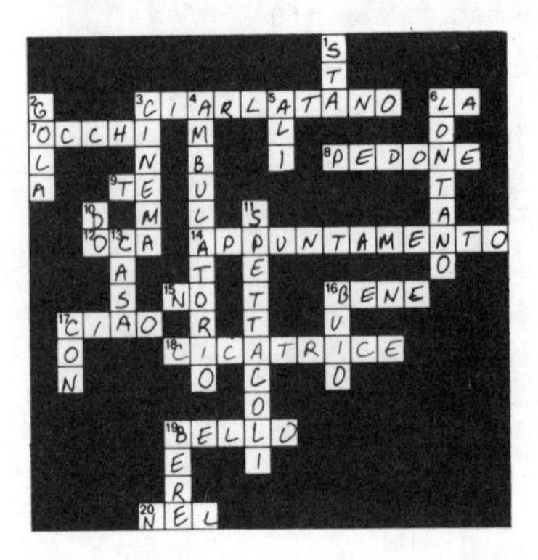

Page 67

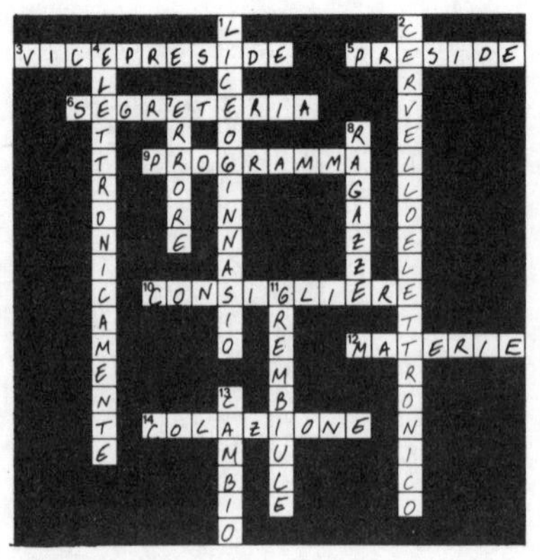

Page 74

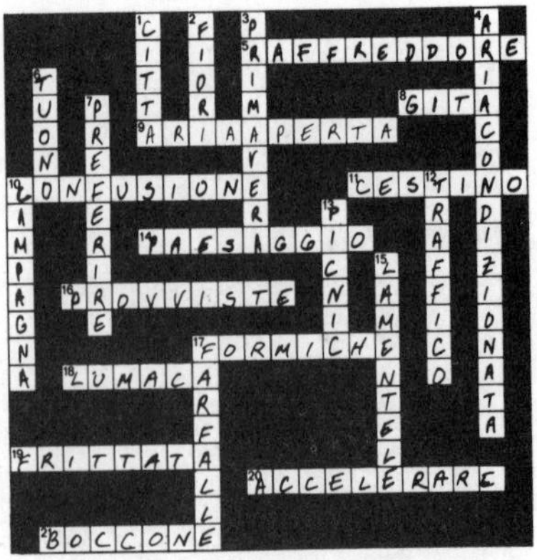

Page 83

SEGUENTE, SEMPRE, PRIMO, RICORDARE, QUALCUNO, FUORI, SEDERSI, SEDUTO, SCORDARE, ENTRANDO, POCO, ALTO, VENDERE, PRESENTE

Page 90

FUSTO, TUFFARSI, FILO, ATLETICO, CONFRONTO, BATTE, TROVARE, SALTA, CONVERSAZIONE, NUOTARE, VITA, INCOMINCERO, SORRIDENDO

Page 97

VERDETTO, GATTO, TESTIMONE, INTERROGATORI, GUFO, STALLA, IMPUTATO, SCENA, ASSASSINIO, CONTADINI, PORCO, PERSONAGGI, PROCURATORE, GIURI, FATTORIA, CLIENTE, DRAMMA, GIUDICE, CADAVERE, AVVOCATO, VOLPE, ANIMALI, TORO, OCA, PROCESSO, CANE, OPINIONE

Page 104

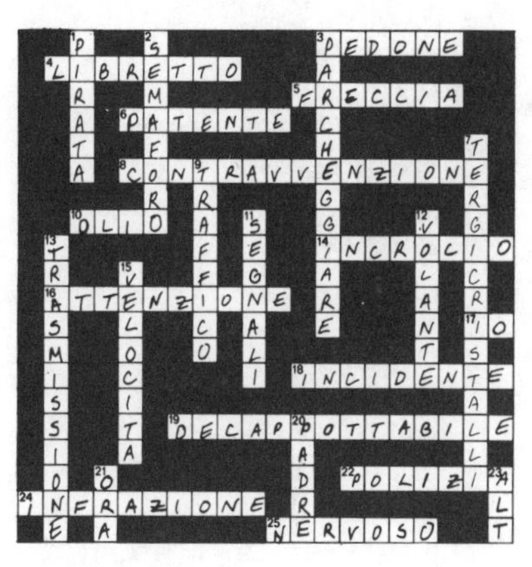

Page 114

CI, CHIARISSIMO, PERCIO, CAMPANELLO, FIASCO, BIGLIETTO, ASPETTAMI, LE, VOLTA, INCIAMPA, SMESSO, LO, CHIACCHIERANDO, SFORTUNATAMENTE, TI, GLI, AMORE, RAGGIUNGERLA, MIO, CONTO, PIU, SPARITA, TRISTI, SCRITTO, INCIAMPAVO, TU, ALLA, MACCHE, PEGGIORE, PARECCHIO, MA, APPUNTAMENTO

Page 125

Page 134

VESPA
FARFALLA
ALBERO
FORMICA

ERBA

Page 129

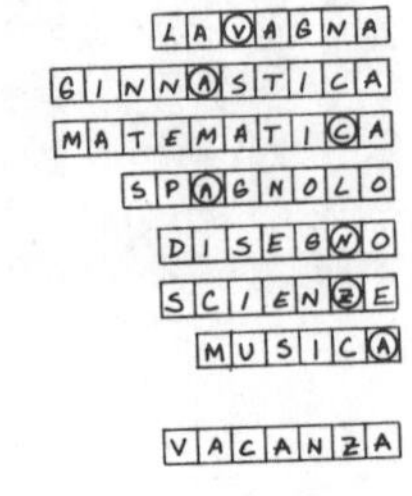

Page 129

Page 135

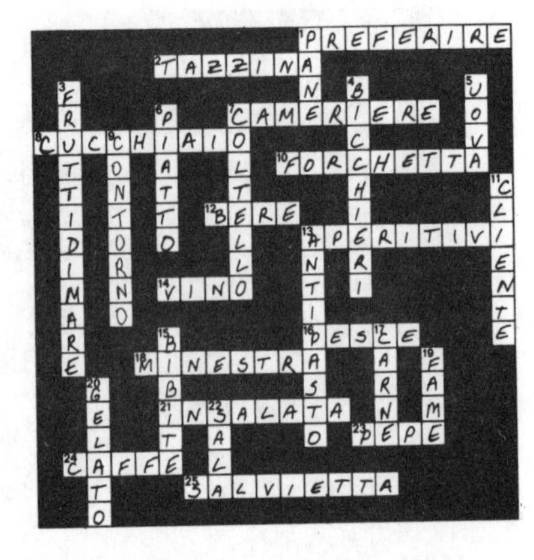

Page 143

C B O A C C E N D E R E S
E A O T T O D O R P L C O
N O P T T A V O L A A I O
O I A O T O S A N R C C K
I C Z R F E L R P I C A E
S N N E R A O A R E S Z A
I U E A S I M F S C Z Z L
V N G S G A I I M A O O O
E N I E N T E E G S L T L
L A L T N R R A E L Z T L
E E I E I M R B A C I O I
T H D E O D O R A N T E P

Page 151

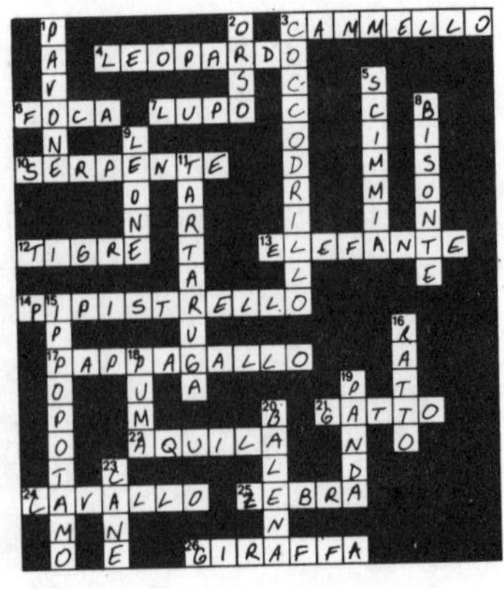

Page 158

Page 167

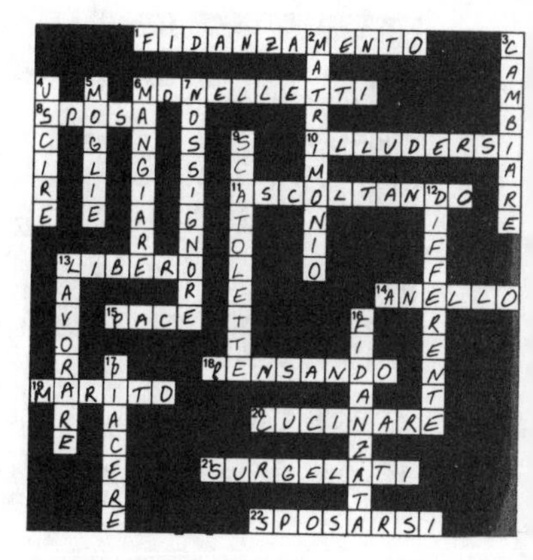

Page 174

Page 183

Page 189

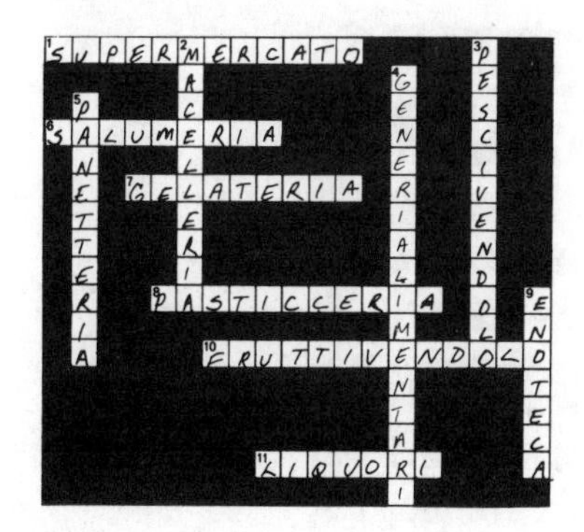

Page 202

Page 211

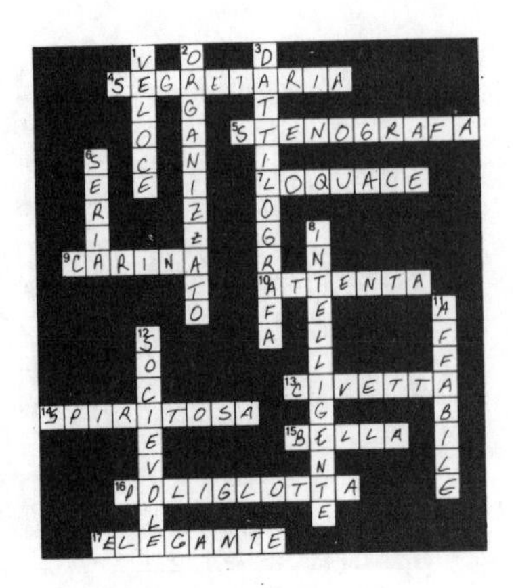

Page 218

Page 228

Page 237

Page 244

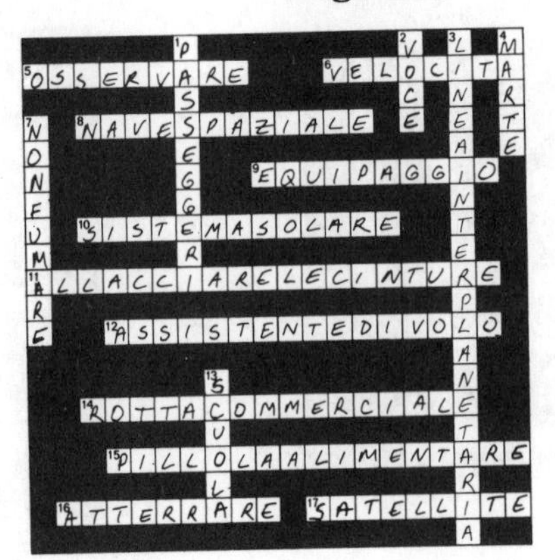

Page 252

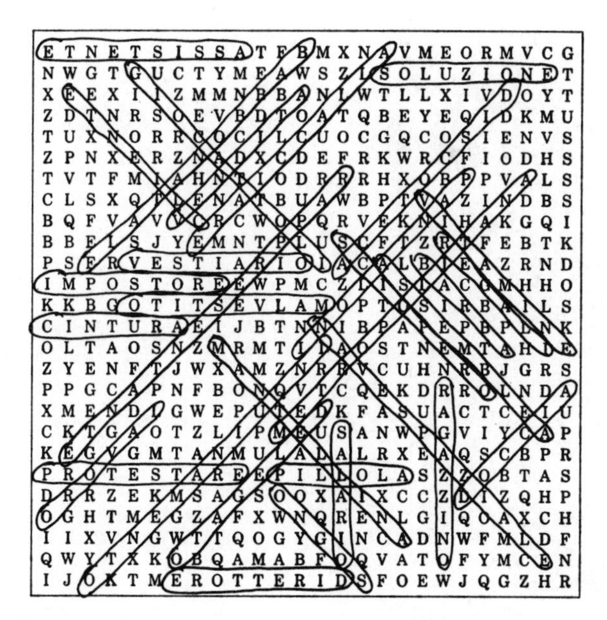

Page 261